占領下のエンターテイナー

日系カナダ人
俳優＆歌手・
中村哲が生きた時代

寺島優

草思社

占領下のエンタテイナー／目次

——日系カナダ人俳優＆歌手・中村哲が生きた時代

イラスト・杉山登志

第二章　日本の映画の世界へ

第三章　占領下の日本で大活躍

第四章　あくまでオペラ歌手として

第五章　日本人として生きる

プロローグ――PPMのCDに残されていた懐かしい父の声

一九六〇年代後半、私の青春時代はわれわれ団塊の世代の例にもれず、音楽に夢中だった。『ユアヒットパレード』（文化放送）や『S盤アワー』（文化放送）、『P盤アワー』（ニッポン放送）といったラジオの音楽番組から流れてくる欧米の映画音楽や最新ヒット・ポップスを、毎夜、浴びるように聴いていた。

とりわけ夢中になったのは、それまでの日本のミュージックシーンにはなかったまったく新しい音楽として大ブームとなっていたフォークソングで、そのトップランナーだったアメリカの三人組ユニット、ピーター・ポール&マリー（通称PPM）の熱烈なファンだった。シングル盤はもちろんのこと、LPアルバムもリリースされるやすぐに購入して、レコードが擦り切れるほど聴きまくった。

それから長い歳月が流れて時代が変わり、いつしか我が家からレコードプレイヤーは姿を消したが、CDの復刻版が発売されるようになると、あらためてPPMのアルバムを購入、あの重層的なハーモニーと超絶技巧のギターを聴きながら若き日の思い出に浸ったものだった。

しかし、残念なことに、PPMのアルバムの中でも私がもっとも聴きたかった音源は、長いこと復刻されることがなかった。それがようやくリリースされたのは、二〇一二年（平成二十四）の十二月、ピーター・ポール＆マリー結成五〇周年の年だった。タイトルは『ライブ・イン・ジャパン　1967』。二枚組のアルバムで、音源は一九六七年（昭和四十二）の二度目の来日コンサートの際に録音されたものである。DISC1は、当時『デラックス・ピーター・ポール＆マリー・イン・ジャパン』というタイトルでLPリリースされたものと同じだが、DISC2には新たに発見された京都会館でのライブ音源が収録されていて、『花はどこへ行った』『風に吹かれて』『時代は変わる』など、PPMの代表曲がずらりとラインアップされている。PPM絶頂期を収録した歴史的名盤といっていいだろう。

しかし、私がこのアルバムをどうしても聴きたかった理由は、それだけではなかった。それは、もう二度と生《なま》で聴くことはできなくなっていた、亡き父の声が収録されていたからである。私の父・中村哲《さとし》が、このPPM来日コンサートのMC（マスター・オブ・セレモニー＝司会者）をつとめていて、この二枚組CDには、懐かしい父の声による曲の冒頭の日本語説明も、しっかり収録されていたのである。

父は本来はオペラ歌手だった。その父を日本人MCとして起用したのは、前年の一九六六年（昭和四十一）に《ビートルズを日本に呼んだ男》として一躍時代の寵児となっていたプロモーター、協同企画エージェンシー（現在のキョードー東京の前身）の永島達司だった。

なぜ永島は、中村をMCに抜擢したのか？　歌手である中村にとってコンサートの舞台《ステージ》は、自分の仕事場であり慣れ親しんでいるホームグラウンドだった。しかし、永島にとってもっとも重要だった中村起用のキーポイントは、哲が歌手であることとはまったく別の要素だった。

それは、哲の語学力である。哲はそのころの芸能人にはきわめて稀な、海外のミュージシャンを相手に、舞台の上で臨機応変に通訳ができるほどの高い英会話能力を持っていたのだ。

永島は中村のその卓越した英会話能力を、終戦直後の若いころに、ジョンソン空軍基地（現在の入間基地）の将校クラブで目撃していた。

第二次世界大戦が終結し、日本各地に進駐してきた米軍（連合国軍）基地のクラブでは連日のように華やかなショーが開催されていて、当時まだ二十代そこそこだった永島は、そのクラブのフロア・マネージャーをつとめていた。永島は三菱銀行に勤めていた父親の仕事の関係でニューヨークそしてロンドンで育った、当時としては珍しいバイリンガルの帰国子女だった。学生服姿で新宿を歩いていたときに、米兵から「ビールを売っているところを知らないか」と声をかけられ、流暢《りゅうちょう》な英語で答えたところ、たちまちジョンソン基地のクラブマネージャーにスカウトされたのである。

当時、基地クラブの出演者は大半が日本人で、男性や女性の歌手、ウエスタンやジャズのバンド、若い女性たちの華麗なラインダンスもあれば手品師や珍妙な大道芸人もいる玉石混淆《こんこう》、何でもござれで、クラシック系の歌曲やアメリカのスタンダード・ナンバーを歌う哲もそのうちのひとりだった。しかし、インチキ英語をお笑いネタにする芸人や、怪しげなカタカナ英語でカッコつけて歌う他の出演者と違い、きれいな英語でクラシックもしっかりと歌える正統派シンガーの哲は、将校クラブの客（米軍高官やその妻たち）に絶大な人気があった。

永島はある晩、そんなショーの最中に起こったハプニングの中で、哲の卓越した英語力を目の当たりにすることになる。

MCはいつも、喋りのうまい米軍の将校がつとめていたが、その日のMCは新任の将校があたっていた。初めてのMC役に意気込んでいたその将校が、哲の出番になったとき、出演者リスト《トリ》に《SALLY　NAKAMURA》と書いてあるのを見て、いよいよお待ちかねの最後だとばかりに大袈裟なジェスチャーで「MISS　SALLY　NAKAMURA！」と哲を紹介したのだ。その瞬間、中村をよく知る客の中からドッと大爆笑が巻き起こった。

MC役の将校が訳が分からず困惑していると、ステージに登場してきたのは、何と身長一七四センチ、当時の日本人としては大柄でがっちりとしたむくつけき三十男で、しかも鼻の下には黒々とした立派な地毛《じげ》の髭までたくわえているではないか。このとき初めてMC役の将校は、男性の哲を誤って《MISS》と呼んだことに気がついた。

それは無理のないことだった。《SALLY》という名前は、日本の人気アニメ『魔法使いサリー』のタイトルからも分かるように、通常は女子の名前である。しかし、哲《さとし》が声楽を学んでいた若いころ、白人の恩師夫人が哲をうまく発音できず《SALLY》と呼んでしまったことから、それ以降、《SALLY》が哲の愛称となっていたのだ。

哲の真骨頂は、ここからだった。慌てるMC役の将校に追い打ちをかけるように、哲はステージ中央に余裕たっぷりに進み出ると、両手でスカートの裾をつまむような素振りを見せ、片足を後ろに引き、もう片方の足の膝を少し曲げてちょこんと可愛らしくお辞儀をしたのである。これはカーテシーと呼ばれる、欧米の女性が高貴な人と会ったときにする儀礼的な挨拶の仕草だった。ここで再び、客席から大爆笑が巻き起こった。米軍高官やその妻たちに大受けしたのである。

《MISS》と呼ばれたことをたしかに聞き取り、とっさにそれに反応して女性のカーテシーを可愛らしく演じるという機転。永島は、このときの哲の高い英語力と日本人にはないセンス・オブ・ユーモアに強い印象をもったのだと、私の取材に応じて語ってくれた。

舞台慣れしていて英会話も堪能、そのうえ欧米人的なセンスをもった哲ほど、海外ミュージシャン日本公演のMCにうってつけの人物はいなかったといっていいだろう。

永島に見出された哲がMCをつとめたコンサートのリストを見ると、ピーター・ポール&マリー以外にも、ライオネル・ハンプトン、ナット・キング・コール、パティ・ペイジ、ブレンダ・リー、ハーブ・アルパート、アストラッド・ジルベルト、レターメン等々、世界の音楽シーンに名を残す超一流ミュージシャンたちがずらりと並んでいることに驚かされる。

しかし、哲がきわめて異色だったのは、歌手でありMCでもあったということだけではなかった。実は哲は、一部のコアな映画ファンの間で《東宝特撮映画でおなじみの顔》として知られている俳優でもあったのだ。むしろ一般的には、そちらのほうが本業の歌手としてより知名度が高かったかもしれない。

そして、哲の高い英語力は、映画俳優としても遺憾なく発揮されていた。

終戦直後、日本を舞台にしたアメリカ映画や合作映画が数多く製作された特異な時期があったが、哲は俳優としてそれらの映画に何作も出演、さらには『蝶々夫人』（カルミネ・ガローネ監督／一九五五年）、『双頭の殺人鬼』（ジョージ・ブレイクストン監督／一九五九年）、『あしやからの飛行』（マイケル・アンダーソン監督／一九六四年）、など、すぐに殺されてしまう端役からB級映画の主演まで、どのような役でもこなし、数多くの合作もしくは外国映画に出演している。

一九七一年（昭和四十六）には《世界の三大スター夢の競演！》という謳い文句で世界的大ヒットを記録したフランス映画『レッド・サン』（テレンス・ヤング監督）に出演、三船敏郎、チャールズ・ブロンソン、アラン・ドロンら、当時の日本、アメリカ、フランスを代表する人気俳優と共演もしている。

中村哲は、早川雪洲や三船敏郎といった世界的大スターの陰に隠れた、いわば第三の国際俳優でもあったといえるだろう。

明治生まれの中村が、なぜそれほどの英語力をもっていたのか。

哲は、容姿こそ日本人で日本語を話すが、頭の中は日本人ではなかった。哲はハンカチで鼻をかみ、万年筆には緑色のインクを好んで使い、風呂上がりにくつろぐときにはいつもガウンを着ていた。子供時代の私はそんな《変な》父の姿に、強い違和感を持っていたが、のちにそれらはべつだん珍しくもない、いずれもごくあたりまえの欧米人の習慣や文化であることを知った。

厳密にいえば、《日本人MCの中村哲》という言い方は正確ではない。実は哲は、日本からの移民を両親としてバンクーバーで生まれた、カナダ国籍の日系カナダ人二世だったのだ。哲にとって英語は母国語であり、欧米人的センスは生まれながらに身についた本物だったのである。英語の達者な日本人というより、日本語の達者なカナダ人といったほうが正しいだろう。

しかし、哲の多様性はそれだけではなかった。歌手でもあり俳優でもあったバイリンガルの哲には、さらにもうひとつ別の顔があった。バンクーバーの青春時代、哲は、カナダの日系人に絶大な人気を誇った野球チーム朝日軍の主力選手として、広く知られる存在だったのだ。

アマチュア・リーグでのことではあるが、一九二六年に朝日軍は、並みいる強豪白人チームを撃破して見事に優勝を飾り、差別と貧困に苦しむ日系人に勇気と誇りと希望を与えた。その活躍から白人社会にも認められる存在となった朝日軍だったが、第二次世界大戦の勃発とともに消滅、長く歴史の彼方に置き去りにされ忘れられていた。しかし、一九九〇年代になると再評価の声が高まり、日本でも朝日軍をモデルに、二〇一四年（平成二十六）にフジテレビ開局五五周年記念作品『バンクーバーの朝日』（石井裕也監督）として映画化されている。

野球、映画、ポップス。それらはいずれも戦後日本人の精神に多大な影響を与えたものであり、我が父、中村哲はその三つを自らの人生で体現した稀有な存在だったのではないか。日系カナダ人二世の中村哲が、野球少年から一転、いつなぜ日本にやってきて歌手となり、俳優となり、海外ミュージシャン日本公演のMCをつとめ、ネイティブの英語をあやつる国際派タレントとして異色の足跡を残すことになったのか。

中村哲の波乱に富んだ人生の軌跡を追ってみた。

第一章

バンクーバーのホームラン王

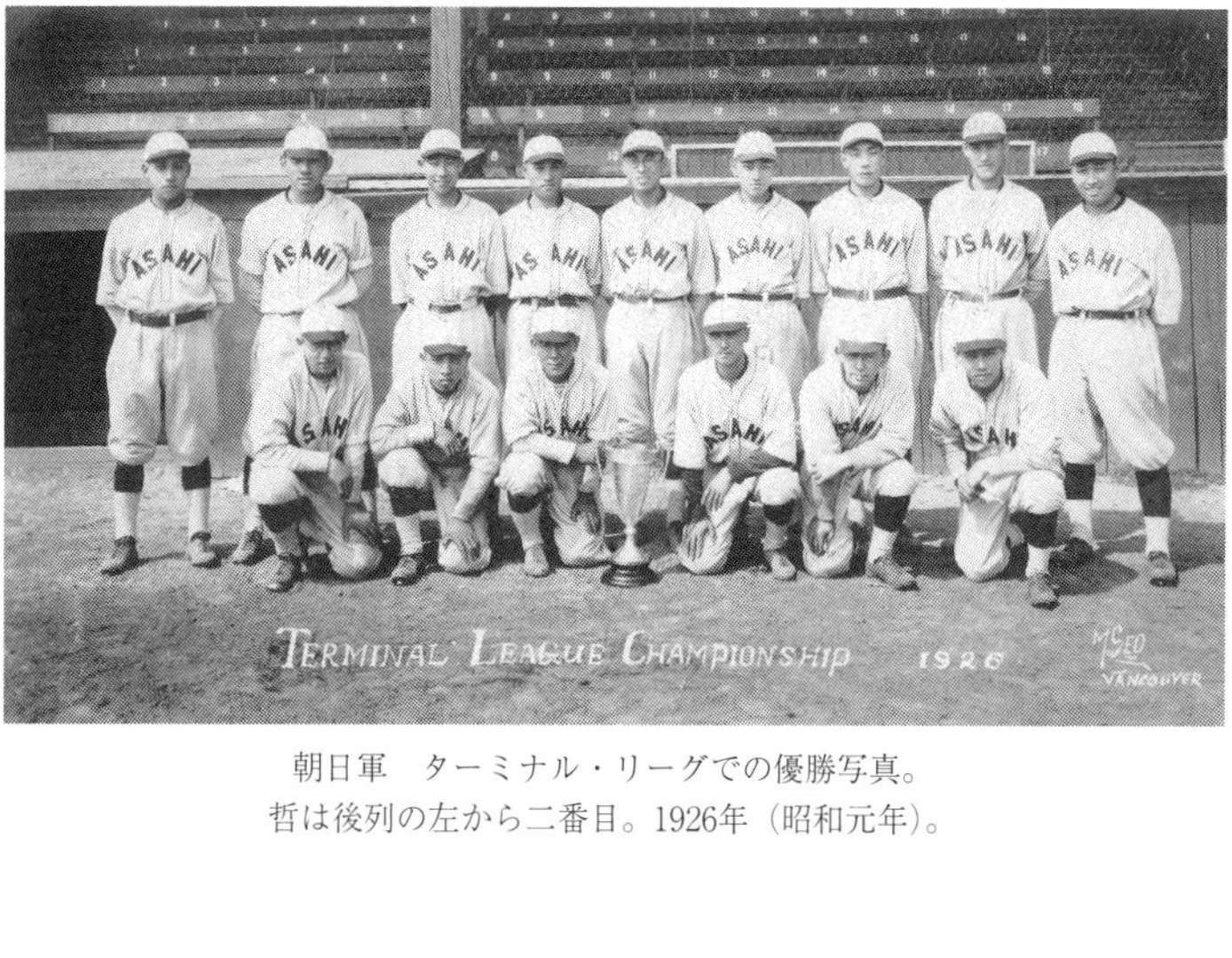

朝日軍　ターミナル・リーグでの優勝写真。
哲は後列の左から二番目。1926年（昭和元年）。

上・バンクーバー時代の哲。1939年10月。
下・学友会の演芸会で。上段右端が哲。1940年10月。

パウエル・ストリートの日本人

一九〇八年（明治四十一）九月十九日、中村哲（さとし）はカナダ西海岸のバンクーバーに生を受けた。両親は日本人移民。その子の哲は、いわゆる日系カナダ人二世である（二世と呼ばれる親の世代は日本国籍の日本人移民だが、カナダで生まれた二世はカナダ国籍を有する）。一歳上に兄が一人、後に妹二人が生まれている。四人兄妹の次男坊であった。

日本人の政府公認海外移住第一号は一八六八年（慶応四＝明治元）、江戸城開城直後の五月二日にグアムに向かった四十二名である。その二週間後の五月十七日には、政府未公認のまま百五十三名がハワイに渡っている（明治元年であったため、彼らは後に「元年者」と呼ばれた）。当時主幹産業が捕鯨から砂糖へ転換しつつあったハワイでは、労働力不足が生じており、日本からの移民は主としてそれを補うためのものであった。

しかし、新天地で彼らを待っていたのは、喧伝《けんでん》されていた夢のような生活とは正反対の奴隷同然の厳しい現実だった。グアム移住組などは、〈現地での苛酷な労働、賃銀の不払い、劣悪な食事により病死する者続出し、仕事場を脱出した者も乞食同然〉(1)という、惨憺たる状況に陥っている。ハワイ移民も同様であった。

このような事情から明治政府はいったん海外移住を中断、禁止するが、一八八四年（明治十七）にハワイへの移民を再開、他の外国へも積極的に移民を推奨する新方針へ大きく舵を切る。

西南戦争終結後の一八八一年（明治十四）に明治政府が打ち出した極端な緊縮財政策が、日本経済を大不況に陥らせ、米価は暴落、凶作も重なって農民は餓死寸前の極貧状態に追い込まれていたのである。その打開策のひとつとして挙げられたのが移民政策だった。

苦肉の策ではあったが、やがて世間でも〈世界政策上より殖民の必要を論ず(2)〉などの移民積極論がさかんに飛び交うようになり、離農した者や、主として小作を相続できない農家の二男、三男たちが新天地に活路を見出そうと続々と海を渡っていくようになる。

カナダへの日本人移民第一号は、一八七七年（明治十）、長崎県島原半島出身の永野萬蔵であったというのが定説となっている。永野は英国船のボイラーマンとして働きながら英語を習得、同船がカナダ太平洋岸のフレーザー河の河口近くに停泊中ひそかに無断上陸を敢行、カナダに残った。のちに河を遡ってくる鮭の大群を故郷仕込みの投網《とあみ》漁で一網打尽にして日本に輸出、《塩鮭王《しおさけおう》》と呼ばれるまでの大成功をおさめることになる。

永野萬蔵が密入国した当時のカナダは、英領連邦国家として一八六七年（慶応三）に独立したばかりの発展途上国で、現在のバンクーバーはリタイアしたら住みたい世界の人気都市のひとつに挙げられる風光明媚な大都会となっているが、当初はガス・タウンという名の一寒村だった。しかし、東部モントリオールを起点とする大陸横断鉄道（ＣＰＲ）が開通し、ガス・タウンからバンクーバーへと改称された一八八七年（明治二十）には、立派な港が開設され、以後、急速な発展を遂げていく。開港後すぐに横浜〜バンクーバー間に定期航路が開かれ、日本人移民が急増、一八八九年（明治二十二）には早くも同地に日本帝国領事館が設置されている。

二十世紀に入ると、日本からカナダへの移民は毎年、四千人を超えるまでになり、その大半がバンクーバーを中心としたブリティッシュ・コロンビア州（BC州）に集中していた。中村哲の父、辰喜が熊本県上益城《ましき》郡白水《はくすい》村（現在の菊池郡菊陽町）からカナダへ移住してきたのも、日本からの移民が盛んだったこの時期で、一九〇四年（明治三十七）、二十六歳のときだった。

妻の文美《あやみ》は三歳年上の姉さん女房で、広島県沼隈《ぬまくま》郡金江村（現在の福山市）にある、浄土真宗本願寺派の寺、大東坊の三女である。二人は一九〇六年（明治三十九）にバンクーバーで結婚、翌年に長男の宏が誕生、哲が生まれたのはさらにその翌年であった。

このころ日本人移民はバンクーバー市内のパウエル・ストリート周辺にまとまって住むようになっており、パウエル・ストリート沿いには和菓子屋、米屋、着物屋、和物雑貨店、乾物屋、魚屋、豆腐屋などの小さな商店をはじめ、銭湯や和風の旅館、のちには流行歌のレコードを売る店まで出現し、日本で手に入るものはここでおおかた手に入る、日本人街が形成されていた。

必ずしもすべての移民が貧しさ故の選択であったというわけではないが、このような同胞向けの商売を始めたり、土地や家屋などの不動産を手に入れることができた幸運な者はごく少数で、日本人移民の大半は相変わらず低賃金の肉体労働者だった。グアムやハワイへの移民ほど悲惨ではなかったものの、日本人移民のカナダでの日々の暮らしはやはり苦しいものであった。

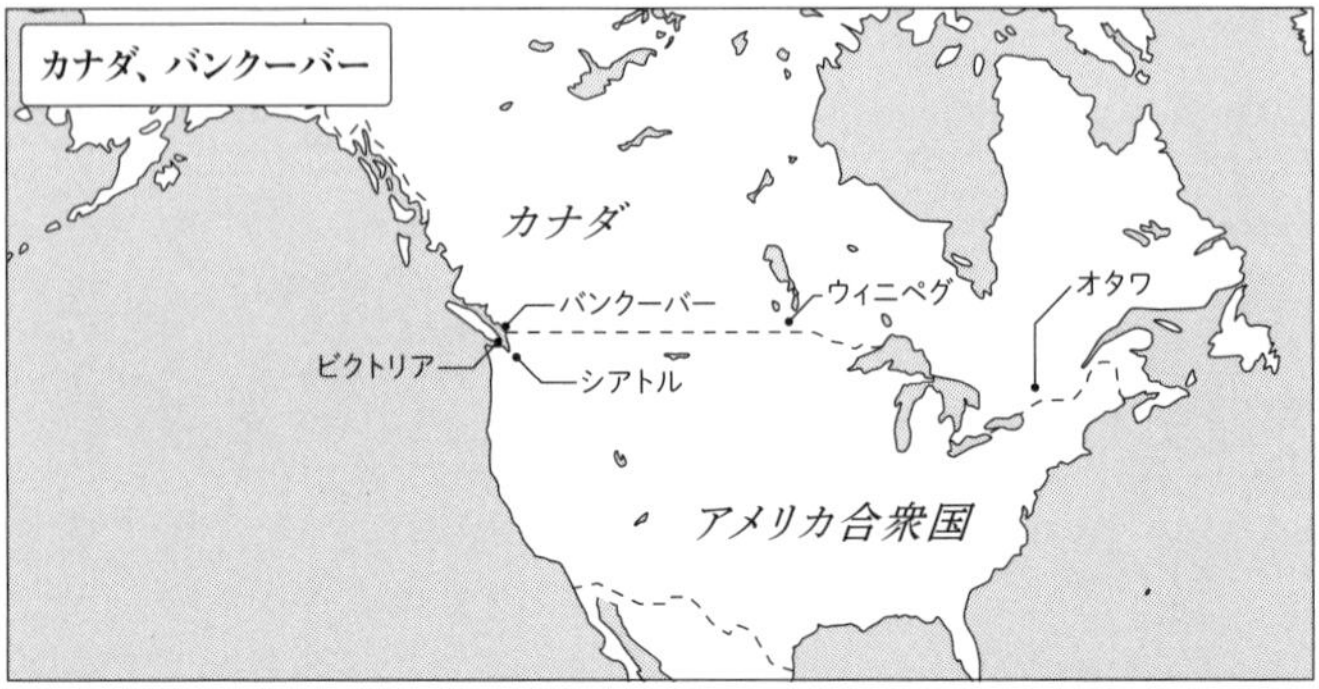
カナダ、バンクーバー
カナダ
バンクーバー
ウィニペグ
オタワ
ビクトリア
シアトル
アメリカ合衆国

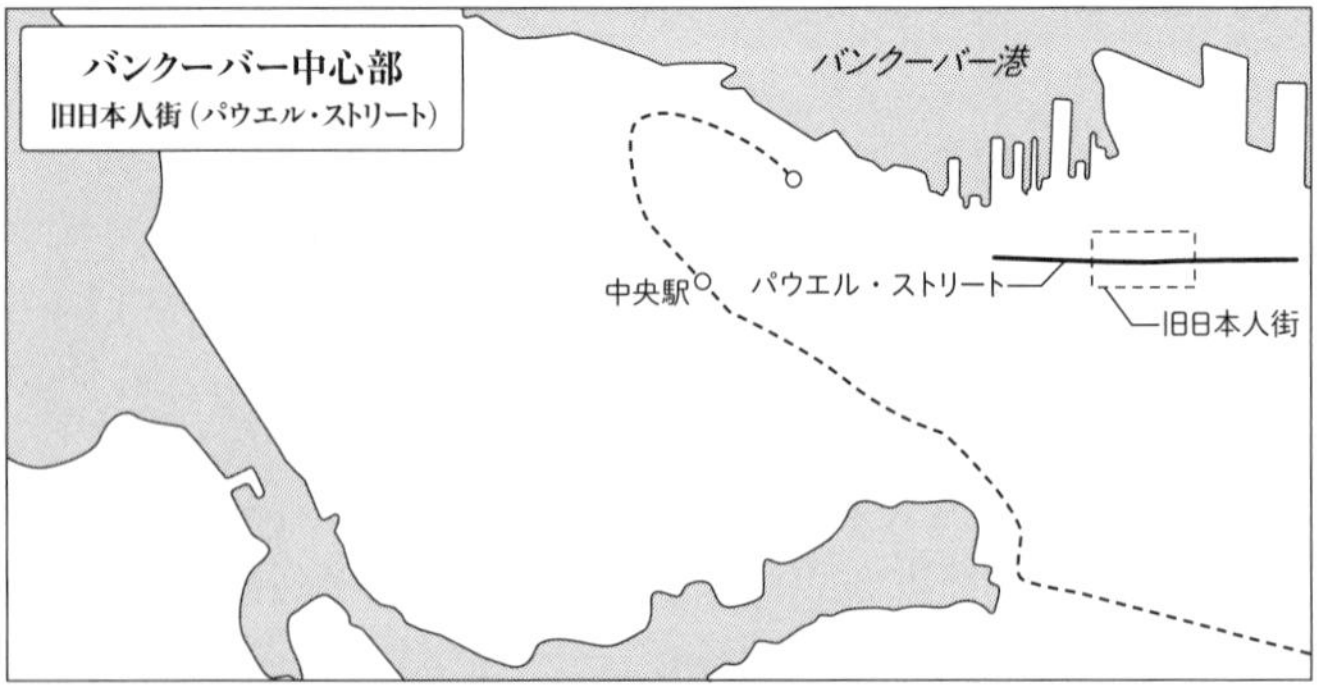
バンクーバー中心部
旧日本人街（パウエル・ストリート）
バンクーバー港
中央駅
パウエル・ストリート
旧日本人街

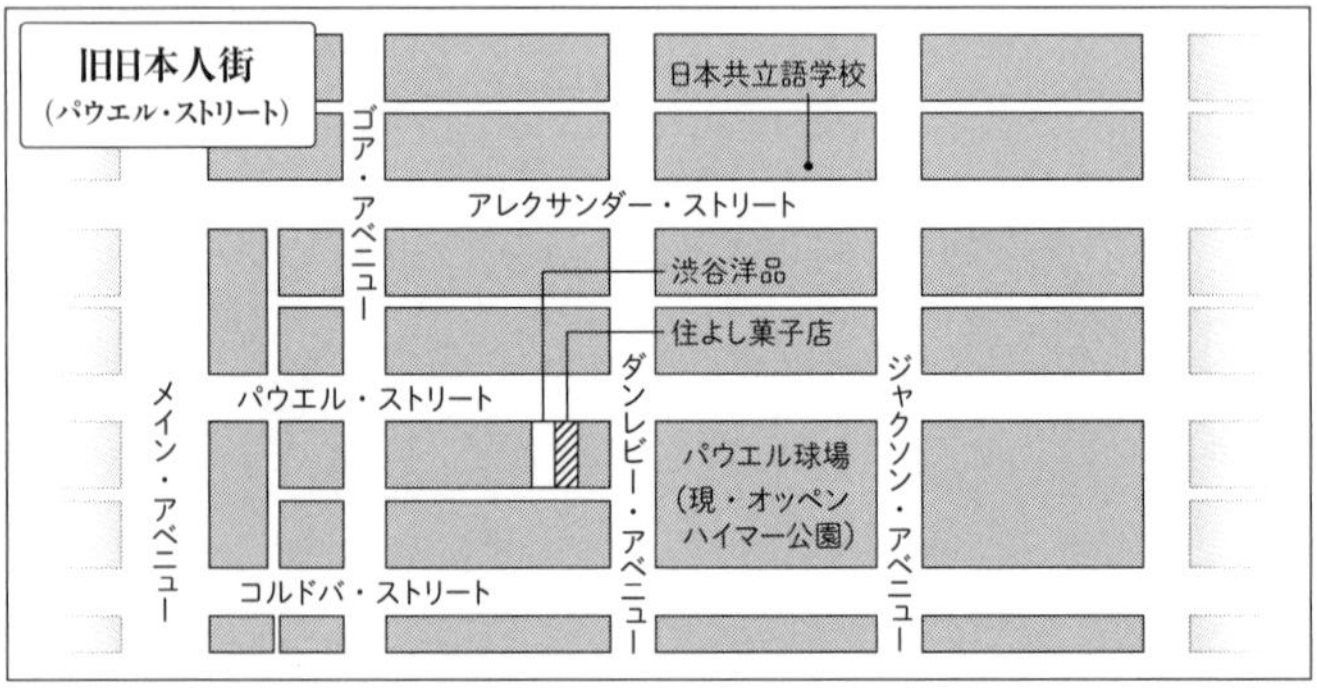
旧日本人街
（パウエル・ストリート）
日本共立語学校
ゴア・アベニュー
アレクサンダー・ストリート
渋谷洋品
住よし菓子店
メイン・アベニュー
パウエル・ストリート
ダンレビー・アベニュー
ジャクソン・アベニュー
パウエル球場
（現・オッペンハイマー公園）
コルドバ・ストリート

〈カナダにおける日本移民は日本の漁者、船乗業者、農夫などの階級に属する者が多数を占め、教育その他社会上の地位において日本の中以上の生活者と認めがたき者であるがゆえに渡航後年月が経っても当地の事情にも通ぜず、（中略）知り合いで漁業に就いている人がいれば皆、その手蔓を求めて漁業に従事し、先に来た同郷の人で製材所で働いている人がいればまた、その道を求めて製材所に就労するのが通例となっていた(3)〉

明治政府の調査がこう記しているように、日本人移民たちの多くは高等教育を受けていないブルーカラーで、漁業、魚の缶詰工場、製材所や鉱山などが主な働き場所だった。稼いだわずかばかりの金をできるだけ残し本国の家族に送金する実直な者もいたが、博打《ばくち》や酒などの遊興に浪費してしまうその日暮らしの者も多かった。もちろん雇用主は大半が白人である。

哲が生まれる前年の一九〇七年（明治四十）には、アメリカ政府が反日感情の高まりから日本人移民のハワイから合衆国本土への渡航を禁止したために、行き場を失った移民志願者たちが大挙してバンクーバーに上陸してきた。その数、わずか一年足らずの間に七千人を超えるほどだった。白人労働者たちは低賃金の日本人に仕事を奪われるという危機感に襲われ、さらには「アジア人排斥同盟バンクーバー支部」の呼びかけに共感した一般市民らも加わって、九月七日の夜「ホワイト・カナダ（白人のカナダ）」を合言葉にした大群衆がパウエル街に押し寄せ、商店の窓ガラスを打ち壊すなどの暴挙に出た。いわゆるバンクーバー暴動である。

移民の急増に対して、当該国の労働者や一般市民が強い危機感と嫌悪感を抱く構図は、現代EU諸国にみられる移民排斥や、アメリカのトランプ大統領の移民政策とその支持者たちの熱狂を例に挙げるまでもなく、いつの時代どこの国でも見られる現象である。

その根底に移民に対する差別意識があることは間違いないが、移民の側にも問題がないわけではない。それはたいがいの場合、移住先の文化や習慣に無知、無頓着であるということだ。

カナダに渡ってきた日本人移民たちも同様だった。低賃金で苛酷な労働条件をいとわず、白人にとっては安息日である日曜日も働き、ときには待遇改善を要求して経営者と対立する白人労働者たちのスト破りに、そうとは知らず利用されることさえあった。

本国では働き者とか勤勉といった言葉で評価される美徳が、移住先では同じ低所得労働者たちの強い反撥を招いたのだ。そんな日本人たちは一ヵ所に集まって暮らし、いつまでたっても日本語しか話さず、着物姿で歩き回るその姿は異様で、カナダの一般市民にとっても恐怖感を抱かせる不気味なものでしかなかった。

父の仕事は「土地売買通弁業」

しかし、そのような日本人移民たちの中で、哲の父・辰喜はいささか毛色が異なっていた。当時の戸籍には身分（族籍）が明記されていたが、辰喜のそれには「士族」と記載されている。武士階級の出身ということだ。

辰喜は地元熊本の名門校を卒業後、当時のエリートコースだった海軍兵学校を受験するも、あえなく不合格となり、上京して東京専門学校（早稲田大学の前身）の聴講生として坪内逍遥の授業を受けたりしていたという。しかし、知人が海軍兵学校に合格したことを知り、思い悩んだ末に、英語を学んでいたこともあって、一大決心をしてカナダへ渡ったのである。

しかし、その大志はわずか数年で挫折することになる。

カナダに渡った辰喜は、日本人移民社会の有力者に請われて作業員の手配を含む伐採製材業を始めるが、志とは裏腹にまったくうまくいかなかった。日本人移民に対する排斥気運の高まりや山火事による森林木材の焼失という不運、さらには士族の商法と揶揄された殿様商売ぶりが重なり、数年を経ずしてすべてを失ってしまう。辰喜は士族の誇りと威厳を持った男だったが、その気概は厳しい移民社会でビジネスを成功させるためには邪魔なものでしかなかった。

その後、辰喜は「加奈陀日本人会」の創立に加わり

中村一家。両親と子供たち。
中央が哲。バンクーバーにて。
1914年頃。

評議員になるなど、日系社会の要職をつとめることはあったが、正業に就くことは二度となかった。

一九二一年（大正十）に発行された『加奈陀同胞発展大鑑　付録』のなかで、辰喜は次のように紹介されている。

〈……吾が中村辰喜君の半生を観るに未だ物質的形而下にても大をなすに至らずと雖《いえど》も、其人格と手腕と声望とは毫《ごう》も君が社会的価値を増減するに足らずを看取し得べし……〉

同書には職業別人物名が記されているが、中村辰喜は「土地売買通弁業」となっている。移民たちの中には日本語の読み書きさえ満足にできない者も少なくなく、まして英語はさっぱりだった。そんな彼らに代わって、役所へ提出する書類、あるいは不動産売買や白人雇用主との間で取り交わす契約書などの英文を、翻訳あるいは作成していたのである。仕事の口利きをすることもあったが、いずれも頼まれたときだけの代行業のようなもので、看板をあげているわけではなかった。代金といってもわずかばかりの酒や米を持ってくるだけで、お礼の域を出るものではなく、いつしか辰喜は「書生中村」と呼ばれるようになった。普段はやることもなく、顔を赤らめて呑気にパウエル街をブラついている姿がよく目撃されていたという。

安定した収入のないそんな中村家の家計を支えていたのが、母の文美だった。

当時、カナダの日本人移民に女性は圧倒的に少なかった。妻子を故郷に残してきた男性もいたが、大半は独身の若い男たちである。しかし、一時の出稼ぎのつもりでやってきた未婚男性の定住化が進むにつれて伴侶が求められるようになり、男たちは自分の写真と履歴書を故郷に送り、嫁のなり手を探した。

主として貧困に苦しむ農村の独身女性たちがその要請に応え、たった一枚の写真と履歴書だけを頼りに一度も会ったことのない相手との結婚を決意して海を渡った。いわゆる写真婚（ピクチャー・ブライド）である。しかし、その写真と履歴書はまったくの偽物で、いざ対面すると、本人とは似ても似つかないこともしばしばだった。騙されたと知った女性はいまさら日本に帰ることもできず、泣く泣く結婚する悲劇もあちこちで起きていた。

しかし、文美がカナダに渡った経緯は写真婚ではなかった。単身移住である。離婚して実家の寺に戻っていたところ、カナダから一時帰国していた知り合いに強く移住を勧められたのである。いわゆる「出戻り」で肩身の狭かった文美は移住を決意。移住するなら現地に親族がいたほうが都合がいいだろう（日本からの移民にこのような一定の条件が付くようになるのは、のちの一九〇八年に日加間で締結されたルミュー協約から）ということになり、カナダ行きを勧めた知り合いの伝手《つて》で日本人移民社会の長老格だった大屋鷲治の養女となり、太平洋を渡ったのだった。

バンクーバーに落ち着いてから運良く（あるいは渡航前から話がついていたのかもしれない）再婚したものの、夫となった男は定職のない「書生中村」だった。中村家は文美が内職で得たわ

中村一家。後列左から宏、哲、辰喜。前列左から節、昭、文美。

哲、四歳。1912年。

哲（左）と宏（右）。1915年頃。

ずかな金だけを頼りに、大屋鶩治がパウエル・ストリートの路地裏に所有していた長屋の一室を無賃で借り、親子六人ひっそりと暮らすことになる。子供たちの服が破れても買い替える金さえなく、文美は米袋の口を締めるための太い紐を根気よくほぐし、糸にして服を繕っていたという。

それでも文美が不平不満をもらすことはなかった。寺の娘だったこともあり、一九〇五年（明治三十八）に西本願寺によって正式承認され、バンクーバーに設立された日本仏教会に深く関わることになり、後には同会婦人会の会長に就任している。世界で死者五〇〇〇万人ともいわれているスペイン風邪が流行したときには献身的な看護活動をおこなうなど在留同胞の世話や慈善奉仕に奔走、〈謙虚にして華美を好まず、実に晩市（バンクーバー市＝晩香坡市の略記）に於ける模範的賢婦人なり……〉(4)と日系人社会での評価は高かった。

カナダ国民として英語教育を受ける

哲ら中村家の四人の子供たちは、このように一般的な移民とはいささか毛色の違う両親のもとながら、カナダ生まれの日系二世として、経済的には恵まれない環境の中で育っていった。

当時、ＢＣ州の義務教育は六歳から十四歳までの八年間だったが、哲たち兄妹が通ったカナダの公立学校「ストラスコーナ公立学校」は、日本人街＝パウエル・ストリートからわずか四ブロック南という近くにあったため、全校生徒千二、三百名のうち、約半数が哲と同じカナダ生まれの日系二世だった。そして残りはアジアやヨーロッパからの移民の子供たちだったが、彼らもまた決して裕福とはいえない家庭の子息たちだった。

すでにバンクーバーには一九〇六年（明治三十九）、日本人移民の子弟を教育するために創立された「晩香坡共立国民学校」という日本人学校があった。学習時間も教科書もすべて大日本帝国の国民学校でおこなわれている皇民教育と同じであり、当然、授業も日本語でおこなわれ、生徒全員で教育勅語が暗唱されて君が代が歌われた。日本から移住してきた者たちの多くが、連れてきた子供やこの地で生まれた二世たちには日本の教育を受けさせる必要があると考えていたのである。カナダに渡ってきた理由はあくまでも出稼ぎであり、いずれは帰国して故郷に錦を飾るつもりだったのだ。しかし、いくら頑張って働いても思っていたほどに金は貯まらず、定住化が進むにつれて子供たちへの考えも変わっていく。この地で生まれた二世たちはカナダ国籍を持っているのだからカナダ人としての教育を受けさせるべきだという声がしだいに高まっていったのである。

パウエル・ストリートでは日本語が飛びかい、極端にいえばそこで暮らしている限り英語を習得することなく生きていけた。実際、カナダ生まれの二世の中には、英語がうまく話せない子どももいたが、日系人の間での長い議論の末に、一九一九年についに教育方針の大転換が決定される。子供たちを普段は現地の公立校に通わせ、国民学校は日本語教育のみをおこなうことになったのである。それにともない校名も「晩香坡共立語学校」（通称日本語学校）と改称された。

中村家ではもとより子供たちは現地の教育を受けるべきだという辰喜の考えで、四人の兄妹はストラスコーナ公立学校に通ってカナダの公教育を受けていた。その後、共立国民学校が日本語学校に変わると、哲たちは他の日本人移民の子供たちと同様に、公立校の授業が終わった放課後に日本語学校へ行き、日本語教育を受けるようになった。両親の教育程度が高かったためか、哲たち四兄妹は日本語学校での成績も良く、学年末には決まって表彰された。哲が英語も日本語も流暢に話せるバイリンガルになったのには、このような日系人社会の歴史的背景があったのだ。

　ストラスコーナ公立学校の授業はもちろん英語でおこなわれたが、全員が白人の先生で、いわゆる「発音のきれいな」英国英語（クイーンズ・イングリッシュ）だった。フランス系の東部を除くカナダ全域で話される言葉もそうであったため、お隣のブロークンな米国英語との多少の混合はあるものの、哲が身につけたのもおのずときれいな英国英語になった。

　前述したように、ストラスコーナ公立学校の生徒は日本、イギリス、フランスなど実に四十余ヵ国に出自を持つ者たちで、〈いわゆる世界各国人種のメルティング・ポットと言うも不可なき〉校風[5]だった。移民に対する排斥感情が高まってきていたこの時代に、同校の責任者として長くつとめたブラウン校長は高い理想を持ち、人種的偏見を排した教育を実践していた。

　あるときストラスコーナ校を訪ねた日本人が、ブラウン校長に、日本人子弟の成績は他国人にくらべてどの程度のものか尋ねたところ、ブラウン校長は言下に〈いや自分の学校には、カ

公立学校での集合写真。哲は前から三列目の右から二人目。1924年。

ナダ人のみを収容している。なるほど、親の国籍からみれば、日本人とかフランス人とかの諸国人もありましょうが、その子どもは、みんなカナダ人です……日本人とかイタリア人とか感情は持ちたくありません〉(6)と答えたという。

ストラスコーナ公立学校に通いながら、哲は世界中に出自を持つ同世代の子供たちと机を並べ、冗談を言って笑い合い、ときには喧嘩もしたりして、いつしか欧米風の生活感覚や感性を自然に身につけ、国際感覚に溢れた日系カナダ人二世として成長していった。

そしてやがて哲は、当時の日系人の誰をも夢中にさせた、青春時代のすべてを打ち込む素晴らしいものと出会うことになる。

日系人野球チーム「朝日軍」の登場

一九一〇年代の半ばから三〇年代にかけて、バンクーバーに住んでいる哲をはじめとする多くの日系少年たちの最大の夢、それはアマチュア野球チーム「朝日軍」の選手になることだった。この時代、野球は娯楽の王様だった。たとえアマチュア選手たちのレベルの低い試合だろうが、誰もが野球観戦を楽しみにし、男の子たちは野原や空き地で野球に興じた。

当時、ＢＣ州では〈五十を越える成人チームが九つのリーグを形成し、そのうち三つがバンクーバー島に、そしてバンクーバーのターミナル・リーグを含む六つのリーグが本土にあった。各リーグの優勝チームはシーズンの終わりにプレーオフ・シリーズを行い、州の優勝チームを決めていた〉[7]。一大野球ブームが巻き起こっていたのだ。いうまでもなく隣国アメリカの影響である。

一九二〇年、もとは投手であったベーブ・ルースの打撃力に目をつけたニューヨーク・ヤンキースが、破格のトレードマネーを払って獲得、以後、打者に専念したルースは大記録を打ち立てていく。もともと強打者だったルースは、それまでは許されていなかった試合中にボールが傷んだら新ボールに交換できるというルール変更の追い風を受けて、この年、それまでの記録を大幅に打ち破る五十四本塁打を放って野球ファンを驚かせると、翌年にはさらに記録更新の五十九本塁打を打ちまくった。一発で勝負が決まることもあるスリリングで豪快な大ホームラン時代の幕開けだった。

大打者ルースの登場で、先年のワールドシリーズで発覚した八百長事件以後、消えかかっていた野球人気は一気に再燃、お祭り気分が大好きなアメリカ人の熱い支持を受けて国民的スポーツとなっていく。この過熱した人気が隣国カナダに波及して、ただの草野球レベルからセミ・プロ級まで、アマチュア野球チームが雨後の筍《たけのこ》のように次々と結成されていったのである。

哲たちバンクーバーの日系少年たちも野球に夢中だった。日本語学校の横にあった空き地に集まっては、粗末なグローブを手に暗くなるまで野球に興じる毎日だった。そんな少年たちの憧れの的となっていた日系人チームが、一九一四年（大正三）に誕生した「朝日軍」である。

日本人移民によってバンクーバーで結成された野球チームは、記録が残っている限りでは「扶桑倶楽部」が最初で、一九〇七年（明治四十）のこととされている。その後「日本体育倶楽部」「バンクーバー・ニッポン」「大和」「美香登（ミカド）」「フジ」「敷島」といったアマチュア・チームが次々と誕生していったが、それら多くの日系人野球チームのなかで、とくに抜きん出た人気と実力を誇ったのが、日本人街にあったパウエル球場をホームグラウンドとする朝日軍だった。前身は一九一〇年（明治四十三）に日本語学校の生徒や卒業生を集めて結成された親睦団体「朝日少年会」と推察されている。(8)

当初、日本人チームの試合相手は、同じ日本人（日系人）チームがほとんどだったが、朝日軍は一九一七年（大正六）から白人チームを相手にするようになり、体格に勝る相手を退けて連戦連勝。驚異の快進撃が続くにつれて人気が沸騰していき、一九一九年（大正八）にインターナショナル・リーグ（全四チーム中朝日軍以外はすべて白人チーム）で十一勝一敗という見事な成績で初優勝を飾ったときに、その人気を不動のものとした。

哲が兄・宏の後を追うように朝日軍に入団したのもこのころのことである。大人気の朝日軍には入団希望者が絶えず、上は二十歳前後の若者を主力とする一軍から下は予備軍である小学生（ジュニア）たちの五軍まであり、たとえ入団できても一軍のレギュラーになるのは至難の業だった。一九二〇年（大正九）に撮影された三軍、四軍、五軍のジュニア選手たちの集合写真（次頁）の後列中央に、縦に「ＶＡＮＣＯＵＶＥＲ」と文字の入ったユニフォームを着た哲の姿が写っている。これは当時の一軍、二軍と同じユニフォームで、ジュニアでは三軍だけが着ることが許されたものだった。

このとき哲は十二歳。二十年後の一九四〇年（昭和十五）に発行された『学友会（日本語学校のＯＢ会＝引用者注）二十五周年記念号』に当時の回想を記している。

〈僕の永らく波瀾に富んだ生涯（？）の大半は野球生活に終始して居ります。ですから、凡《およ》そもの心つく頃からニキビを誇る頃、それから青春に燃える頃迄の楽しい懐かしいの一番多いのは何と云っても野球生活に絡まった事々です。（中略）其の頃、僕等は勇ましく三軍選手として朝日倶楽部に入りました。そして毎夏、朝ソーミル（製材所＝引用者注）のプー（汽

「朝日軍」三軍時代の哲。後列中央。1920年。

笛）と共に起き出でて野球の練習に浮身をやつす輩でした。夜は夜で踊りではなく、スタンレー・パークの九時のドンと共に静かに夢路を辿ったものです……〉

当時バンクーバーの若者は、夜ともなるとどこかの家に集まってダンスパーティなどに興じていた様子だが、朝日軍の選手たちはそれどころではなかったようだ。家に帰ればいわゆるバタンキュー状態で、哲の文章からは、毎日クタクタになるくらい厳しい練習に打ち込んでいた様子がうかがえる。朝日軍の選手になることはそれだけの価値があることだったのだ。

哲と同じ日系二世のパット・アダチは、著書のなかで次のように記している。

〈アサヒは地元バンクーバーでは大スターでした。正選手を目指して応募してくる人は、市内のみならず、近隣の村、町、果ては国境の南からもやって来るほどでした。アサヒのユニフォームを着ること、この栄えあるチームの選手になることは、全ての少年の夢でした。そして、父親にとって我が息子がアサヒの正選手になることほど誇らしいことはありませんでした。(9)〉

グラウンドには差別がない！

朝日軍の選手たちは、練習や試合のあとには、銭湯に無料で入れてもらえることもあった。朝日軍が勝利したときには、パウエル・ストリートの日本料理屋に選手たちを連れて行き、気前よく大盤振る舞いをする者もいた。洋菓子店の「住よし」が朝日軍の若手選手の溜り場となり、店主は愛想よく香りのよいコーヒーを淹れた。哲と同じ二世の若い女の子たちも、試合がある日にはパウエル球場に足を運び、黄色い声援を送った。

パウエル・ストリート沿いにあったこの球場は、東西が約百十メートル、南北が七十五メートルと球場と呼ぶにはおこがましい、小さなものだったが、朝日軍が試合をするときには、球場は日本人移民やその子供たちで埋めつくされた。硬い板の席に座ると、空き缶を手にした係員が回ってきて、そこに一〇セントから二五セントの入場料を投げ入れた。子供たちは、フランス人が売りに来る五セントのフレンチ・チューインガムを嚙みながらの観戦が何よりの楽しみで、球場に入りきれなかった人たちはそれでも諦めきれず、場外の道から試合を見物した。娯楽が乏しかった時代とはいえ、その熱気は異常なほどだった。

——グラウンドには差別がない!

これが、当時、日系人が野球に夢中になった大きな理由である。日系移民に対する排斥気運と差別感情が高まっていく中で、野球の試合だけは平等だった。三振すればアウトとなり、ホームランを打てば一点が入るというルールは、白人チームだろうが日系人チームだろうが同じである。野球だけが白人と対等に戦える場所だったのだ。

もちろん、白人の審判が身びいきして、明らかなアウトをセーフと判定したり、ストライクをボールということもあった。日系人選手に対する白人選手のラフプレイに目をつぶったりもした。しかし、朝日軍の選手はどのように理不尽な判定や暴力にも決して逆らわず、やり返しもせず、黙々とプレイを続けた。その毅然かつ正々堂々とした態度は、意外なことに白人の観客たちにも共感を呼ぶようになり、いつしか白人審判の不当な判定や白人選手の乱暴な行動に、白人の観客たちのなかから大きなブーイングが巻き起こるようになっていった。朝日軍を応援する白人のファンも日に日に増えていったのである。

武士道を想起させる徹底したフェアプレイ精神、それが朝日軍の野球だったが、もうひとつ大きな特徴があった。現代的な頭脳野球（ブレイン・ベースボール）である。試合相手には製材所で働く屈強な肉体労働者チームもあり、体格に勝る白人に対抗するには工夫が必要だった。意表をつくバント、足を使ったヒットエンドランや果敢な盗塁など、現代では当たり前だが当時としては誰も見たことのないような、機動力溢れる多彩な攻撃を繰り広げたのである。

力まかせに投げまくり、力まかせに打ちまくる単純な野球しか知らなかった白人選手たちは、どう対処していいのか分からなかった。ときには大柄の白人投手がバント処理にモタつき、2ランスクイズになったことさえあった。

日系人の野球チームは他にもいくつかあったが、スピーディーで工夫を凝らした朝日軍の頭脳野球の面白さは別格だった。こうして朝日軍は日系人、白人を問わず、誰もが尊敬（リスペクト）する人気と実力をそなえたバンクーバーを代表する野球チームになっていったのである。

哲、バンクーバーのホームラン王になる

哲がようやく二軍に上がったのは、高校に入学したころと推測される。このとき兄の宏はすでに一軍選手として活躍していた。朝日軍は一九一九年（大正八）にインターナショナル・リーグで初優勝したものの、その後、チームの内部分裂などもあって低迷。それを打破しようと、創立当初からの主力だった一世世代の選手から二世の若手中心へと、メンバーの新旧交代がは

「朝日軍」の選手時代

「朝日軍」のスター選手となる。1924年。

かられていた。そんななか、小柄ながら一軍に抜擢された宏は、バントの名手として、朝日軍の頭脳野球の要となっていた。

それに対して二軍の哲は兄とはまったく違うタイプだった。身長一七四センチ、当時の日系人としては大柄の哲は、頭脳野球を標榜するチームカラーとはいささか異なる、屈強な白人選手にも負けないパワーヒッターだった。十八歳の年には、白人選手たちのライバルを退けて、二軍でホームラン王のタイトルを獲得、朝日軍の若手を代表する人気選手となっていた。

そして、ついにある日、念願の一軍に昇格するチャンスが思わぬアクシデントによって転がり込んできた。宏が試合中に頭にデッドボールを受けて入院、弟の哲が兄に代わって一軍に昇格したのである。

一九二六年（大正十五＝昭和元）のこの年、若手選手への切り替えが功を奏し、朝日軍はターミナル・リーグ（インターナショナル・リーグから改称）で白人三チームを相手に連勝を重ね、十試合が終了した時点で八勝一敗一分けで首位を独走。宏が頭にデッドボールを食らったのは第十一戦で、このアクシデントにもかかわらず、十八対四の大勝となった。

そして第十二戦、哲が満を持して一軍の晴れ舞台に登場する。この試合に勝てば前期優勝が決まる大事な試合だったが、一軍初出場の緊張からか、いきなり大暴投をしてしまい、チームは敗退、優勝はお預けとなった。哲は二軍では一塁ないし三塁を守っていたが、一軍では兄のポジションだった二塁手を急遽まかされ、慣れないせいもあったかもしれない。

しかし、一週間後の第十三戦で哲はニューヒーローの真骨頂を発揮した。十八歳の哲に一軍はまだ無理だったかと危惧する声も上がっていたが、そんな不安視を吹き飛ばす期待通りのホームランを放ち、勝利に貢献したのである。

現地の日本語新聞に哲の紹介記事が掲載されている。

〈中村二塁手は……兄の負傷と共に第一軍に引き上げられて、兄の二塁を其のまま引き受けたのである。三塁から急に変わったので自分もファンも心配していたが、最初の試合の外はすっかり兄キになって仕舞って、もう一息で二塁手の名誉を担おうとして居る。彼は二軍に於いてホームラン王とされていたが、昨日キングとのターミナル戦にその実を示して又一個

の本塁打をかッ飛ばした、沈黙な彼の心の中にも、斯うして他人を驚嘆せしむる様な皮肉がある……[10]〉

哲はその後、七月五日、十九日、二十一日の試合でもそれぞれ本塁打を放ち、二軍のホームラン王は一軍でもホームランバッターであることを証明してみせた。最終的にこの年のリーグのホームラン王となり、哲は記念のメダルを授与されている。

八月に入ってからも朝日軍の快進撃は止まらず、結局、前後期通算二十三勝三敗二分けと二位に大差をつけ、一九一九年以来七年ぶりの優勝を飾った。

野球が一世と二世の溝を埋めてくれた

パウエル・ストリートは哲たち若い二世を中心とした新たなヒーローの誕生に沸き立った。八月十二日と十三日の『大陸日報』には、《朝日野球軍の優勝を祝し　尚今後の奮闘を祈る》という大見出しで、一軍の全選手の名前と戦跡を記した祝賀広告が、雑貨商の渋谷商店によって掲載されている。もちろん二塁手中村哲の名前も兄の宏とともに明記されている。

白人と伍して戦い優勝を勝ち取った朝日軍は、差別と偏見に苦しむ日系人に自信と誇りと、そして希望を与えたが、朝日軍が日系人社会にもたらしたものはそれだけではなかった。カナダ生まれの日系二世ロイ・イトーが次のように述懐している。

〈父は日本語の新聞を読み、英語は読めなかった。私は英字新聞を読み、日本語学校に何年も通ったにもかかわらず、日本語の新聞は難しすぎた。（中略）一世の親たちと二世の子供たちとが、政治や政府、哲学、宗教について意味のある会話をすることは難しかった。おそらく不可能だったろう。（中略）そんな中で、野球だけがみんなで話し合える話題だった。父にも、ストライクとか、ボール、セーフ、アウトといった野球用語は分かった。父も含めて日本人社会の大人の男はみんな野球ファンで、日本人社会の野球チーム『朝日軍』を熱心に応援していた。日本語の新聞にボックススコアが載り、みんなが見た。何にもまして朝日軍は関心の的であり、二つの世代の隔たりを埋める架け橋となった。野球のことなら、親たちと話せた[11]〉

朝日軍は日系人一世と二世の溝を埋め、性別も年齢も飛び越え、出身県の違いによる狭い郷土意識も取り払い、日系人社会全体をひとつに繋ぐ絆だったのである。そしてそれがヒーローであることの意味だった。

それから四年後の一九三〇年（昭和五）、朝日軍は再びターミナル・リーグで優勝を果たす。その人気にあやかろうと、バンクーバー以外からも多くのチームが朝日軍に試合を申し込んでくるようになり、国境を越えてアメリカまで遠征して、シアトルの日系チームと対戦することもしばしばだった。もちろん哲も主力選手のひとりとして参加しており、そのときのことをのちに興奮気味に回想している。

〈それまで摩天楼の国、ジャズの国、映画の国、そしてフラッパーの国、米国を訪れるのをどんなに憧れて居た事でしょう。それが実現されると云うので僕等のはしゃぎ様ときたら一方ならず、スノーホワイト（白雪姫＝引用者注）が甦った時の七ドワーフス（七人の小人＝引用者注）の様な騒ぎでした[12]〉

肩を壊して朝日軍を退団

しかし、野球に打ち込むそんな哲の充実した日々に、突然終わりがやってきた。ハードな練習を続けてきたことが仇となったのか、二度目の優勝からほどなくして肩を壊してしまったのである。故障は回復せず、ついに子供のときから打ち込んできた大好きな野球から身を引くことを決意、断腸の思いで朝日軍を退団することとなった。宏もすでに退団していた。

一九三五年（昭和十）と三六年の二回、日本初のプロ野球球団『大日本野球倶楽部（東京読売巨人軍の前身）』のアメリカ遠征チームがカナダまでやってきて、朝日軍とも対戦した。そのメンバーには沢村栄治、水原茂、スタルヒンなどのちに日本球史に名を残すことになる名選手たちがずらりと並んでいたが、哲も宏も客席から観戦するだけだった。

惜しまれながら退団した二人だったが、苦しい家計を助けて働かなくてはいけない年齢にもなっていた。朝日軍に在籍中それぞれに職を得て、すでに社会人として働き始めていたのだ。

宏は地元の銀行に就職していた。それまで日系人に固く門戸を閉ざしていた職場ではあったが、優秀な学業成績と朝日軍の選手であることが認められての、異例の就職だった。朝日軍に所属していたころは、試合で負傷したときに上司から野球をやめろと言われたりもしたが、聞く耳をもたず、退団後も監督に就任するなど、朝日軍と関わり続け、後には学友会（日本語学校のOB会）の会長を長くつとめるなど、二世世代のリーダーとしての役割を担っていく。

哲もまた、朝日軍に在籍中から、バンクーバー市内のグロブナー・ホテルでベルボーイとして働くようになっていた。このころになると、一世たちの努力によって日系人の生活も少しずつ向上してきて、二世のなかには大学に進学する者も現れていた。だが、卒業しても宏のような銀行マンになれる者は例外中の例外だった。二世の就職できる職場は限られており、一流企業はもちろんのこと、役人や警察、消防などの官公庁や教育機関、病院をはじめホワイトカラーとして働ける職場はどこも日系人には固く門戸を閉ざしていた。

たとえ優秀な成績で大学を卒業しても、就職できるのはせいぜい親と同じ製材所や魚の缶詰工場などで、肉体労働もしくは雑務のような低賃金の簡単な仕事しかなかった。哲が勤めていたグロブナー・ホテルのベルボーイもそんな仕事のひとつで将来性があるわけではなかった。

ところがそのホテルで、哲は運命を変える生涯の恩師ともいうべき人物と出会うことになる。

ポップミュージックに熱中、歌手を目指す

哲が十代の多感なころ、それは繁栄と狂騒、享楽に満ちた黄金の二〇年代＝ローリング・トゥエンティである。一九一四年（大正三）に勃発した第一次世界大戦が四年後に終結すると、疲弊していたアメリカ経済は停滞から成長へと転換し、失業者は減少、株価は上昇を続け、消費は拡大して、お祭り騒ぎの新時代が到来していた。

経済の好況にさまざまな技術革新が加わって、人々の生活レベルは飛躍的に向上した。新産業（ニュー・インダストリー）と呼ばれるラジオ放送、映画、電話、自動車といった新しいテクノロジーが普及し、庶民にもスポーツやレジャーを楽しむ余裕が生まれてきていた。

大学への進学率が上がり、参政権を得た女性の社会進出が進んだ。生意気（フラッパー）な小娘たちは、母親の世代とは違って酒と煙草を嗜《たしな》み、ときにはチャールストンなどの下品なダンスに興じ、ボーイフレンドと二人きりでドライブを楽しむようにもなった。堅苦しいコルセットを脱ぎ捨て、それまで娼婦の専売特許だった口紅をつけて、親の世代が不道徳だと眉を顰《ひそ》める肌を露出した格好（ファッション）でさっそうと街を闊歩した。新しい価値観を持った若者の時代が到来したのである。

そのようなアメリカの社会状況は、哲が暮らしているカナダでも同じだった。そしてこの時代、野球がそうであったように、カナダの新しい文化・流行の熱狂はいつも長い国境線を接す

る隣国から押し寄せてきた。その洗礼を浴び、ベーブ・ルースが切り開いた新しいアメリカ野球に魅せられた哲だったが、それとは別にもうひとつ、哲の心を奪ったアメリカ生まれの新しい文化があった。それは大衆音楽（ポピュラー・ミュージック）である。

もともとアメリカでは、教会の賛美歌やホンキートンクと呼ばれる酒場の音楽、黒人霊歌や労働歌、ゴスペル、アイルランド民謡のような移民たちの故郷の歌など、音楽は大衆の身近なものとしてあった。ただ、この時代がそれまでと決定的に異なるのは、新しく作られた楽曲が短期間のうちに全国的に広がって流行する――「ヒットする」ようになったことである。

現代につながるこの現象は、この時代に出現した新しいテクノロジー、蓄音機（レコード）とラジオによってもたらされたものである。

一八七七年（明治十）、トーマス・エジソンの考案した世界初の録音再生機「フォノグラフ」は現代のレコードのような円盤型ではなく、いわゆる蠟管とよばれる円筒型で、録音に手間がかかり音質も悪く、広く普及することはなかった。しかし、その後、再生に特化した、裏表再生可能で大量の複製が容易な良音質の円盤型レコードが誕生すると、状況が一変する。ビクター、コロムビア、イギリスのデッカ、ＥＭＩなど、現代まで続く企業が次々とレコードの大量生産を開始、一般の庶民も手軽に購入できるようになり、音楽市場が一気に拡大したのである。

そして、レコードとともに音楽の大衆化に寄与したのが、新しく始まったばかりのラジオ放送だった。一九二〇年（大正九）、イースト・ピッツバーグに世界最初のラジオ局ＫＤＫＡ局が誕生すると、その成功に便乗して、二年後にはアメリカ全土で五七〇局もの放送局が開局。それから二年のあいだに二〇〇万台の受信機が販売され、ラジオは誰もが家庭で音楽を楽しむことのできる巨大メディアへと成長を遂げていった。

そこでラジオ局が必要としたのが、新しい時代にふさわしい新しい音楽だった。

ラジオから流れる最新の音楽（レコード）は、受信機の売り上げを伸ばし、聴取者を増やすための格好のアイテムとなった。誰もが楽しめる親しみやすい大衆音楽（ポピュラー・ミュージック）が人気を集め、ニューヨークの楽譜出版業界（ティン・パン・アレー）がプロデュースして作詞家・作曲家に作らせたヒット曲が、次々と生まれるようになっていった。野球にベーブ・ルースという起爆剤の巨人がいたように、音楽の世界では少年院出身の天才トランペッター&ボーカリストのルイ・アームストロングなどが偉大な創造者となって、ジャズが花開いた。

急速に都市化していくバンクーバーの街に、蓄音機やラジオから溢れる、新しい時代の新しい音楽。哲もそのような黄金の二〇年代のポピュラー・ミュージックに魅せられた若者のひとりだった。レコード店が店の前に蓄音機を置いてヒット曲をPRしていたこの時代、野球を諦めた哲は、ベルボーイで稼いだ少ない給料の中から買い集めたレコードやラジオから流れてくる最新流行の音楽を、新しく引っ越した家で毎日毎日、時間の許すかぎり聴くようになっていた。

このころには自分と兄の他に、妹二人も働くようになっていて中村家の家計にも少しは余裕が生まれてきていた。一家は無賃で住まわせてもらっていたパウエル・ストリートの路地裏長屋を出て、プリンセス・アベニュー沿いのワンランクアップした一戸建ての家に移っていたが、そんな音楽熱中人間となった哲の楽しみは、ただレコードやラジオを聴くだけでは終わらなかった。もっと素晴らしい最高の楽しみがあった。それはレコードやラジオで知った一流ミュージシャンの歌や演奏を自分自身の耳で、すぐ目の前で、すなわち「生」で聴くことだった。

このころ多くのアメリカのミュージシャンがプロモーションのためにカナダまで遠征し、バンクーバーで数多くのコンサートを開いていた。現役バリバリの有名プレイヤーたちによる超一流の生演奏（パフォーマンス）を、哲は多感な二十代に幾度となく目にし、耳にしている。

ジョージ・ガーシュインの『ラプソディ・イン・ブルー』の初演指揮者であり、「キング・オブ・ジャズ」の尊称で知られるポール・ホワイトマンも楽団を率いてバンクーバーにやってきた。のちに五〇〇〇万枚の世界セールスを記録する大ヒット曲『ホワイト・クリスマス』を放って「クリスマスソングの王様」といわれるようになるビング・クロスビーも、ホワイトマン楽団の三人組のコーラスグループ『リズム・ボーイズ』の一人として参加しており、見事なハーモニーを聴かせてくれた。イタリア系アメリカ人の楽器メーカーの息子でジャズ・ギターの元祖と称されるエディ・ラングの超絶的ともいうべき素晴らしい演奏も哲を熱中させた。

どのプレイヤーたちのどのパフォーマンスもおしなべて満足のいくものだったが、とくに圧巻だったのがデューク・エリントンだった。バンクーバー市内にあったビクターのレコード店の前で、エリントンがデモンストレーションの即興演奏をしていたときに哲が偶然通りかかり、幸運にも聴くことができたのである。猛獣の雄叫びのようなエリントンの生演奏の迫力に圧倒されて興奮したと、哲は後年述懐している。

しかし、そんなミュージシャンたちの中にはとんでもない輩もいた。最悪なのは一九二八年（昭和三）に『マイ・ブルー・ヘブン』の大ヒットを放ったジーン・オースティンだった。哲は何とかチケットを手に入れ、胸をワクワクさせて聴きに行ったが、その期待は脆くも打ち砕かれてしまう。いくら耳をそば立てても、オースティンの声が観客席まで届いてこないのだ。どうしたのかとよく見ると、何とオースティンはベロベロに酔っぱらっていたのである。

アメリカは当時、悪名高き禁酒法の時代で、自由に酒を飲めなかったが、カナダにはアメリカのような厳格な禁酒法はなかったため、酒は好きなだけ飲めた。オースティンはバンクーバーに来てからというもの、これ幸いとばかりに連日連夜飲み歩き、泥酔状態のまま舞台に立って、口をパクパクさせていたのである。叙唱法（クルーナー）という低い声で甘く感傷的に歌うのが持ち味のオースティンが、高感度のマイクのない時代、舞台で泥酔していては誤魔化しもきかなかった。醜態にがっかりするばかりだったと、哲は後に書き残している。

バンクーバーにやって来るアメリカのミュージシャンは超一流から三流クラスまで玉石混淆だったが、それらのすべてが二十歳を少し過ぎたばかりの哲の音楽的血肉となっていった。多種多様なミュージシャンたちのコンサートに足しげく通い、安い給料をはたいてレコードを買いまくり、新しいポピュラー・ミュージックを浴びるほど聴いているうちに、いつしか哲の胸に、ひとつの熱い想いが芽生えてきた。プロの歌手になりたい、と。

声楽教師ギデオン・ヒックス氏の大恩

いつの時代も若者は自らの才能を度外視して、淡く大きな夢を見る。哲もそうであったにちがいない。だが、哲にとっては、才能というあるのかないのか分からない不確かなものの他に、もうひとつ突破しなければならない巨大な壁があった。いうまでもなく差別と偏見である。「白人の国カナダ」という政治スローガンが声高に叫ばれていたこの時代、日系カナダ人二世にとって歌手になるという夢は、抱くことさえ空しい絵空事に過ぎなかった。

思い悩む哲だったが、しかし、いつの時代、どこの場所にも、志ある若者に手を差しのべてくれる高潔な人物というものがいる。ストラスコーナ公立学校のブラウン校長がそうであったように、哲はベルボーイとして働いていたグロブナー・ホテルの玄関で、哲の抱く夢物語にひと筋の希望の光を照らしてくれる人物と運命的に出会うことになる。

ギデオン・ヒックス。イギリス出身のこの声楽家がバンクーバーに渡ってきたのは一八八九年（明治二十二）、二十二歳のときだった。当初は音楽とは縁もゆかりもない大工として働いていたが、熱心に歌の勉強とレッスンを重ね、州都ヴィクトリアにあるメトロポリタン教会の合唱団のリーダーに就任、周囲からの信頼も厚く、指揮者も兼ねて十二年間その仕事を務めた。そして、その卓越した指導力に注目した同僚からの勧めもあって、声楽教師への転身を決意、一九二五年（大正十四）からは声楽教師として、地元ヴィクトリアだけではなく、毎月一、二回バンクーバーにも出張して生徒に教えるようになっていた。

ヴィクトリアとバンクーバーはジョージア海峡を挟んで対岸に位置している。現在では水上機の定期便などをはじめ、アクセスはいくらでもあるが、当時は不便で、横断に時間もかかった。そのためバンクーバー出張のさい、ヒックスはいつも市内のホテルに一泊した。そのときの定宿としていたのがグロブナー・ホテルだった。

ベルボーイとして毎月顔を合わせていた英国紳士が、なんと声楽教師であり、音楽を教えるためにバンクーバーにやって来るのだと知った哲は意を決して、ある日、ヒックスに教えを請いたいと願い出た。白人の声楽教師がどこの馬の骨とも知れない日系二世の若者に門戸を開いてくれることなど、当時はまずあり得ないことだった。しかし、これを逃したら歌手になるチャンスは二度と来ない。そんな切羽詰まった気持ちで一か八かに懸けたのだろう。

意外にもヒックスは哲のこの申し出を快諾した。父親の伴奏役として出張にいつも同行していたピアニストで娘のビートゥリス（通称ビー）も、哲の弟子入りを歓迎してくれた。ホテルの玄関でよく会っていた以前からの顔見知りということもあったが、日系人としては珍しい陽気で社交的な性格の哲に、ヒックス父娘は好感を抱いていたのかもしれない。しかし、何といっても鍵となったのは、声楽教師ヒックスの人間としての器の大きさだった。

哲がヒックス先生の教え子になったのは一九三二年（昭和七）、二十四歳のときである。レッスンスタジオに集うヒックスの教え子たちは、哲以外は全員が白人の若者だった。日系人排斥の気運が日増しに強くなってきていたこの時代に、日系二世を弟子として受け入れることは、それなりのリスクを伴うものだった。しかし、ヒックスは同じ音楽の道を歩む者として哲を快く受け入れてくれた。奇跡のような白人声楽家への弟子入りだったといえるだろう。

天にも昇る気持ちの哲だったが、温厚なヒックス先生も、いざレッスンとなると頑固で厳しかった。しかし、哲にはそれ以上の大きな喜びがあった。発声法や楽典を学び、スタジオの仲間たちと語り合い、ともに歌い、哲は声楽レッスンに夢中になっていった。

そしてさらに幸運だったのは、ヒックス先生が教会の合唱団をキャリアの出発点としていたことである。教会音楽は、アメリカのポピュラー・ミュージック一辺倒だった哲の音楽歴に、格段の厚みと深みをもたらしてくれた。オラトリオと呼ばれる宗教的な題材をもとにした歌劇や、ドイツ・オペラなど、クラシック系の音楽が、哲の新たなレパートリーとして加えられていったのである。そしてそれらの音楽は太く低く響くバリトンの哲の声によくフィットした。

やがて哲は努力していればきっと叶うものとして、いつかプロの歌手として舞台に立つ日が来ることを強く夢見るようになっていった。

マフィアの秘密クラブで独唱、大喝采

哲が生涯の愛称である「サリー」と呼ばれるようになったのはこのころからである。欧米社

レッスン・スタジオの仲間たち。

ヒックス夫妻。スタジオの庭園にて。

ヒックス先生（中央）と哲（右）。1940年。

会では誰もがファーストネームで親しく呼び合うが、中村の名前である「サトシ」をヒックス夫人がうまく発音できず、「サティー」と言っていたのがいつしか訛って、「サリー」と呼ぶようになったのだ。初めてそれを聞いたとき、スタジオの仲間たちは大爆笑した。「サリー」は元来、女の子の名前である。けれど、男の自分がそう呼ばれたらかえって印象的ですぐに覚えてもらえると、哲自身はけっこう気に入っていた。やがてそのユニークなニックネームはスタジオ内だけでなく、日系人の間にも広がっていき、いつしか誰もが親しみを込めて、哲を「サリー」と呼ぶようになっていった。

師に恵まれ、仲間たちからも愛され、熱心にスタジオに通う日々が続いたが、世の中は哲が野球に打ち込んでいた十代のころと大きく様変わりしていた。黄金の二〇年代はすでに三年前に幕を降ろしていたのだ。一九二九年十月二十四日、後に暗黒の木曜日と呼ばれるようになるニューヨーク証券取引所の株価大暴落をきっかけに恐慌が勃発、世界中が大不況の波に呑み込まれていた。カナダではこの時代〈失業率は二二％にものぼり、（中略）一〇家族に一家族は、いわゆる社会福祉に依存していきていた[13]〉という厳しい状況になっていた。

しかし、幸いにも哲はホテルを解雇されることもなく、歌のレッスンを続けることができた。野球のときと同様、いや、それ以上に寝食を忘れて熱心に取り組んだ。哲の日本語学校時代の親友、ロイ・クマノは、哲の音楽に懸ける並々ならぬ情熱を目の当たりにしたと私の取材に応じて語ってくれた。

それは、二人で市内の劇場にオペラを観に行ったときのことだった。哲は自分と同じバリトン歌手が歌い出すと、やおらカバンから楽譜（スコア）を取り出し、歌を聴きながらバリトンのパートの音符を身体に染み込ませるように指でなぞってずっと追いかけていたという。

また、当時イタリア人街の近くに住んでいた元同級生のジェーン・マツモトも、哲が遊びに来た日のことをよく覚えていた。彼女のリクエストに応じて哲が有名なオペラの一節を歌ったところ、それを隣家で聞いていたイタリア人の奥さんが大感激し、いきなりケーキを持って哲に会いに来たのだ。それ以来ジェーンは「あんたの友だちは、今度はいつ来るんだい？」と何度も尋ねられて閉口したという。

身長一七四センチ、当時の日系人としては大柄で、胸板の厚いガッシリとした身体が奏でる哲の低音ボイスは多くの人を魅了するようになっていたが、数多くの逸話の中でも最も秀逸なのは、イタリア系でニックという名前のストラスコーナ公立校時代の同級生とのエピソードだ。

授業中に女教師の後ろに忍び寄り、長いスカートを思いきりまくりあげたりしていた悪ガキのニックだったが、不思議と哲とは仲が良かった。ヒックス先生のレッスンスタジオに通うようになってからしばらくたったある日、そんなニックと街でばったり顔を合わせた。卒業以来の再会を喜んだニックが哲を自宅に招待する。哲はニックの妙に羽振りの良さそうな感じが気になったが、行ってみるとそこはとてつもない豪邸で、入り口の扉に来客の顔を確認するための四角い小窓がついていた。禁酒法時代にアメリカのマフィアが経営した非合法酒場と同じ種

音楽一筋だったころの哲。

類の「スピークイージー」と呼ばれていた御法度の秘密クラブだった。

哲自身が文章にして書き残している。

〈大きな室内には、モウモウと煙草の煙が立ち込めていた。まわりに五、六人ぐらい坐れるテーブルが六、七台あって、他に椅子が壁にそっておいてあった……女性の姿も五、六人見えた。片隅にグランド・ピアノが置いてあった。その頃流行していたポピュラーソングをピアニストが楽しそうに演奏していた。「マイ・ブルー・ヘブン」「ラモーナ」「思い出」「アット・サンダウン」等々。

私も大分良い気分になってきたので、ニックに「ニック、今晩の招待のお礼に君に歌を捧げたいんだ」というと、「そうか、それはありがたい」といって室の中央に出て行き、両手を高々と挙げて「皆さん、今晩は、私の小学校からの友人で同級生が私に歌を贈ってくれるそうです。どうか聞いてください。中村君をご紹介いたします。拍手で迎えて下さい……」といった。一同大拍手をしてくれた。私はピアニストの側へ行き、「オー・ソレ・ミオ」の打ち合わせをした。

「では、ニックの祖国イタリアの曲、オー・ソレ・ミオを贈ります」

オー・ソレ・ミオを歌い終わると、拍手喝さい、ニックの喜んだこと、相好をくずしての大喜びだった。そこで続いて「マリア・マリ」「帰れソレントへ」「トセリのセレナーデ」「理想の佳人（イデアーレ）」と歌った。すると、米国人は米国の歌、英国人は英国の歌、アイルランド人もスコットランド人も、それぞれの国の歌をリクエストした。結果はまるでリサイタルのようだった。喜んだのはニックだ。彼は得意満面だった。「自分の同級生だ」を連発していた。別れ際に私の手を握ったニックは「また是非きて歌ってくれよ。この家は自分の家だと思って気楽に来てくれよ」といった(14)〉

だが、この後、哲がニックに会うことは二度となかった。まるで映画のような話だが、ニッ

盟友ロイ・クマノ（左）との学友会での名演奏。

クは警察に追われ、銃撃戦の末に命を落としたのだった。風の便りにそれを聞いて哲の胸は痛んだが、ニック邸での大喝采がプロの歌手になれるかどうか不安の中にいた練習生にいくばくかの自信を与えたことは間違いない。

日系人オペラ歌手、中村哲の誕生

やがて哲はその実力が認められるようになり、地元のラジオ局CJORなどの日系人向け音楽番組に出演して美声を披露、日系社会に「我等のバリトン」として広く認知されていくようになる。「我等のバリトン」という言葉には「日系人（われら）の誇り」という意味が込められていた。哲がラジオに出演するときは『大陸日報』をはじめとする現地の日本語新聞に必ず予告記事が掲載されるようになった。サリーは日系人社会のスターとなっていったのである。

念願の初のリサイタルを開催したのは、哲が二十八歳になった一九三六年（昭和十一）のことだった。会場のホテル・バンクーバーのホールは満員となり、ヒックス先生の愛娘ビー嬢がピアノの伴奏でサポートしてくれた。

これで歌手としてやっていける。そんな自信もついてきたのか、このころの日系人としてはかなり逸脱した異彩を放つ哲の姿を記憶している者たちが大勢いる。当時カナダの大学生の間で流行っていた、プラスチック素材のようなテカテカで真ッ黄色のマッキントッシュ製のレインコートを着て仕事に出かける哲の姿をよく見かけたと、当時を知る何人もが証言している。

また、パウエル街の着物屋で店員をしていた者も、哲については鮮烈な記憶があるという。あるとき哲が女物の派手な柄の入った生地を買っていった。ガールフレンドにプレゼントでもするつもりなのかと思っていたら、数日後、「見て〜っ！」とうれしそうに言いながら現れた哲が、何とその生地で作ったアロハシャツのようなものを着ていたのでびっくりしたという。

四人兄妹の中で、兄と二人の妹たちは他の日系人同様にもの静かだったが、哲だけは異質で目立っていた。差別と排斥気運の高まる中で、目立たず地味に振る舞えというのが、当時の日系人が守るべき訓《おし》えだった。哲の態度はそれとまったく反するものだったが、不思議と彼を非難したり不快に思う者はいなかった。人気球団朝日軍出身のオペラ歌手。それは白人たちの差別に耐えて必死に生きる日系人の誇りであり、憧れの対象だったのだ。

すべては順風満帆のように見えた。願えば夢はきっと叶う。しかし、現実は想像以上に厳しかった。危惧していた通り、その高い評価は狭い日系社会の中だけで通用するものだったのである。自信をつけてきた哲の期待とは裏腹に、白人向けのラジオ局からは、いつまでたっても声がかかることはなかった。自分から売り込みに行っても門前払いを食う。オペラやドイツ歌曲などはヨーロッパが本家本元で、カナダ生まれの日系二世の歌など、端から馬鹿にして誰も聴いてくれなかった。この当時、ストラスコーナ公立校の校長先生や恩師ヒックス先生のように、日系人や東洋人に何の差別意識も持たずに接してくれる白人は本当に稀だったのだ。

自分はこのカナダでプロの歌手としてやっていけるのだろうか？

そんな不安が哲の胸に去来するようになっていたとき、衝撃的な大事件が遠い中国大陸で勃発した。一九三七年（昭和十二）七月七日、北京郊外の盧溝橋で日本軍と中国軍の間に奇怪な銃撃戦が発生したのだ。これを契機に両国は全面的な戦闘へ突入して行くこととなる。終戦まで続く長い日中戦争の始まりだった。

オペラ歌手愛ちゃん、斎田愛子

日本でも朝鮮半島で問題が起こると、在日の女子高校生がチョゴリの制服をカミソリで切られたりすることがあるように、異国に住む者たちの運命はいつも出自国の政治情勢に翻弄される。満州事変以後、アメリカ同様にカナダでも悪化の一途をたどっていた反日感情が、日中戦争の勃発で一気にヒートアップ、ブリティッシュ・コロンビア州（BC州）の排日運動は日中戦争の勃発した一九三七年から翌年にかけて急激にエスカレートしていった。

哲は、歌手としての将来がまったく見えなくなっていた。いまもまだ、本業はベルボーイなのだ。しかし、ヒックス先生がそうであったように、哲の前にはいつも岐路に立たされたときに、不思議に道を開いてくれる人物が現れる。今度は二十代の若い女性だった。

斎田愛子。同郷で哲とは顔なじみの彼女が、歌手として日本でデビューしたのである。

哲より二歳年下の斎田は、一九一〇年（明治四十三）にバンクーバーの南を流れるフレーザー河近くの町マーポールで生まれた。哲と同じ日系二世である。一歳のときに父親が死亡、母親はほどなく再婚して吉國姓となり、一家はバンクーバーの北にある炭鉱の町カンバーランドに引っ越したが、斎田は十五、六歳のときに単身バンクーバーに戻り、以後、終生斎田姓で通した。

バンクーバーの三宅歯科医院で住み込みの助手として働くようになると、ぽっちゃりとしたチャーミングな顔立ちと持ち前の天真爛漫な性格が好感を呼び、それに加えて歌が抜群にうまく、たちまち患者たちから「愛ちゃん」「愛ちゃん」と親しみをこめて呼ばれる人気者になった。女性では珍しいソプラノよりも低い音域のアルトの声は個性的かつ魅力的で、患者の間のみならず広く日系社会で評判となっていった。

斎田は三宅医師の温情で高校に通わせてもらい、卒業するが、無類の音楽好きで彼女の声に惚れ込んでいた三宅医師は、彼女を資金援助してトロントの名門、コンソルバトーリ校に入学させる。さらに幸運は続き、斎田が学位を取得して卒業し、バンクーバーに戻ってきた翌年、バンクーバーにやって来ていた日本オペラ界の大物、藤原義江と出会う。一九三三年（昭和八）六月、藤原はハワイ、シアトルなどの全米公演を経て、カナダまで足をのばしていたのだ。藤原は斎田の歌を聴いてその才能を確信、イタリアへ留学して勉強するよう強くアドバイスした。

〈バンクーバーにすばらしい声の二世の娘がいるから行ったらぜひ逢え、とシアトルを発つ前にきいていたので、バンクーバーに着くとすぐ彼女の声を聴いた。荒けずりの未成品では

斎田愛子と。ジャパニーズ・ホール（日本人ホール）にて。1939年。

斎田愛子リサイタル。ジャパニーズ・ホール（日本人ホール）。1939年。

あったが、珍しく線の太いアルトであった。私は三宅ドクターにすすめて、彼女のイタリーへの留学をはかった(15)〉

その後、バンクーバーに公演でやってきた日本オペラ界の第一人者関谷敏子も、やはり藤原と同じアドバイスをした。日系人の間に斎田愛子後援会が結成され、三宅医師の再度の資金援助もあって、斎田は念願のイタリア留学を果たす。

関谷の恩師マダム・M・リパの指導のもとで、二年間の声楽の勉強を終えて帰郷する間もなく、斎田は藤原歌劇団を創立していた藤原に呼ばれて日本へ渡り、日本ビクターと専属契約を結んだ。そしてアイルランド民謡『ダニー・ボーイ』で「赤盤」歌手として日本でデビュー、人気歌手の仲間入りを果たすことになる。イタリアのミラノでプリマドンナとして活躍した関谷敏子も、同地でリサイタルを開いた藤原義江も「赤盤」歌手だった。

〈米国ビクターは、発足当初から世界の名演奏家の吹き込みにおいて圧倒的に優位を誇っていたが、これらの世界的なアーチストの至芸を収録したレコードは、昭和初期から十二〜十三年ごろにかけて、相ついで日本ビクターから発売された……ところで、戦前これらのアーチストの至芸を収録したレコードは、一般に『赤盤』と呼ばれていた。これは、ＲＣＡの『レッドシール』を訳したもので、黒ラベルの一般レコードと区別していたが、当時「赤盤」

といえば、他の追随を許さぬ世界的な芸術家の代名詞のようにつかわれていた[16]〉

ここで言う世界的アーティストとは声楽のカルーソー、ピアノのホロヴィッツ、ヴァイオリンのクライスラー、あるいはボストン交響楽団といった超一流の音楽家たちや団体で、「赤盤」にはそれらの面々がずらりと名を連ねていた。

斎田愛子は無名の歯科医の助手からわずか数年で、一流歌手の仲間入りを果たしたのである。彼女こそカナダの日系社会が生んだ、日本でのプロ歌手第一号だった。

哲は斎田愛子が三宅歯科医院で働いているころから顔見知りだった。歳も近く、同じ二世の音楽好きとして二人は気が合い、頻繁に会っては話をしていた。ドクター三宅の娘で当時はまだ子供だったレイコ・マツバヤシが、筆者に送ってきた手紙の中で回想している。

〈サリーは、愛ちゃんがいた時期にちょくちょく家に来てくれたので、かなり一緒に過ごしていたと思います……サリーの印象は……といっても私は六～七歳の子供でしたが、面白い名前だし、笑顔が素敵で、いつもおかしな目つきや顔つきをして私たちを笑わせてくれたので好きでした。いつまでも忘れないでしょう。それに、サリーは家に来てくれた人の中でいちばんハンサムでした……私たちはいつも子供じみた空想の中で、サリーは愛ちゃんの恋人なのだと思っていました。でも、二人はいい友達でしたが、きっとロマンチックな関係では

なかったと思います。それとも、そうだったのかしら？〉

ホテルを解雇され、日本での歌手デビューを決意

思い悩む哲にとって、日本で歌手デビューを果たした斎田愛子は、日系二世の歌手志望者としてこの先どう進めばいいのかを示してくれる、すぐ身近にある手本そのものだった。

哲は日中戦争勃発のその日（実際は時差があるので翌日）、バンクーバーで斎田と会っている。彼女はその一ヵ月前に日本からバンクーバーに帰国、日本の運命が決まった七月七日のこの日、市内の日本人ホールで凱旋リサイタルを開催していたのだ。翌八日の現地日本語新聞に「愛子さんの独唱会　数百の聴衆を酔わす」という大見出しで、鑑賞記事が掲載されている。

〈私は四年振りに愛子嬢を聴いて、故国音楽批評家として有名な牛山充氏が言うところの〈愛子さんのような極めて表現力の強いコントラルトは我我日本に於いては未だ嘗《かつ》て経験しない。非常に複雑な人間的感情が他の人々の声では聞く事の出来ない程極めて強く表現されている〉ことを知ったのである。[17]〉

斎田はその後十月二十三日、十一月三日にもリサイタルを開催、そして再び日本へと旅立っている。

当時の写真にタキシード姿の中村とステージ衣装のドレスを着た斎田が舞台の上で手をつなぎ観客に挨拶しているものがある（六四頁下写真）。おそらくはこのリサイタルのときに撮影されたものと思われる。三宅医師の娘レイコの証言にもあるように、二人は長年にわたって深く交流していた。藤原義江に招聘され、老舗のレコード会社と専属契約を交わした斎田のプロ歌手としての日本での活躍が、中村を強く刺激したことは想像に難くない。

しかし、哲には斎田のように王立音楽院卒業という学歴もなければ、オペラの本場イタリアに留学という経歴もない。ヒックス先生は素晴らしい指導者ではあったけれど、しょせん市井の声楽家であり、スタジオはいわば私塾だ。哲が日本へ行って斎田愛子のように歌手としてとんとん拍子にやって行けるという保証は何ひとつなかった。

決心がつかないまま悶々とする日々を送る哲だったが、そんなとき思いもかけなかった事態が起こった。突然ホテルを解雇されたのである。引き金となったのは日中戦争だった。

オーナーは毎年クリスマスに自分が所属する教会の信者をホテルに招いてパーティーを開いていて、ある年には哲をその席に呼んで得意の歌を披露してくれと頼んだこともあった。大恐慌のときにも哲を解雇することはなかった。しかし、今度ばかりは違った。戦争の拡大は人種を超えた信頼関係をも容赦なく破壊していくのだ。

失職したいま、このままバンクーバーに留まっている理由は何ひとつなかった。

日本でデビュー！

哲はそう決心した。おそらくは日本にいる斎田愛子と連絡を取り合い、相談した上での決断だったのではないだろうか。しかし、渡航費（横浜行き三等船賃片道六十三ドル。ちなみに当時、四年落ちのフォードセダンの中古車が三百ドル）と、日本での当面の生活費を稼ぐにも低賃金の仕事しかなく、それが用意できるまで、それから三年もの月日を費やした。それでも足りない分は、兄の宏と三宅医師が援助してくれることになった。

その間、日中戦争の泥沼化やスペイン内戦など、世界の情勢は悪化の一途をたどり、ヨーロッパでは一九三九年（昭和十四）九月、ヒトラー率いるドイツ軍がポーランドへ侵攻、これに応じたイギリスとフランスが対独宣戦布告、第二次世界大戦の火蓋が切って落とされていた。

哲の日本への出発は、世界中に軍靴と砲声が鳴り響いていた一九四〇年（昭和十五）の秋と決まったが、その年の一月に大きな仕事が舞い込んできた。日系市民連盟協会主催によるカナダ赤十字援助のための音楽祭の司会＝ＭＣである。

このころカナダの排日運動は激しさを増すばかりだった。その急先鋒に立っていたのがバンクーバー生まれの市会議員ハルフォード・ウイルソンで、日系人は腐った茶色の猿どもだから日本に送り返すべきだと、露骨な差別的主張をことあるごとに繰り返した。「ウイルソン市議更に東洋人排斥運動」「今度は日系漁者排斥」等々の見出しが『大陸日報』に連日のように掲載された。移民を強制退去させよという排他的主張を支持する熱狂がカナダ社会に満ち溢れていた。

『音楽と舞台の夕べ』。1940年1月28日、バンクーバー・エンプレス劇場。
マイクの前に立っているのが哲。

カナダ赤十字援助のための音楽祭は、そこから得られた収益をカナダ赤十字に寄付し、カナダ社会に貢献して吹き荒れる排日の嵐を少しでもやわらげようという、日系人の切なる願いから企画されたものだった。

バンクーバーとその近郊には日系人の少女舞踏団や吹奏楽団、ハーモニカバンド、ピアニスト、ソリストなど、素人ながらセミ・プロ級の音楽愛好家たちが大勢いた。それら総勢約百名が一堂に集結し、日本の領事のみならず白人の市長や赤十字の支部長らも夫人同伴で正式に招待して開催しようという、日系社会を挙げての大イベントだった。

バンクーバーでもっとも格式のあるエンプレス劇場でおこなわれたその音楽祭の運営を担ったのは主として二世たちで、日系社会始まって以来ともいうべき重大なそのイベントの司会を、哲が任されたのである。そしてそれは大成功となった。

出場者は百二十名。入場者は千八百名と大盛況であったのだ。

〈……中村君が進行係となり、開演に先立って白髪童顔のテルフォード市長と、ボックス椅子を並べた仲内領事を会衆に紹介し日白会衆は大拍手を送って敬意を表し演芸に移ったが幕合いにカナダ赤十字社晩香坡支部議長カルトン・クレイ氏から挨拶があった。舞台に繰りひろげた和洋に亘る音楽、舞踊の絵巻は孰れも観衆を陶酔せしめたことは勿論だが四十近いプログラムを少しも遅滞することなく進行せしめた学友会諸君の手腕もまた感嘆の外なかった……(18)〉

哲は司会の他に、日本語で『君が代』を、そして英語でカナダ国歌『Ｏｈ！　ＣＡＮＡＤＡ』を歌った。市長たちは「日本人でこんな良い声で歌う人がいるのか」と驚いたという。

音楽祭の売り上げは七百五十五ドルにのぼり、経費などを差し引いた残りの四百四十三ドルが、カナダ赤十字協会のバンクーバー支部に義援金として寄付された。

音楽祭の狙いはある程度成功だったようで、後日『大陸日報』は、バンクーバー市議会がウイルソンの排日運動を一時的に封印したことを報じ、〈排日運動の如きは『停戦』するを可とすと云う結論に達したものとみられる(19)〉と伝えている。

ピアノ伴奏はビー・ヒックス嬢。

中村哲君の獨唱會大成功
滿堂の聽衆を魅了

待望の中村哲君の獨唱會は一昨夜八時半から日本人ホールに於てビートリス・ヒックス孃の伴奏で行はれたが、ホールは空席もなく日白聽衆によつて埋められ豫想以上の盛會であつた、當夜は殊に晩香坡の生んだ最初の日系バリトン歌手としての値打はその見事に洗煉された素晴らしい聲によつて立派に認められたばかりでなく中村君の將來の有望なる事を充分に物語つた

先づプログラムはベートーベンの「自然の禮拜」から始められ、その落ついた魅力たつぷりな聲は聽衆を惹きつけ感動せしめたが、プログラムの進むに從つて中村君の天分を遺憾なく發揮しアンコール續きの大喝采であつた、中でもヘンデルの聖歌「名譽の武器」、オペラ二曲、第五部の日本歌と第六部の英語名曲は素晴らしく上出來で大受けであつた

日本物も立派な出來榮で日本人聽衆は勿論歌の意味を解せぬ白人にも非常な好印象を與へホールも割れるやうなアンコールに應へて「他國の月」を唄つたが日本物の少かつたのは聊か殘念であつた（ケー生）

『大陸日報』1940年6月3日。

バンクーバーでの最後のリサイタルのプログラム。1940年6月1日、ジャパニーズ・ホール。

後に学友会の会長となったハリー・コンドウは、一九二六年の朝日軍の優勝とこのときの音楽祭が、戦前の日系社会でもっとも印象に残る出来事だったと語っている。その両方に哲はメイン・メンバーとして参加していたわけである。

五ヵ月後の六月一日、哲はバンクーバーで最後のリサイタルを開いた。会場は日本人ホールで、このときもまたヒックス先生の娘のビー嬢がピアノ伴奏をつとめてくれた。後援はバンクーバーで古くから発行されている『大陸日報』『加奈陀日々新聞』『日刊民衆』の三邦字新聞と、二世たちによって二年前に創刊された英字の『ニューカナディアン』紙との合同で、それは哲が日系社会で歌手として広く認められていることを意味していた。

最後のリサイタルは大成功であった。

〈晩香坡の生んだ最初の日系バリトン歌手としての値打ちはその見事に洗練された素晴らしい声によって立派に認められたばかりでなく中村君の将来の有望なる事を充分に物語った。先ずプログラムはベートーベンの『自然の礼拝』から始められ、そのついた魅力たっぷりな声は聴衆を惹きつけ感動せしめたが、プログラムの進むに従って中村君の天分を遺憾なく発揮しアンコール続きの大喝采であった、中でもヘンデルの聖歌『名誉と武器』、オペラ二曲、第五部の日本歌と第六部の英語の名曲は素晴らしく上出来で大受けであった[20]〉

グッバイ・バンクーバー

もうバンクーバーに思い残すことは、何ひとつなかった。

出発一週間前の十一月四日、ヒックス先生のスタジオで、哲の送別会を兼ねたコンサートが開かれた。仲間たちが入れ代わり立ち代わり、オペラの一曲や黒人霊歌を歌って花を添えた。皆で合唱もした。哲がこのスタジオで歌う最後の曲となるトスティの『理想の佳人』を歌い終わると、仲間たちから別れの贈り物がプレゼントされた。隅にS・Nという中村のイニシャルが刻まれた斑色《まだらいろ》の筆記用具入れで、中には万年筆が入っていた。私たちのことを忘れずに、日本からいっぱい手紙を書いて欲しいという意味だった。

最後のティータイムに大きなケーキが出された。愛称サリーの名付け親であるヒックス夫人が、甘いもの好きの哲のために用意したスペシャル・メイドだった。ナイフを入れる哲の手が震えた。いつもは厳しい恩師ヒックス先生の柔和な笑顔に、ベルボーイ時代の出会いからスタジオでの八年間の充実したレッスンの日々が甦ってきた。誰からともなく拍手が起こり、肩を震わせる哲の全身を包んでいった。

一九四〇年（昭和十五）十一月十二日火曜日。バンクーバー港のターミナル・ドックは、乗船して日本に向かう日系人や見送りの人たちでごったがえしていた。日中戦争の泥沼化と悪化するばかりの日米関係に不安を感じ、急遽、祖国日本へ帰ることにした日系人も大勢いた。

見送る人たちの中には、父辰喜、母文美、兄宏そして妹の昭、節たちの姿があった。日本とカナダを結ぶ太平洋航路の定期船は日本郵船の氷川丸が有名だが、この日出港したのは同級の平安丸だった。哲が乗船すると、ほどなく船は港を離れた。デッキの上から手を振る哲の視界から父、母、兄、二人の妹たちの姿が遠ざかっていき、やがて見えなくなった。

船内で哲は何人もの見知らぬ人たちから、「サリー!」「サリー!」と声をかけられた。日本に向かう日系人の誰もが、彼のことを知っていた。激しくうねる太平洋の彼方に哲は夢を馳せた。斎田愛子が日本で成功したように、自分も絶対に日本で成功してみせる。

(1) 若槻泰雄・鈴木譲二共著『海外移住政策史論』(入江寅次『移民九十年』『邦人海外発展史』より若槻、鈴木が概要を引用) 福村出版　1975年

(2) 平島吉之助『日本人』明治39年6月5日号

(3) 外務省通商局『移民調査報告第十』1912年11月(同年2月現在の晩香坡島事情調査報告)※旧仮名を新仮名に改めた。

(4) 中山訊四郎『加奈陀同胞発展大鑑　付録』1921年

(5) 佐藤伝・英子『子どもと共に五十年　カナダ日系教育私記』日本出版貿易　1969年

(6) 同右

(7) William Humbei: "*Diamond of the North - A Concise History of Baseball in Canada*" Oxford University Press　1995年　※英文を翻訳

(8) 松宮哲『松宮商店とバンクーバー朝日軍　カナダ移民の足跡』2017年(非売品)

(9) Pat Adachi, *Asahi: A Legend in Baseball - A Legacy from the Japanese Canadian Baseball Team to Its Heirs* (Etobicoke, Ontario: Coronex Printing and Publishing, 1992).

(10)『大陸日報』1926年6月17日付

(11) Roy Ito, *Stories of My People: A Japanese Canadian Journal* (S-20 and Nisei Veterans Association, 1994).
※英文を翻訳

(12)『学友　25周年記念』学友会　1940年(非売品)

(13) 大原祐子『世界現代史31　カナダ現代史』山川出版社　１９８１年
(14)『日本列島』１９７１年陽春号　日本列島出版
(15) 藤原義江『オペラうらおもて　藤原オペラの二十五年』カワイ楽譜　１９６２年
(16)『日本ビクター50年史』編集・日本ビクター株式会社50年史編集委員会　１９７７年（非売品）
(17)『大陸日報』１９３７年７月８日付・山本倫由
(18)『大陸日報』１９４０年１月29日付
(19)『大陸日報』１９４０年６月19日付
(20)『大陸日報』１９４０年６月３日付

第二章

日本の映画の世界へ

『間諜　海の薔薇』1945年　ⓒ東宝

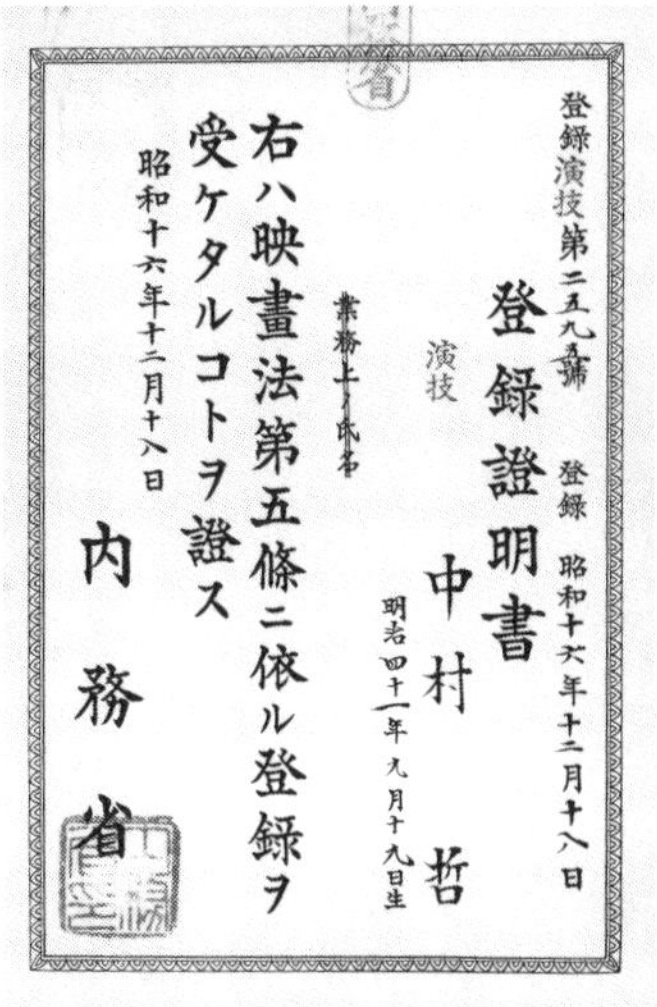

登録演技第二五九五號

登録證明書

登録　昭和十六年十二月十八日

演技

中村　哲

明治四十一年九月十九日生

業務上ノ氏名

右ハ映畫法第五條ニ依ル登録ヲ受ケタルコトヲ證ス

昭和十六年十二月十八日

内務省

内務省発行の演技者登録証明書

銀座通りを歩く哲と友人女性。
1941年5月31日。

日本での初リサイタルは評判上々

〈四月にリサイタルを開く予定です。（中略）すべての手配は斎田さんの友人で日本のベテランヴァイオリニスト、東儀氏の好意によるものです。彼の娘さんは私の伴奏者として私を助けてくださいます。藤原氏と斎田さんは旅行に出ていて四月まで戻りません。時々、私が本当に日本にいるということが夢のように思えます。バンクーバーの印象が心に強く明瞭に刻まれているので、現実と印象がごっちゃになってしまっています。それとも私の頭がおかしいのでしょうか？〉

日本に到着して四ヵ月が過ぎようとしていた。その間、哲はスタジオ仲間から贈られたあの万年筆で、バンクーバーへの便りを何通も書き綴った。右はその一つでヒックス先生のスタジオへ送られた一九四一年（昭和十六）三月五日付のものだ（原文は英文）。

日本ではまったく無名の哲が、ここで歌手として生きようとするなら、まずは自分の存在を広く知ってもらわなければならない。それが東京でリサイタルを開く最大の目的だ。文面からは順調にことが進んでいる様子がうかがえるが、この四ヵ月は哲にとって目の回るような忙しさだったにちがいない。

カナダのパスポートで入国している哲は、「外国人ノ入国、滞在及退去ニ関スル件」という内務省の政令（戦後の外国人登録法に相当）に従って宿泊地、滞在地を役所に届け出なければならず、それには早急に住所を決めなければならなかったし、この当時、歌手として舞台に立つには警視庁発行の「技芸者之証」が必須であり、その申請手続きも必要だった。

さいわい技芸者之証は思いのほか早く交付されてリサイタルは事前承認されたが、それにしても生まれて初めての地で、何から何までが初体験だった。混乱し、すべてが〈夢のように思え〉〈現実と印象がごっちゃになってしまう〉のも無理からぬことではあったろう。

手紙にある東儀氏とは東儀哲三郎のことである。東儀家は宮中の雅楽師という家柄だが、哲三郎は東京音楽大学（現在の東京芸術大学）でバイオリンを学び、卒業後は母校でクラシックの教鞭をとっている。斎田愛子はそんな東儀家と親しく、家族と夕食をともにすることもしばしばだった。東儀の長女、秀子は斎田が訪ねてくる日には「今日は愛ちゃんが訪ねて来る」といつもうれしそうだったという。

東儀秀子はロシア人ピアノ教師についてレッスンを重ね、一九三二年（昭和七）に開催された時事新報社主催の第一回「音楽コンクール」（第六回から毎日新聞社主催となり、その後、日本音楽コンクールと改称）のピアノ部門で入選したピアニストで、哲の日本で最初のリサイタルは彼女が伴奏をつとめてくれることになっている。おそらく斎田愛子の助力だろう。

哲に先行して日本に滞在していた斎田愛子は、哲にさまざまな便宜を図ってくれた。哲が決めた最初の居住地は、渋谷・道玄坂にあった整体院の一室だったが、ここを訪ねたことのある

『中村哲独唱会』チラシ。

日本青年館。1941年4月15日。

哲の友人は、そこの院長は哲と同じ外国育ちの匂いがしたと述懐している。斎田と関わりのあるバンクーバーゆかりの人物だったのかもしれない。

「中村哲独唱会」は一九四一年四月十五日の午後七時に開催された。

マネージャーは哲に最高のリサイタル会場を用意してくれた。青山の日本青年館。当時、新交響楽団（NHK交響楽団の前身）が本拠地としていた名門ホールだ。

「彗星現る！　世界的バリトンの若人　国際放送の新人」と少々大仰なコピーのチラシが制作され、藤原義江が「推奨のことば」として〈中村哲君の試みた独唱を聴いて孰れ将来楽団に雄飛する偉大な楽人だと感じました。君に声量の多い事と繊細なエキスプレッションのうまい事は私をして同君のファンにさせられた点であります。喜んで同君を推奨します〉とのコメントを寄せている。

曲目は『小暗き森』（ルリー）／『唯笑み給へ』（ローザ）／『名誉と武器』（ヘンデル）／『内密』（シューベルト）／『蓮の花』（シューマン）／『恋の歌』（ブラームス）／『二人の精兵』（シューマン）／『ヴアランチンの歌』（グーノー）／『気まぐれ者よ』（ペリゴレーヂ）／『子守歌』（山田耕筰）／『片しぶき』（杉山はせを）／『ホータ』（スペイン民謡）／『別れの小唄』（トスティ）／『涙すまじ』（デル・リエゴ）／『花祭の歌』（モス）／『理想の佳人』（トスティ）／『若人』（アリッツェン）。

ドイツ歌曲や歌劇曲を中心とした選曲である。そして、

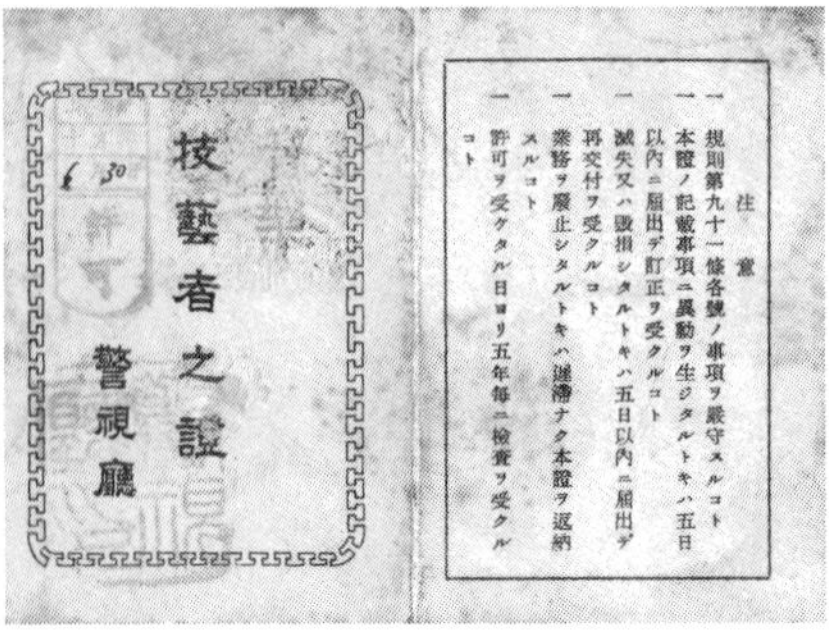

技藝者之證
警視廳

注意
一 規則第九十一條各號ノ事項ヲ嚴守スルコト
一 本證ノ記載事項ニ異動ヲ生ジタルトキハ五日以内ニ屆出デ訂正ヲ受クルコト
一 滅失又ハ毀損シタルトキハ五日以内ニ屆出デ再交付ヲ受クルコト
一 業務ヲ廢止シタルトキハ遲滯ナク本證ヲ返納スルコト
一 許可ヲ受ケタル日ヨリ五年毎ニ檢査ヲ受クルコト

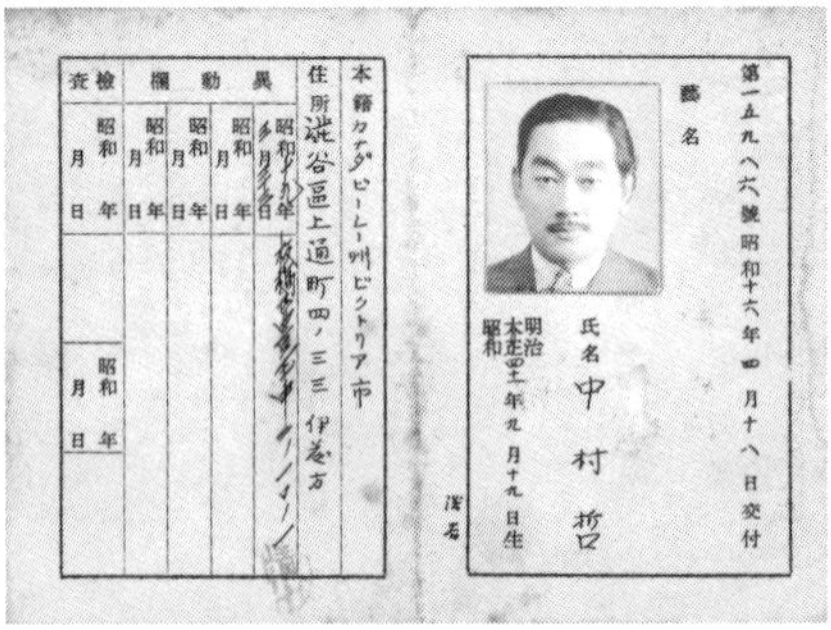

第一五九八六號 昭和十六年四月十八日交付
藝名
氏名 中村哲
明治 大正 昭和 四十二年九月十九日生

本籍 カナダビーシー州ビクトリア市
住所 渋谷區上通町四ノ三三 伊藤方

異動欄
昭和 年 月 日
檢査
昭和 年 月 日

警視庁発行の技芸者証明書（表面と裏面）

「ビクター赤盤歌手」として知られる斎田愛子の賛助出演がリサイタルに花を添えた。

斎田人気のおかげもあってか、会場は満席、評判も上々だった。四月十九日付朝日新聞の音楽短評にも〈歌い方が小刻みでないのがことのほか嬉しい。天性の美声とは言い難いが声は腹からドッシリと出るし、音も前頭で響く、西洋式の発音で英語の語感を持っていることも一つの強みである〉と好意的な批評が掲載されている。

頑張れば日本できっとやっていける。バンクーバーを発つときの不安は、それなりの自信に変わっていたにちがいない。最初の目標は成功裡に達成できたのである。

自分では気づかなかった微妙な訛り

一ヵ月後の五月、斎田愛子が歌劇の歌姫として舞台デビューした。佐藤美子とのダブルキャストながら、藤原歌劇団の公演『アイーダ』のアムネリス役に抜擢《ばってき》されたのである。それは人気赤盤歌手からのステップアップと言える。ヴェルディの『アイーダ』は本邦初演であり、それを新人の斎田にまかせるのは冒険だが、藤原義江が斎田の個性的なアルトに惚れ込んでのことだった。これ以降、斎田は藤原歌劇団の公演には欠かせない出演者の一人となっていく。

哲は同じ歌手として輝かしい成功をおさめていく斎田が羨ましかったろう。彼女の晴れやかな舞台を観て、素直に祝福すると同時に、自分も早くオペラの舞台に立ちたいと思ったはずだ。リサイタルの成功を契機に、無名の自分が少しは日本で認知されたという自負も湧いていただろうし、この勢いにまかせて自分もさらなるステップアップをと願ったに違いない。

しかし、哲はそのとき、日本のプロ歌手として乗り越えなければならぬ困難な課題に直面していた。プロ歌手として乗り越えなければならない課題——それは日本語の矯正である。日本に来て初めて分かったことだった。

「君はカナダ生まれにしては日本語がうまいけど、ちょっと訛《なま》ってるね」——日本に来てまだ日の浅いとき、ある人からそう言われたのだ。思ってもいなかった辛辣な指摘に驚いたが、考えてみれば確かにそうかもしれなかった。日本語学校できちんとした読み書きは習ったものの、父は熊本出身で、母は広島出身である。どこか訛っている。

それだけではない。バンクーバーにはこの二県人会の他に滋賀県人会、和歌山県人会、鹿児島県人会、神奈川県人会、山口県人会などがあり、日本全国津々浦々からの移民が暮らしていて、日系人社会ではそれらのお国言葉が入り乱れていた。哲の日本語に日本語のどれでもあり、どれでもないような奇妙なイントネーションが、自分の気づかぬうちに混じっていても不思議ではなかった。

音楽の世界では、たとえ微妙な発音の違いでも音の表情に確実に表れる。日本でプロの歌手としてやっていこうとするなら、気づかぬうちにときたま顔を出してくる、この微妙な訛りを早急に矯正しなければならなかった。

訛りをなおすために日活の演技者養成所へ

哲が悩んだ末にマネージャーとも相談して選んだ道は、いったん音楽から離れ、映画会社が運営する俳優養成学校の研究生になることだった。

当時、東宝や松竹、日活などの映画各社は俳優志望者を募集して、政府認定の演技者を養成するための教育をおこなっていた。それというのも二年前の一九三九年（昭和十四）に、戦争遂行の一環として映画製作を国家の統制下におくための映画法が施行されていたからである。映画の製作および配給が許可制となり、監督、俳優、撮影者などの技能者は、内務省の国家試験に合格しなければならないと定められた。その結果、映画各社はこれらの人材を確保するために、国家試験に合格させるための教育機関を運営するようになっていたのだ。

とはいっても、哲は映画俳優になろうと思ったわけではない。ただ、俳優養成学校で芝居や台詞の勉強をすれば、訛りのない日本語を話せるようになるのではないかと考えただけで、目指しているのはあくまでプロの歌手だった。

すでに入所試験は終わっており、三十二歳という年齢も募集要項（十七歳以上二十五歳まで）を逸脱していたが、伝手を頼りに特別推薦枠で日活の演技者養成所に第十期生として滑り込んだ。受講期間は四月から九月までの六ヵ月。学費は不要なうえに毎月二十円の小遣いまで支給される。受講生は男女合わせて約二十名、学歴や年齢はまちまちだが、哲は最年長だった。

教本は田中榮三の『映画俳優読本』で、田中自身が実技の主任教授をつとめていた。田中は明治の末から大正、昭和にかけて監督、脚本家、俳優として活躍してきたこの道のエキスパートで、演技理論の著作も多い。一流の指導者だけに授業は厳しいが、ほかにも八田元夫や三好十郎といった新劇界の重鎮も講師として顔をそろえ、俳優養成所としてはハイレベルの布陣といえた。

カリキュラムは発声練習はもとより、「おあやや、母親にお謝りなさい」などといった江戸歌舞伎の滑舌法、あるいは感情の表現方法、映画演技と舞台演技の差異と混同についてなどから、メーキャップ法に至るまで、俳優に必要な基本的技術をみっちりと教えこまれた。

それらの授業はいずれも歌手中村哲にとって有益とはいえ、カナダ育ちの哲には表現の難しい苦手な課題も多かった。日活養成所の同期に、のちに東宝の『社長シリーズ』や『裸の大将』などで人気を博す小林桂樹が在籍していた。中村哲のことはよく覚えているという小林は、私の取材に応じて、当時この課題に難渋していた哲の姿を語ってくれた。

「合わない感じでしたね。身についた外国人のアクションというものがあるんですよね。勉強するのは農村ものとか、そういうのが多いからね、そういうのには合わないんです。日本人的な感情の泣いたりわめいたりする芝居は我々にはしっくりくるけど、哲ちゃんには向かなくて、やっぱり異質な人が一人いるって雰囲気はありましたね」

やはり養成所の同期で、戦後、日活の名脇役として活躍した紀《き》原土《はらど》耕《こう》にも話を伺ったが、紀

日活演技者養成所の卒業写真。三列目中央やや右側に哲（髭の男）。
写真提供・小林桂樹（同期、三列目の左から五人目〈？〉）。

原もまた、次のように語っている。

「中村さんは椅子の生活をしていらしたでしょ。芝居で座る稽古があるんですよ、畳に。そうすると足が痛い痛いって顔をしかめてね。正座しても半分立ってるみたいな感じなんですよ。胡《あ》坐《ぐら》をかく芝居になると後ろにひっくり返りそうになったりして皆が大爆笑して、そういうことがありましたね」とも語っている。

面白いことに小林にしろ紀原にしろ、二人がともに強烈な印象として覚えているのは哲の声のことだった。「合唱なんかで哲《てつ》ちゃんが後ろで歌って、僕がその前で歌うでしょ、そうすると哲ちゃんのその声が僕に入るんですよね。僕がすごくいい声でワァ〜〜って歌ってるみたいで。そして彼が止めると僕は普通の声になってしまう。それがすごい印象だった」（小林）。「ときどき余った時間があって隠し芸なんかさせられたときなんか、中村さんが歌って、養成所の講堂がビンビン響いてすごい声量だと思った覚えはありましたね」（紀原）

二人はまた哲を評し「良い人という印象しかないですね、日本人とはちょっと違う大らかさがあって、いつもニコニコしてて、一生懸命やってましたね……」（小林）。「外国育ちをひけらかすこともなく、非常に温厚で心が広いというか、ゆったりとした方でした」（紀原）とも語っている。

異文化の表現方法に苦労しながらも、哲は熱心に授業に取り組んだ。テキストには「訛りの矯正法」が記されている。それは標準語のイントネーションを五線譜に音階として記入して、繰り返し発音し練習するという方法で、声楽家の哲にとってなじみやすく、養成所に入所した目的とも合致するものだった。

六ヵ月はまたたく間に過ぎた。内務省の試験には、お題を出されて即興で芝居をする実技の他に、国語や簡単な数学、あるいは社会問題——たとえば日独伊三国同盟や大東亜共栄圏といった言葉の意味を問う一般常識問題などもあったが、それらも養成所の授業で勉強していたために、困ることはなかった。

合否の結果は後日、内務省から養成所に届き、主事から直接研究生たちに伝えられた。一名を除く全員が合格で哲も合格だった。登録番号は演技第二五九五号。内務省の大きな判が捺された登録証明書（第二章扉、写真参照）を授与され、とりあえず国家公認の映画俳優となった。教育と訓練の成果というべきか、卒業するころにはバンクーバー訛りはほとんど気にならなくなっていたという。

太平洋戦争の勃発が哲の夢を打ち砕いた

なんとか訛りを克服した哲に、タイミングよく藤原歌劇団からオペラ・デビューのオファーが舞い込んできた。初リサイタルに推奨の言葉を寄せてくれた藤原義江からだった。演目はオペラの定番ともいうべき『カルメン』。哲の役は情熱の女カルメンに愛される闘士エスカミーリョ。そのカルメンを斎田愛子が演じるというキャスティングだ。願ってもない大チャンスだった。

上演は十一月、会場は東京歌舞伎座。斎田のアルトはきわめて個性的で観客を魅了し、『カルメン』は大当たりとなった。哲のエスカミーリョも好評で、藤原義江も演出を担当した堀内敬三も、引き続き藤原歌劇団の公演に出演して欲しいと口をそろえた。

全力で演じた哲のオペラ・デビューは、成功のうちに幕を閉じたのである。

怖いくらい順調な滑り出しだった。いずれ自分も斎田と同じ「赤盤」歌手としてデビューできる日が来るかもしれない——そんな熱い期待を思い描いていたであろう矢先、またまた哲の夢と希望を一瞬にして打ち砕いてしまう、強烈な試練が突然襲いかかってきた。

十二月八日早朝、ラジオの臨時ニュースが「大本営陸海軍部午前六時発表、帝国陸海軍は本八日未明、西太平洋において米英軍と戦闘状態に入れり」と緊迫した声で、日本海軍の機動部隊がハワイの真珠湾を爆撃、戦艦四隻を撃沈するなど大戦果を挙げたことを告げた。これに先立つ数時間前、日本軍は英領マレー半島に上陸、シンガポール攻略を開始していた。

太平洋戦争の勃発だった。

緒戦の大戦果に日本中が興奮で沸き立ったが、日中戦争の勃発とともにバンクーバーの排日運動が激化したように、ここ日本でも、それまでも厳しかった「敵性音楽」への締めつけが急速にエスカレートしていく。それはオペラを得意とする哲の喉元を締め上げた。

一年前の一九四〇年（昭和十五）「大政翼賛会」が組織されると、音楽家や音楽団体はその文化部門に組み込まれ、すでに政府の統制下に置かれていたが、太平洋戦争が勃発したこの年には「社団法人日本音楽文化協会（初代会長徳川義親のちに山田耕筰）」が設立されている。同協会は音楽家を戦争目的に動員するための翼賛組織で、〈当初は二つの派に分裂していた。消極的な抵抗派と、もう一つは戦争に協力しようという積極派であった。そして山田耕筰らが積極派として発言力を強め、音楽界をリードする勢力となっていった〉(1)。

山田は大政翼賛会が組織された一九四〇年、早くも翼賛団体の「演奏家協会」を組織し、会長に就任していたが、この協会が哲を窮地に追い詰めた。演奏家協会が「外国人との演奏はおこなわない」と声明したのだ。

これによって、カナダ国籍の哲は事実上日本の舞台で歌うことが不可能となった。歌手として生きるべく渡ってきた両親の故郷は、哲が歌手として進む道を固く閉ざしてしまったのだ。といってカナダにはもう戻れない。横浜とシアトル、バンクーバーを結ぶ太平洋航路は閉鎖され、定期船の氷川丸は海軍に徴用されて病院船に改装中だ。哲は歌うことを許されぬ小さな島にひとり閉じ込められたのである。

仮にカナダに戻れたとしても、厳しく差別される日系二世の哲に、歌手として生きる道があるはずもなかった。そもそもカナダでは可能性がないからこそ日本へ渡ってきたのだ。

文字通りの八方塞がりとなった。どこにも光は見えない。

そんな哲の窮地を救ったのが、意外にも、前年に取得した俳優演技登録証明書だった。

やむなく映画俳優へ「転進」

太平洋戦争勃発から一ヵ月も経たない一九四二年（昭和十七）一月一日、哲は俳優として東宝と専属契約を結んでいる。俳優になるつもりでもなく、わずか六ヵ月だけ受けた演技の勉強が思わぬところで役に立ったのだ。

哲がどのような経緯で東宝と契約を結ぶことになったのかは分からない。だが、これ以降、戦時中から戦後の二十年以上にわたり、中村哲は東宝専属の俳優として活躍することになるわけで、哲にとって人生の大きな転機だったことには間違いない。

契約期間は一年。最初の一年間の契約金は毎月百円。双方に異論がなければ、さらに一年間の延長が繰り返される。銀行員の初任給が七十円から七十五円という時代の月百円は、歌手の道を閉ざされ、俳優としては実績のない哲には天の助けだった。すくなくともこれで当面、生活していける。

しかし、東宝での初仕事は意外にも映画ではなく、舞台だった。東宝演劇部のひとつとして長谷川一夫が山田五十鈴らと立ち上げた、新演技座の旗揚げ公演『ハワイの晩鐘』（東京宝塚劇場三月一日〜二十五日）に出演することになったのだ。『ハワイの晩鐘』は〈日系アメリカ人として育った二世の祖国愛と、国籍上からくる苦悩を、開戦をクライマックスとして描いた〉もの(2)で、劇中のトーマスというハワイからの留学生役は哲のキャラクターそのものだった。

長谷川一夫は中村と同じ一九〇八年（明治四十一）生まれで、五歳のときに舞台デビュー、その後初代中村鴈治郎門下に入る。一九二七年（昭和二）に松竹から林長二郎という芸名で映画に進出すると、持ち前の美形から若い女性たちに大人気となり、たちまち松竹の看板俳優となった。一九三五年（昭和十）には自身最大のヒット作『雪之丞変化』（衣笠貞之助監督）を生んでいる。

しかし、一九三七年（昭和十二）、松竹の古臭い社風と製作体制に嫌気を感じるようになった長谷川は、松竹を離れ、最新の撮影設備を誇り、アメリカ式の合理的なプロデューサー・システムを取り入れていた、新興勢力の東宝に移籍する。だが、移籍騒動のいざこざから暴漢に襲われ、美貌の左頬に痕が残るほどの深い傷を負ってしまう。長谷川はこの受難にもめげず、メーキャップで傷を隠し、芸名を本名の長谷川一夫に変え、ほどなく映画に復帰する。一九四〇年（昭和十五）には、満州映画協会の大スターだった李香蘭（山口淑子）と共演した『支那の夜』（伏水修監督）が大ヒット、名実ともに日本映画界最高の人気俳優となっていた。

松竹の保守的な体質を嫌った長谷川だったが、いざ、東宝へ移籍してみると、想像していたものとはだいぶ勝手が違ったらしい。長谷川はこのころのことを〈松竹という温床の中に大事に育てられて来た私には、全体が個人主義的に出来ている、東宝という会社の空気にとけ込む迄には、二、三年の月日がかかりました。（中略）私は、幾度、松竹の良さを思い出したか、判りませんでした〉と記している(3)。

それとは逆にカナダ生まれの哲にとっては、長谷川が違和感を抱く「個人主義的」な雰囲気こそ自分の肌に合った。東宝にとっても同じことだった。哲の都会的でモダンなキャラクターは同年代の日本人俳優にはないもので、エノケン、ロッパらのミュージカル的作品や、都市を舞台とする中産階級向け現代劇を主力とする、いわゆる東宝カラーに合致していたのだ。

カナダの家族が強制収容所へ送られる

翌月に迫った舞台にむけて稽古に取り組んでいた哲だったが、そんなとき海の向こうから信じ難い衝撃的な噂が伝わってきた。カナダの日系人が全員強制収容所へ送られたというのだ。

一九四二年（昭和十七）二月二十六日、カナダ政府が全日系人をカナダ西側の防衛地域以東へ移転させると発表。すなわち日系人約二万二〇〇〇人を一世、二世に限らず、現住地から一人残らず追い出すという宣告だった。防衛地域とは太平洋岸から東へ一〇〇マイル（一六〇キロメートル）にわたるエリアで、当時ほとんどの日系人が住んでいたバンクーバー周辺一帯もそこに含まれる。日系社会を瓦解させた強制収容の始まりだった。

真珠湾攻撃によって太平洋戦争が勃発すると、カナダ政府は、それまでの国外事情には深く関わらず、イギリス系住民とフランス系住民の融和と共存を最優先にしてきた不関与主義（ノン・コミットメント）の外交政策から一転、米英より数時間早く日本へ宣戦布告していた。そして全日系人（カナダ籍の帰化人、二世など、生得権としてカナダ籍を持っている者を含む）を「敵性外国人」と規定して、排日政策を断行したのである。

開戦当日から一週間ほどのあいだに、日系社会で枢要な地位を占めると考えられた四十名の一世が逮捕され、BC州内の五十一校（このほかアルバータの二校）におよぶ日本語学校が閉鎖された。日系人は英語でのみ電話の使用が許され、長距離電話は許可されなかった。日系漁者の出漁は禁止され、日系漁船はカナダ海軍監視のもとに一括繫留された。最後に、連邦警察は三邦字紙の発行停止を「勧告」した。[4]

翌年の二月十五日、英領シンガポールが日本軍によって陥落すると、カナダ政府の排日政策はさらにエスカレート、同月二十六日に日系人の総移動令を宣告した。日系人全員の強制収容を断行することとなったのだ。

苦労してようやく手に入れた家も自動車も店も漁船も、財産はすべて財産管理局によって没収、売却された。市外に住んでいた日系人は収容所が決まるまで、市内のヘイスティングスパークに集められた。広い公園で競馬場があり、日系人はその馬小屋あるいは品評会用の家畜小屋に一時的に収容された。ヘイスティングスパークはかつて日系人も老若男女が休日を楽しんだ憩いの場だったが、馬糞の臭いが立ち込める馬小屋は、とうてい人が住める場所ではなかった。

ほどなくすべての日系人が、一家族二〇〇ポンド（約九〇キログラム）以内に限られたわずかな荷物を手に、ＢＣ州内陸部の強制収容所をはじめ、アルバータ州、マニトバ州、さらに遠く東のオンタリオ州の農場あるいは建設現場などへ、労働力として強制的に移動、分散させられていった。

哲の兄、宏は収容所への移転が始まる前に、同じ日系二世の女性と結婚、職を求めて東部へ移っていたが、辰喜と文美、結婚していた二人の妹たち夫婦は、それぞれ家族全員がＢＣ州の内陸部、ロッキー山脈の麓に設けられたニューデンバー収容所に入れられた。

標高千メートルを超えるニューデンバーは、かつてゴールドラッシュに沸いた鉱山町だが、このころにはほとんどゴーストタウンと化していた。冬には零下二十度以下になることもある極寒の地で、収容所内に建てられた掘っ建て小屋は、痛いほどの冷たいすきま風が容赦なく吹き込み、室内のベッドの裏にも氷柱がさがった。これまで太平洋岸の比較的温暖な地域で暮らしていた人々にとって苛酷極まりない環境だったが、バンクーバーを離れる際に持ち出しを許されたわずかばかりの荷物の中には、寒さをしのぐ防寒着などほとんど入っていなかった。

戦争はこの先どうなるのか。収容所生活はいつまで続くのか。アメリカの強制収容所と違い、鉄条網の囲いこそなかったが、連邦警察が常時警備する狭い山合いの街に閉じ込められた日系人の誰もがそう思った。しかし、確かなことは何ひとつ分からなかった。肌を刺す寒さに震え、不安を抱えながら、収容所に連れてこられた家族、そして日系人全員がひとつになって助け合い、「ガンバロー!」を合言葉に耐えて生きるほかなかった。

カナダのこの日系人強制収容は一ヵ月前にアメリカのルーズベルト大統領が発令した米国内の日系人約十二万人を強制収容する緊急措置に倣ったもので、同様の対応がブラジルやペルーなど中南米の国々でも実施されている。

日独伊三国同盟を結んだ枢軸国に出自をもつ者は、連合国にとって日本人と同じ敵性外国人のはずだったが、イタリア系移民もドイツ系移民も強制収容所に送られることはなかった。日系人強制収容は東洋人に対する欧米人の人種差別意識の産物であることは明らかだった。

『ハワイ・マレー沖海戦』で映画初出演

東京の哲には、カナダの家族がどうなっているのか、知るよしもなかった。情報源のラジオのニュースや新聞記事は日本軍の戦果を華々しく喧伝するばかりで、知ろうにも手段がないのだ。

いまはとりあえず、幸運にも摑んだ目の前の仕事を頑張るだけだ。そうしていれば、いつか家族と再会できる日がきっと来る――哲にはそう信じる以外なかっただろう。

東宝の次の仕事は、映画だった。山本嘉次郎監督の『ハワイ・マレー沖海戦』である。予科練に入隊した少年が厳しい訓練を乗り越えて真珠湾攻撃に参加、見事に任務を貫徹するというストーリーで、マレー沖でのイギリス艦隊への攻撃も描かれる。企画したのは海軍で（内閣情報局も関わっている）、大戦果を挙げた戦いを題材に、いっそうの戦意高揚を図るべく、東宝に製作を依頼した国策映画である。

前にも記したように、映画各社は二年前に施行された映画法によって、自由に映画を製作することが不可能となっていた。

映画法は製作・配給・興行といった映画事業の政府による許可制と、従業者の登録制を二本柱にしたもので、政府はその施行によって〈外国映画の輸入制限、優秀映画への報奨、文部省認定の文化映画の映画館における強制上映、内務省による従来の完成後検閲に加えて撮影開始前の台本の事前検閲、文部省による認定映画（一般映画）上映時以外の六歳以上一四歳未満の年少者の映画館入場禁止〉など〈国家が映画事業に広範に介入できる〉内容となっていた。[5]

一九四一年（昭和十六）年の八月には、すでに配給制になっていた生フィルムの使用量はさらに制限され、それに合わせて翌年の四月、映画会社は東宝、松竹、大映（日活、新興、大都の合同）の三社に再編される。

映画会社にとって生フィルムの確保は死活問題だが、この当時の可燃性フィルムの原料だったニトロセルローズは火薬の原料でもあり、第一級の軍需物資として軍部がすべて押さえていた。生フィルムの配給を支障なく受けるには、内閣情報局などからの依頼を受けて製作する国策映画に積極的に協力するしかない。『上海陸戦隊』（熊谷久虎監督）、『土と兵隊』（田坂具隆監督）、『燃ゆる大空』（阿部豊監督）をはじめ、すでに各社で多くの国策映画が製作されていたが、『ハワイ・マレー沖海戦』もそうした映画のひとつだった。

この作品での哲はほんの端役で、軍舎でくつろぐ若い兵士の一人だった。連合国側であるカナダ生まれの哲が、真珠湾攻撃の大戦果を描くこの映画にいったいどんな気持ちで出演したのだろうか。カナダに暮らす家族や日系人に理不尽な圧迫を加えるカナダ政府への怒りがあったのか、あるいは真珠湾に向かう兵士たちの、ひとときの談笑の場面での、台詞もないわずか五分あまりのチョイ役に自分を納得させたのか。

『ハワイ・マレー沖海戦』は「大東亜戦争一周年記念映画」と銘打って、真珠湾攻撃から一年後の一九四二年（昭和十七）十二月三日に封切られるや、各劇場が連日超満員となる空前の大ヒットを記録、太平洋戦争中に公開された映画の中で最大の興行収入を挙げる国策映画の代表作となった。戦争に勝つために必要なのは気合だと強調する精神主義的な訓示が随所に登場するものの、名匠山本嘉次郎監督による落ち着いた演出が、この種の映画にありがちな説教臭さを幾分か和らげていた。

　何より特筆すべきは、円谷英二による日本初ともいうべき本格的な特殊技術撮影の秀逸さだった。完成するまでに三ヵ月を要したというアメリカ艦船百三隻、戦闘機四百二十二機、日本戦闘機百十五機など総数一千近い精巧なミニチュアを駆使し、この映画のために東宝砧撮影所に特設された巨大プールを使って製作された真珠湾攻撃の場面では、その迫力と臨場感に老若男女の観客が大興奮、歓声の嵐が巻き起こったという(6)。

「アメリカの力はそんなもんじゃない」

　しかしそのころ、『ハワイ・マレー沖海戦』に歓喜した国民の熱狂とは裏腹に、太平洋戦争は予断を許さない新たな局面を迎えていた。

　この年の六月五日から七日にかけて、中部太平洋のミッドウェー島のアメリカ海軍空母部隊を攻撃した連合艦隊が反撃を受け、虎の子の空母四隻を失うという大敗北を喫する。大本営は空母一隻が沈没するも、敵空母二隻撃沈、航空機一二〇機撃墜という大戦果を挙げたと虚偽の発表をして事態を糊塗するが、これが太平洋戦争のターニングポイントで、これ以降、日本軍は中部太平洋での主導権を失っていくことになる。

　さらに八月から十一月にかけて、オーストラリア北東のガダルカナル島に駐留していた陸軍が、上陸してきたアメリカ軍との激闘の末に、約二万四〇〇〇名という大量の戦死者（半数以上の約一万五〇〇〇名が餓死または病死）を出して壊滅している。翌四十三年（昭和十八）二月、生き残りの部隊はガダルカナル島から撤退し、大本営はこれを「転進」と発表した。

哲は『ハワイ・マレー沖海戦』に引き続き、『阿片戦争』（マキノ正博〈雅弘〉監督・一九四三年一月十四日公開）に出演したが、これもタイトルに名前のクレジットされない小さな役だった。そんな『阿片戦争』公開後のある日、道玄坂の整体院に、日活演技者養成所で同期だった紀原土耕が訪ねてきた。養成所以来、哲と親しくなった紀原はたびたびここを訪れていた。

その日、紀原は意外なことを口にした。去年シンガポールで斎田愛子と会ったというのだ。紀原は俳優演技登録証明書を取得すると、そのまま日活と契約、陥落直後のシンガポールで撮影された『シンガポール総攻撃』（島耕二監督）と『マライの虎（ハリマオ）』（古賀聖人監督）に、同期の小林桂樹と共に新人俳優として出演した。戦時中のため民間人としての渡航は許されず、形式的に高等奏任官（内閣総理大臣が天皇の裁可を得て任命するもので、武官では大佐か少尉までに相当）として渡航、費用は陸軍報道部が負担してのことだった。

紀原が斎田に会ったのはこの撮影がおこなわれている最中のことだった。斎田は毎日新聞社が派遣した南方皇軍慰問芸術団の一員として、ギターの白片力（バッキー白片）、テナー・サックスの松本伸らとともに台湾、フィリピン、ビルマ（現在のミャンマー）など、南方各地の日本軍を慰問して回っていて、シンガポールも慰問先の一つだった。

『阿片戦争』（マキノ正博監督、1943年）。
左より一人おいて市川猿之助、河津清三郎、鈴木傳明、青山杉作、右端が哲。©東宝

そんな芸術団同様に、紀原ら役者たちも撮影の合間に慰問の舞台に立つことがあった。そのとき斎田と同じ舞台となり、彼女が中村哲とはカナダの同郷で、昔からの知り合いだと知った。二人はどういう関係なのかと紀原が訊ねると、斎田は、

「互いに太っているから、従兄妹ということにしておきましょう」

と、笑顔で答えたという。

哲は大笑いした。彼女が戦地慰問を終え、帰国した去年の暮れに再会していたが、まさかそんなエピソードがあったとは知らなかった。

それにしても戦地慰問にふさわしい人気女性歌手とはいえ、斎田愛子はカナダ生まれのカナダ国籍である。カナダを含む連合国と戦っている日本兵をどんな気

持ちで慰問していたのだろうか。慰問団の一員であれば、禁止されている歌を堂々と歌える――そういう理由もあっただろう。あるいは哲をはじめとするこの時代の多くの在日カナダ人二世、アメリカ人二世たちがそうであったように、日本軍への協力は生きるためのやむを得ない選択でもあったろう。いずれにせよ斎田愛子は、自らの祖国と両親の祖国、身体の中に流れる二つの祖国の重い鎖に、いわく言い難い複雑な気持ちを抱いて生きていたはずだ。

それは哲も同じだったにちがいない。紀原が話の流れで、いずれ日本はかならず米英軍を撃破できるに違いないと言うと、哲はポツリと意外な言葉を口にした。

「アメリカの力は、そんなもんじゃない」

非難している口調でもなければ、馬鹿にしたような感じでもなかった。どこか大きな視点から、あらゆる人々の行く末を案じているような不思議なニュアンスだった。養成所時代にはカナダ生まれをひけらかすことなど一度もなく、どちらかと言えばいつもニコニコと控えめにしていた哲の口から出た真実味のあるこの言葉は、ながく紀原の胸に残った。

この年の一月、内閣情報局が敵性音楽として米英音楽の追放を発表している。いわゆる洋楽の禁止で、内閣情報局の担当者はこう記している。

〈大東亜戦争は単に武力戦であるばかりでなく文化、思想その他の全面に亘るものであって、特に米英思想の撃滅が一切の根本であることを思ひますと、文化の主要な一部門である音楽

部門での米英色を断乎として一掃する必要のあることは申すまでもありません〉[7]

ジャズやセミ・クラシックを中心に約千曲がリストアップされ、外国人どころか、日本国民は、ほとんどの洋楽を演奏することも、歌うことも、レコードで聴くこともできなくなった。そして、さらに米英音楽などの「敵性楽譜の廃棄」が決定された。

すでに一年前には英語が敵性用語と指弾され、強引に日本語に改められている。レコードは「音盤」となり、会社名も日本コロムビアが「日蓄工業」、日本ビクターが「日本音響」、ポリドールが「大東亜蓄音機」、キングが「富士音盤」と改称させられた。楽器はピアノが「洋琴」で、ヴァイオリンは「提琴」、コントラバスは「妖怪的四弦」、サキソフォンは「金属製曲り尺八」、トロンボーンに至っては「抜き差し曲り金真鍮喇叭」となった。

芸名における外国語の禁止はさらにその二年前に発令されていて、例えば歌手のディック・ミネは「三根耕一」に、バンドあきれたぼういずは「新興快速舞隊」、大橋節夫とハニーアイランダースは「南映楽団」、日劇ダンシング・チームは「東宝舞踏隊」となっている。

日本の敗戦が徐々に濃厚となっていく戦況を反映するかのように、当局による偏狭な文化統制は、日に日に激しくなっていた。

そんなとき、哲は、ひとりの女性と運命的にめぐり逢うことになる。

大部屋の美人女優と相思相愛の仲に

話は少し遡る。それは映画のワンシーンのような出会いだった。砧の撮影所で『阿片戦争』のセット撮影があった日のことである。

撮影所では、出番を終えた俳優は皆、風呂に入り、ドーランなどを落としてから帰宅する。風呂は俳優控室（俳優部屋と呼んだ）の置かれた建物の一階にある。撮影を終えた哲が、ひと風呂浴びようと二階の俳優部屋から階段を下りていったそのとき、逆に階段を上がってくるひとりの女性が目に入った。風呂上がりの若い女優だった。

哲は一瞬、息をのんだ。その日本人離れした顔立ちに目を奪われたのだ。彼女は哲に軽く会釈しただけで二階の俳優部屋のほうへ消えていった。あの美しい女性は誰なのか？　名前は？　大部屋女優だとは思うが、哲が砧に通いはじめて初めて見る顔だ。哲は強い興味を抱いた。

実はこのとき黙って立ち去った彼女もまた、強烈な印象を哲から受けていた。哲がこのとき着ていたベージュとエンジ色の横縞という派手なガウンにハッとなり、思わず胸がときめいたのである。当時はガウンを着る人など皆無で、撮影所では男優も女優も、風呂に入りに行くときや部屋に戻るときは誰もが浴衣を羽織っていた。

アメリカ映画でしか見たことのない洒落たガウン姿、しかもそれを着ている哲は身長一七〇センチを超える大柄な、まるでハリウッド俳優そのものではないか。大部屋女優の寺島サチはこの瞬間に恋に落ちた。まさに運命的な出会いだった。

寺島サチが東宝映画に入社したのは一九三九年（昭和十四）、二十二歳のときだった。一九一七年（大正六）生まれで哲より九歳年下のサチは、女子学院を卒業後、ドレスメーカー学院を経て、銀座の教文館ビルにあった映画関連誌の出版会社に事務員として就職した。そのとき、出入りしていた新興キネマの宣伝マンから、女優としてデビューしないかと再三スカウトされたことがきっかけで、女優という仕事に興味を抱くようになった。

サチはエキゾチックな顔立ちのうえ、生まれつきの縮れ毛で、小学生のときには先生から子どものくせにパーマをかけてはいけないと注意されたことがあった。それは四人の姉や五人の兄たちも同様で、友だちから「異人パッパ！　猫パッパ！」と、よくからかわれたという。母親がモダン好みで、ハーシーの板チョコを食べていたことから、サチたち十人の兄弟姉妹は、自分たちには母経由で外国人の血が入っているのではないかと疑ったこともあった。

幼いころからアメリカ映画好きで、ずっと観ていたこともあって、サチは女優になることを決心。しかし、新興キネマの映画は肌に合わず、迷っていると、それを知った父の元重が旧知の仲の東宝プロデューサー田村道美《みちよし》に話をもっていった。田村道美は当時大女優だった入江たか子の夫である。話はとんとん拍子に進み、サチは晴れて東宝の専属女優となった。

デビュー作は『リボンを結ぶ夫人』（一九三九年十一月十日公開）。監督は山本薩夫で製作が田村道美、主演が入江たか子、大日方伝、丸山定夫という一流のスタッフ、キャストだ。

サチの役名は晶子の友達のゆき子。霧立のぼる演じる入江たか子の義妹、晶子の五人の友人のひとりだった。ロケ地が北海道の牧場だったことから芸名は牧原幸子となった。名づけ親は入江たか子で、この年に制定された映画法に従って翌年四月に取得した内務省の俳優登録証には、この名前が記載されている。登録番号は演技第一六六九号だった。

その後『馬』（山本嘉次郎監督）や山本の下で腕を磨いた黒澤明の第一回監督作品『姿三四郎』などのロケにも参加した。しかし、美人で明るくスタッフには可愛いがられたものの、本格的に演技の勉強をしたことのないサチは、通行人やその他大勢役がせいぜいだった。

このころ、東宝映画には主役級から端役まで男優女優合わせて約二百名が専属として所属していた。砧撮影所の正門を入って右に折れると、所長など幹部室と食堂のある棟があり、その向こうに俳優棟が建っていた。一階に演技課と衣装部、結髪（女優用）、床山（男優用）、風呂があり、二階と三階が俳優部屋だった。

大河内傳次郎、山田五十鈴、入江たか子といった大物俳優は三階の個室で、二階がその他大勢役の部屋だった。男女別ではあるものの、大勢が一緒にいる大きな部屋ということから、この俳優たちは大部屋俳優と呼ばれていて、サチもその大部屋女優の一人だった。例外はただひとり原節子で、このころすでに東宝の看板女優だったが、歳が若い（サチより三歳年下）ということで個室は与えられず、二階の大部屋に入っていた。

この大部屋には原の他に、黒澤明監督の第二作『一番美しく』の主役に抜擢されて、のちに黒澤と結婚する矢口陽子や戦後にテレビドラマで活躍する加藤治子などがいた。サチは日本人離れした顔立ちが原節子に似ていると言われることもあって、原と仲がよく、太らないように気をつけようねと言いながら一緒にクッキーを食べたりしていたという。

いっそアメリカ人に生まれたいと少女は願った

サチは階段ですれ違った大柄な大部屋男優をひそかに調べてまわった。そしてその男優がカナダ生まれの日系二世と知って驚嘆した。アメリカ映画が大好きで、外国人の血が流れているのではないかと苛められたこともあるサチは、十代のころには、いっそアメリカ人に生まれたかったと思っていたほどの、アメリカ大好き少女だった。哲は外見こそごつい日本人だが、漂わせている雰囲気は普通の日本人とまったく違う。態度物腰も着ているものも、何もかもがサチ好みの洋風で、サチにとって、これ以上理想的な男性はいない。

これまでサチは恋をしたことが一度もなかったわけではない。銀座の街を歩けば、数寄屋橋から四丁目に行くまでのあいだに、よく何人もの男性から声をかけられた。立教大学の野球選手やのちに高名な映画評論家になる東大の学生、あるいは兄の友人から交際を申し込まれたこともある。しかし、どれも、もうひとつのめり込むことができなかった。

しかし、今回は違った。サチは哲の漂わせる他の日本人にはない外国人風の雰囲気に、すっかり心を奪われてしまったのである。

強い想いは哲もまた同じだった。彼女は日本生まれの日本人なのに、バンクーバーの二世の女性たちに負けないくらい洋風でお洒落、当時の女性としては少し背が高い一五七センチのスラリとした痩身、何よりエキゾチックで鼻すじの通った美しい顔立ち。哲もたちまちサチにぞっこんとなった。二人は、この階段でのすれ違い以後、急速に接近していった。

この非常時に敵国人との結婚なんて

このころサチは実家を離れ、四姉トシの家で寝起きしていた。四姉トシは離婚後、娘の京子を連れて東京に戻り、板橋区練馬南町（現在の練馬区桜台）に京子と二人で暮らしており、そこに同居させてもらっていたのである。

そこから砧の撮影所に通勤するには、武蔵野鉄道（現在の西武池袋線）で池袋に出て、新宿経由で小田急線成城学園前で降りる。撮影所まで徒歩で十分ほどだ。

サチは哲と親しく付き合うようになると、ほどなく通勤路を変更した。渋谷まで出て、そこから成城学園行きのバスで行くことにしたのだ。東宝前で降りると撮影所は目の前なので小田急線の駅から歩くより楽なこともあるが、いちばんの理由は哲だ。渋谷からバスに乗ると、次の道玄坂の停留所から哲が乗ってくる。撮影所までのバスの中が二人のデートコースになった。

このとき哲は三十四歳、サチは二十五歳。やがて二人の仲は撮影所内で広く知られるようになり、大部屋仲間の誰もが二人は結婚間近と噂した。しかし、年が明けても哲とサチの関係は

女優時代の寺島サチ

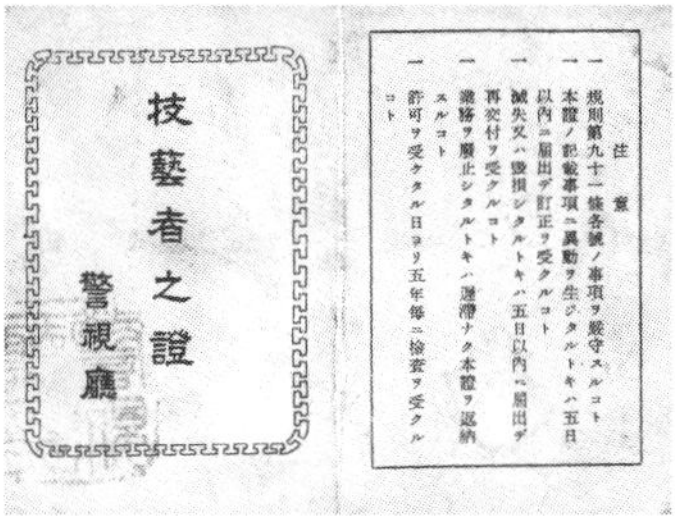

技藝者之證

警視廳

注意

一　規則第九十一條各號ノ事項ヲ厳守スルコト
一　本證ノ記載事項ニ異動ヲ生ジタルトキハ五日以内ニ届出デ訂正ヲ受クルコト
一　滅失又ハ毀損シタルトキハ五日以内ニ届出デ再交付ヲ受クルコト
一　業務ヲ廃止シタルトキハ遅滞ナク本證ヲ返納スルコト
一　許可ヲ受ケタル日ヨリ五年毎ニ檢査ヲ受クルコト

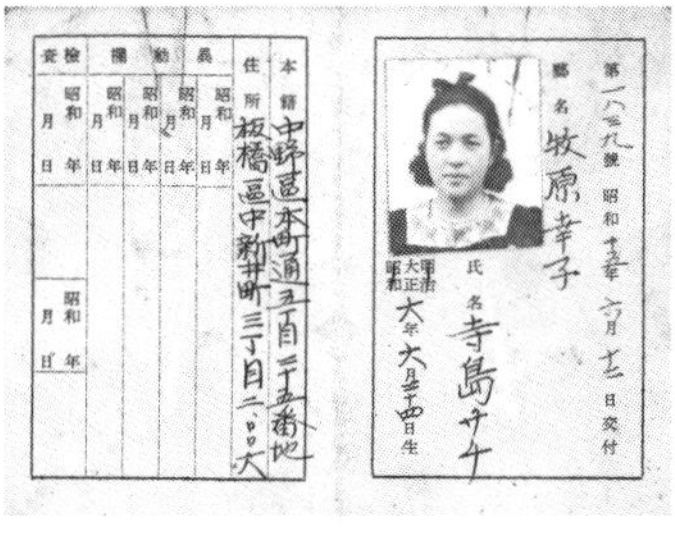

第一八六九號　昭和十五年六月十二日交付

藝名　牧原幸子

氏名　寺島サチ

明治　大正　昭和　六年六月二十四日生

本籍　中野區本町通五丁目二十五番地

住所　板橋區中新井町三丁目二、〇四六

長	勤	欄	檢	査
昭和　年　月　日	昭和　年　月　日	昭和　年　月　日	昭和　年　月　日	昭和　年　月　日
				昭和　年　月　日

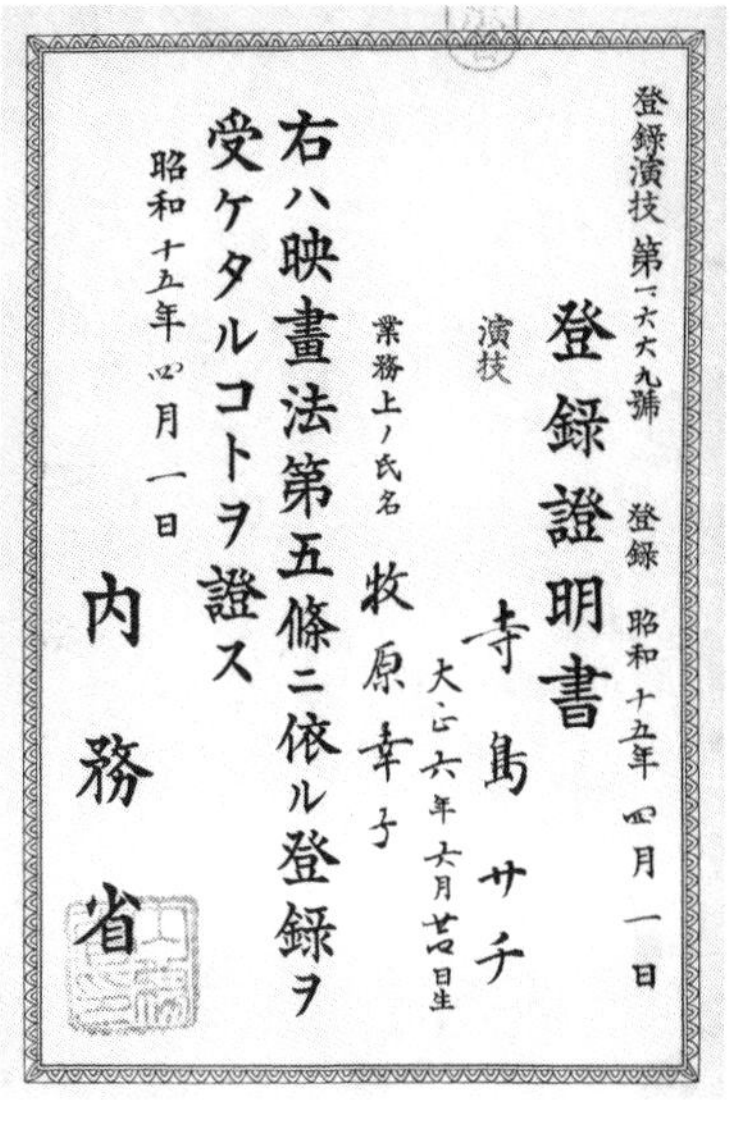

登録演技第一六六九號

登録　昭和十五年四月一日

登録證明書

演技

寺島サチ

大正六年六月廿四日生

業務上ノ氏名　牧原幸子

右ハ映畫法第五條ニ依ル登録ヲ受ケタルコトヲ證ス

昭和十五年四月一日

内務省

内務省発行の演技者登録証明書（右）と警視庁発行の技芸者之証（左、表面と裏面）

いっこうに進展しなかった。いつまでたっても哲がプロポーズしようとしないのだ。求婚の言葉を待ち望んでいたサチは哲の煮え切らない態度に、この人は本気で私を愛しているのだろうかと、しだいに不安を募らせていった。

哲は、そんなサチの不安にまったく気づくことなく、休みの日には決まってお土産を手に練馬南町の家にせっせと通った。土産にはバラの花束だったり、立田野のあんみつだったり、甘いババロアだったりと、当時の日本人男性が決して持ってこないようなものばかり。当時十歳の姪の京子は、いつもニコニコと笑顔でやってくる哲の土産が楽しみだったと語っている。

実はこのころにはすでに哲の心は決まっていた。しかし、結婚を申し込むさいの日本の作法がまるきりわからず、どうしたらよいのか悶々と思い悩んでいた。それで仕方なく、とりあえずサチの心だけは繋ぎとめておこうと、ニコニコと土産をもって日参していたのだ。

しかし、哲の愛想のよい笑顔と、当時としてはいかにも派手な土産は、欧米人によくある見え透いた振る舞いにも思え、哲に対するサチの不信は募るばかり。姉のトシも煮え切らない哲の態度を不快に思い、姉妹は相談して、哲が来たときに一芝居打つことにした。

「他人の目もあるので、結婚する気がないのでしたら、二度といらっしゃらないで下さい！」

強い言葉だったが、サチは勇気を振るって啖呵を切った。

哲は驚いた。まさかサチがそこまで思い詰めているとは考えてもいなかった。いくら日本の作法を知らず、大陸的で悠長な性格とはいえ、のんびりし過ぎていると非難されても仕方ない。

ただ、よく考えればサチの啖呵は、求婚を促す言葉でもあった。焦った哲が整体院の院長に相談すると、仲人を立てろとアドバイスされた。そこで哲はそのころ東京で暮らしていた同じカナダ出身で、旧知の夫婦に事情を話し、二人を伴って桜台の家を訪ねた。後見人兼仲人役同席のうえで正式にサチに結婚を申し込んだというわけだ。もちろんサチにもトシにも異論のあるわけもない。求婚はすんなり受け入れられ、結婚への段取りが進められることになった。

ところが思いがけないところから二人の結婚に強い反対の声があがった。サチの三兄、元三郎からだった。元三郎は愛知県の知立《ちりゅう》で中島飛行機知立工場の工場長をつとめていた。ある朝、工員たちの整列する前で恒例の朝礼をおこなっていると、父の元重が血相を変えて飛び込んで来た。元重はすでに隠居しており、元三郎に引きとられて彼の家族と一緒に暮らしていたが、サチからのカナダ人と結婚するという連絡に驚愕し、あわてて息子の職場へ駆けつけたのだ。

「サチが敵国人と結婚する！」

驚いた元三郎はすぐに、東京の知人に頼んで哲の素性を調べてもらった。すると中村哲はバンクーバー生まれの日系カナダ人二世で、三年前に来日、青山の日本青年館でリサイタルを開いたオペラ歌手だが、現在は俳優として東宝映画の専属になっていて、さしたる実績はないということが分かる。

元三郎はサチに連絡を取り、こういう時局に敵国人と結婚するのは問題がある、それに加えて相手は芸能人で実績もなく、この先どうなるか分からない、とりあえず戦争が終わるまで結婚は待て、と強い調子で説得した。そうしていればいずれ諦めるだろうという計算もあった。親代わりの兄の言葉としてはしごく当然の意見といえよう。

だが、サチはまったく耳を貸さず、戦争はいつ終わるか分からない、いま哲と結婚できなかったら私は死ぬと半狂乱で泣きじゃくるばかり。サチには一度こうと決めたら絶対にあとには引かない、少々異様とすら言える頑固さがあった。そんな妹の性格を熟知していた元三郎はこれ以上の説得を諦めた。あとは結婚式の日取りを決めるだけとなった。

『あの旗を撃て』でフィリピン・ロケへ

そんな結婚を控えた哲に、新たな映画の仕事が舞い込んできた。『あの旗を撃て』だ。ベテランの阿部豊が演出する、これも陸軍省後援の国策映画だったが、今度は哲にも役名が与えられ、タイトルやポスターにも名前がクレジットされるという。

物語は日本軍がアメリカ軍を撃破してフィリピン全土を掌握したときのマニラを舞台にしたもので、哲の役は英語のできる日本兵だった。捕虜にしたアメリカ兵やフィリピン兵らと日本軍の部隊長の間に立ち、英語と日本語を通訳するだけの演技だが、バイリンガルの哲には文字通りのはまり役といえる。前二作とは異なり、きちんとした台詞もあって、出番も多い。今度は本格的な映画デビューだ。

ただ、問題は撮影スケジュールだった。一九四三年（昭和十八）の三月にフィリピン入りし

『あの旗を撃て』(阿部豊監督、1944年)、フィリピン・ロケで日本軍の兵舎の前にて。哲は前列右端。

て十月まで現地ロケをおこない、その後帰国して撮影所でのセット撮影があり、映画の公開は大東亜戦争開戦記念に合わせ、その年の十二月八日だという。一日でも早く結婚式を挙げたい哲とサチだったが、映画の完成を待って来年一月に挙式することにした。

『あの旗を撃て』のフィリピン・ロケは、日本の比軍派遣軍報道部協力の下、アメリカ軍が遺棄した本物の戦車や装甲車を使った大規模なもので、アメリカ軍捕虜やフィリピン人俳優ならびに累計二千余名を超える現地エキストラが動員されている。哲たち俳優陣は全員、フィリピンに到着するとすぐに、日本軍の桜兵舎に一週間ほど入営し、軍隊生活の指導訓練を受けた。軍人精

『あの旗を撃て』完成記念写真。哲は後列の左から二番目、髭の兵士。
その右前に河津清三郎。前列の椅子（左）は大河内傳次郎。

『あの旗を撃て』の一シーン。哲は左から二番目、通訳兵の役。Ⓒ東宝

神を感得したうえで撮影に入るためだ。

物語は日本軍の首都マニラ制圧から始まり、撤退するアメリカ軍のジープに轢かれて足が不自由になったフィリピン少年と、心優しい日本兵との交流を軸に描かれる、日比友好を謳った内容で、「アメリカは日本軍が残酷で野蛮だと言っていたけれど、それは嘘だった。残虐非道なのはアメリカで、日本軍は皆優しい」という趣旨の台詞が繰り返される。映画はコレヒドール島の要塞に立て籠っていたアメリカ軍が降伏して終わる。

撮影は予定より一ヵ月ほど延び、十一月十三日にクランク・アップした。三月の桜兵舎での軍事訓練から八ヵ月が経っていた。東京で哲の帰りを待っていたサチは、なかなか帰国しない婚約者に不安を募らせていた。

『あの旗を撃て』のフィリピン・ロケのあいだに、第二次世界大戦の戦局が大きく転換していたのだ。ガダルカナルから日本軍が撤退した同じ二月、ソ連のスターリングラードでは、赤軍に包囲されたパウルス元帥指揮下のドイツ第六軍が降伏。大戦の分水嶺となったこの攻防戦で、取り返しのつかない敗北を被ったドイツは、以後、ロシア戦線の主導権を失ってしまう。

このころから日本軍も劣勢が明らかになってくる。同年四月十八日には、連合艦隊司令官の山本五十六海軍大将がラバウルからブーゲンビル島へ視察に向かう途中、暗号を解読していたアメリカ軍戦闘機十六機の待ち伏せ攻撃を受けて撃墜され、戦死。五月にはアッツ島の日本軍が玉砕、以後、日本軍の南方諸島での玉砕が続く。

七月にはムッソリーニが解任され、代わって実権を掌握したバドリオ政権が連合国側に無条件降伏する。九月にはそのバドリオ政権も崩壊し、イタリア北部はドイツ軍に占領され、日独伊三国同盟の一角が崩れる。

日本では、それまで徴兵延期されていた大学・高等専門学校の徴兵年齢（満二十歳）に達した学生が理工科系を除いて徴兵の対象とされ、哲が帰国するひと月前の十月には、関東地方の入営予定学徒七万人を集め、雨の神宮外苑競技場で悲壮な出陣学徒壮行会が開催されている。日本の制海権もはなはだ頼りないものになっており、逃げ足の遅い輸送船は次々と撃沈されていた。哲が乗った帰りの船もいつ何時、敵軍潜水艦の雷撃で撃沈されるか分からない。

フィリピンのロケ隊がようやく帰国したのは師走に入ってからだった。日焼けした中村の笑顔を見てほっとしたサチは、その場にへたり込んでしまったという。

フィリピン・ロケで撮り残した場面のセット撮影はすぐに砧で始まった。十二月八日公開予定は翌年の二月十日に延期となった。

新婦は手縫いのウェディングドレスで

サチはすでに東宝を退社しており、二人は年明けの一月九日に結婚式を挙げることにした。会場は大東亜会館（現在の東京会館）。

結婚式当日、慰問団の一員として再び戦地に赴いていた斎田愛子は欠席したが、藤原義江が

中村哲と寺島サチ結婚式。
大東亜会館（現東京会館）。
1944年1月9日。
（写真提供・寺島滋）

来賓として出席、祝辞を述べた。中村家の親族は、同じ日系二世の遠縁の女性二人が出席。寺島側は父、元重と次兄克次郎、三兄の元三郎（長兄は満州在住、四兄は若くして逝去、五兄は出征中）、そして再婚したばかりの四姉トシを初めとする姉夫婦たち。その他東宝関係の人たちが列席している。

何より出席者らが目を見張ったのは、披露宴のテーブルに並べられた数々の料理の豪華さだった。すでに二年前に施行された食料管理法により、米、砂糖、味噌、麦、麵類、パンなど主要食料は配給制になっていたが、このころにはその配給も滞りがちとなり、米は水でふやかして炊いて見かけ量を増やしたり、サツマイモ、ジャガイモなどを代用食にするのが日常となっていた。配給量の減らされた街の食堂は営業時間を短縮するか、廃業せざるを得なかった。

そんな誰もが腹を空かせていたこのとき、驚くほどの豪華な料理を手配したのは、サチの二姉ノブの夫、澤守源重郎だった。当時澤守は、軍需産業である中島飛行機武蔵製作所の所長だった。久しぶりのまともな料理に舌鼓を打ちながら出席者たちは、ある所にはあるものだ、と囁きあったという。

しかし、それよりもさらに一同の目を剝かせたものがあった。それは、サチの花嫁衣装だ。まばゆいばかりの純白のレースのウェディングドレスを身にまとっていたのである。一九六四（昭和三十九）年の東京オリンピックのころですら、ウェディングドレスの着用率はわずか三パーセント程度で他は皆、文金高島田だったという。それより二十年まえの当時としてはきわめ

独身時代の寺島サチ。
長野県の野尻湖畔にて。

て稀有な例と言える。

いや、それどころではない。「ぜいたくは敵だ！」「パーマネントはやめませう」といった戦時標語が飛び交い、女性はモンペ姿、英語が敵性用語として禁止されていた戦時中のことである。そんななか平然と洋風のウェディングドレスを身にまとえるサチは、平均的常識からかけ離れた感覚の持ち主、今風に言えば「ぶっ飛んだ人」だったといえるだろう。

サチは十代後半から二十代にかけて、夏休みには毎年一ヵ月ほど寺島家が所有していた野尻湖の別荘で過ごしたが、湖で泳ぐときは、自ら手縫いした、脇から背中まで大きくえぐれ大胆に肌を露出した水着をまとい、兄の友人や近くの別荘のお坊ちゃんたちを驚かせた。当時の大人なら誰しも眉を顰める格好だが、アメリカ好きなサチにとってはごく当然の最新ファッションにすぎなかった。

結婚式で着たウェディングドレスも大胆な水着同様、サチの手作りである。アメリカの雑誌を参考にし、横浜の布地屋まで行って生地を手に入れ、ベールも胸に浮き上がる花模様もすべて、杉野芳子のドレスメーカー学院で学んだ技術を駆使して、サチが自ら縫い上げたものだった。純白のウェディングドレスを着た美しい花嫁に、哲は胸躍る気分だったにちがいない。

「怪しい三国人」「謎の東洋人」役の始まり

『あの旗を撃て』が公開されると、哲の通訳役は評判となった。演技と言っても、日本語と英語をオウム返しに通訳しているだけだが、背も高く堂々とした外見に加え、その低く太い声が強い印象を与えたのだろう。

哲はサチが同居していたトシの家に近い板橋区豊玉中（現在は練馬区）に手頃な借家を見つけると、間借りしていた道玄坂の整体院を引き払った。

サチと二人だけの新婚生活が始まった。

そんなとき、哲に次の仕事が入ってきた。『間諜　海の薔薇』というスパイ物で、監督は巨匠衣笠貞之助。これも憲兵司令部の指導の下に製作される国策映画だ。

哲の役はヒロインの女スパイ・エルザ（轟夕起子）に重要な機密書類を渡してしまうアメリカ帰りの二世。これまた哲のハマり役だ（七九頁第二章扉写真参照）。戦後、哲が多くの東宝映画の中で演じることになる「怪しい三国人」「謎の東洋人」というパターンの始まりとでもいうべき役柄だったと想像される。

想像されるというのは、この『間諜　海の薔薇』はフィルムが現存しないからだ。『あの旗を撃て』と同様、この映画でもアメリカ軍をはじめとする多くの外国人捕虜たちが出演させられている。東宝は戦後これが捕虜虐待としてGHQから追及されることを恐れ、証拠となるポジもネガもすべて焼却処分してしまったのである。『あの旗を撃て』はのちに奇跡的に完成フィルムが発見されたため現在でも観ることができるが、『間諜　海の薔薇』は撮影翌年の一九四五年（昭和二十）二月公開時に、映画館で観た者の記憶の中にしか残っていない。

梅雨入り前に始まった『間諜　海の薔薇』の撮影は七月下旬に神戸ロケに移った。晴天つづきで撮影は順調に進んだが、やっかいなのはいつも撮影に立ち会っている憲兵たちだった。彼らは何かと理由をつけては女優たちに接近し、一緒に記念写真を撮りたがった。

この作品に助監督として参加した廣澤榮によると、ある晩、軍部が関わる映画製作では恒例となっていた「皇軍将兵慰問の夕べ」となったが、轟夕起子ら若手女優が憲兵隊の車両に乗せられて出かけていったきり、深夜になっても戻ってこない。

宿で待っていたスタッフたちは気が気ではなかったが、ようやく帰ってきた彼女たちは全員何事もなく、皆ホッとしたが、女優のひとりが憲兵から聞いた機密情報だと断って、驚くべきことを口にした。連合艦隊はこの六月のマリアナ沖海戦で大敗し、米軍が占領したサイパン島には滑走路が整備され、日本全土を爆撃できるB29がずらりと並べられているというのだ(8)。

ボーイングB29スーパー・フォートレス。通称B29。4トンの爆弾を搭載して高度一万メートルを時速五八〇キロメートルで飛行、航続距離五五〇〇キロメートルという最新鋭大型爆撃機。「超空の要塞」だ。すでにこの年の六月十六日、中国大陸の成都から飛び立ち、北九州の八幡製鉄所（現在の日本製鉄九州製鉄所）を襲っている。

航続距離五五〇〇キロメートルのB29が往復できる距離は二三〇〇キロメートル弱。成都からではぎりぎり北九州までで、東京はその飛行圏内に入らない。しかし、サイパン島からだと日本全土が爆撃可能となる。米軍がサイパン島を奪取したのはそのためだ。

むろん大本営とてそれは承知でサイパン島の守備に力を尽くしたが、圧倒的な物量で押してくる米軍の猛攻に守備部隊は玉砕、サイパンは陥落してしまう。次に来るのが本格的な本土空襲であることは火を見るより明らかだった。

六月三十日には本土空襲に備えて学童疎開促進要綱が閣議決定され、七月十八日にはマリアナ沖海戦の敗北とサイパン島玉砕の責任を問われ、東条内閣が総辞職する。

謀略放送『ゼロ・アワー』のスタッフになる

サチの妊娠が判明したのはそんなときだった。出産予定日は十月中旬。時節柄、新婚旅行には行けなかったものの、文字通りのハネムーンベイビーである。

深刻化する戦況とは裏腹に、そんな充実した日々を送っていた哲だったが、またも思わぬ事態が。映画でも舞台でもない、まったく予想外のところからオファーがきたのだ、それも強制的に。陸軍参謀本部が主導する海外向け短波放送「ラジオ東京」のスタッフに加われという、日本放送協会（以下、ＮＨＫと表記）海外局米州部からの要請だった。それは、『ゼロ・アワー』と呼ばれる対敵謀略放送で、要請というより、ほとんど命令のようなものだった。

放送を統括していたのは、陸軍において宣伝、謀略、暗号解読などの諜報謀略活動を担っていた参謀本部第二部第八課。責任者は恒石重嗣少佐だ。

それまでの、威勢のいい軍艦マーチや行進曲をＢＧＭに、日本軍の戦果ばかりを吹聴する対外宣伝放送に疑問を抱いていた恒石が、従来の謀略放送とかなり色合いの異なる対外宣伝放送を立ち上げたのは二年前の一九四二年（昭和十七）のことだった。連戦連勝だった緒戦の時期ならともかく、そのような実体とかけ離れた放送ではいまは効果がないと判断、方針を転換したのである。

対象とする聴衆が南太平洋方面に展開しているアメリカ軍兵士であることは従来の短波放送と同じだったが、番組の内容を百八十度変更、ジャズやアメリカン・ポップス、アメリカ民謡などの音楽を番組のメインにすえてＧＩたちの郷愁を誘い、さらには英語の達者な女性アナウンサーが、本国に残してきた妻や恋人たちを想起させる甘い言葉で囁いて、前線で戦う兵士たちの戦意喪失を謀ろうというものだった。

このとき起用されたのがシンガポールやマニラで捕虜となった、オーストラリア陸軍のチャールズ・カズンズ少佐、米陸軍のウォーレス・インス大尉、米フィリピン軍のノーマン・レイズ中尉の三名で、いずれも本国でアナウンサーなどの放送経験がある者が選ばれている。

カズンズは当初、日本軍には協力できないと頑なに拒んで恒石を手こずらせたが、インスとレイズは協力的で、やがてカズンズも参加に同意、在日アメリカ人二世ら女性数名もアナウンサーとして加わり、試験的な対敵謀略放送がスタートした。

当初十五分だった放送時間はほどなく三十分に延長された。傍受していたアメリカ軍の放送から、どうやらGIたちがよく聴いていて好評のようだとつかんだからである。

翌一九四三年（昭和十八）三月、放送を本格化するため、米州部にあらたに「前線班」が組織される。サンフランシスコ生まれでロサンゼルスの日系紙『羅府新報』の記者をしていたことのある満潮英雄が班長（番組担当責任者）に就任、その部下にサクラメント生まれの沖健吉、さらにはカリフォルニア州スタックトン生まれでパシフィック・カレッジ音楽科卒業の忍足《おしだり》信一が加わり、先の三名の捕虜とスタッフも合流して本格的な対敵謀略放送が始まった。

『ゼロ・アワー』とは、突撃の合図とともに一斉に飛び出していく、緊張感あふれる瞬間を意味する言葉で、命名したのは班長の満潮である。放送は試験放送時代にも増して好評で、半年後にはさらなる拡充が図られる。このとき、女性アナウンサーを増員するために白羽の矢が立てられたのが、同じ建物の四階で手書きの英文放送原稿を清書するためのタイピストをしていた、ロサンゼルス生まれの日系アメリカ人二世、戸栗郁子（アイバ・イクコ・トグリ）だった。

戸栗は驚くほどのダミ声で、誰もがその起用に反対した。戸栗本人も、自分はまったくの素人だからと嫌がって固辞した。しかし、このダミ声こそが酒場女のようでアメリカ兵にはアピールするんだとカズンズが強硬に主張、こうして昨日までタイピストだった戸栗が、女性アナウンサーとしてマイクの前に座ることとなった。

「太平洋で戦う皆さん、お元気？　あなたのプレイメイト、孤児のアニーよ。あなたのお宅では、バラの咲く頃かしら。愛する奥さまや恋人たちは、今頃故郷で、４Ｆ（兵役検査で不合格になった者）の彼と、よろしくやってるんじゃないかしら……」といった郷愁を誘うような卑俗な話をすることが、女子アナ戸栗に与えられた役目だった。

「孤児のアニー」というのはカズンズがつけた愛称で、当時アメリカで人気のあった新聞マンガ『小さな孤児アニー』の主人公の名前だ。ハロルド・グレイによる『小さな孤児アニー』の連載が『ニューヨーク・デイリー・ニュース』紙上で始まったのは一九二四年のことで、困難に負けず明日を信じて元気に生きる前向きのキャラクターがたちまち大人気となり、一九三〇年にはラジオ・ドラマ化、一九三二年にはトーキーで映画化されている。戦後の一九七七年にはブロードウェイでミュージカル化されて大ヒット、翌一九七八年には日生劇場で本邦初演され、現在では子役の登竜門になっている、あの『アニー』である。

カズンズの狙いは的中し、南太平洋方面で戦う米兵たちの間で、戸栗のダミ声はたちまち大評判となった。そしていつしかGIたちは、戸栗のことをあたかもアイドルのように「東京ローズ」と呼ぶようになっていく。まさかそれが終戦後、祖国のアメリカ政府から国家反逆罪で裁判にかけられることになるとは、このとき戸栗自身はもちろんのこと、他の誰一人として想像もしていなかった。

放送は引きつづき好評だったが、年が改まった一九四四年（昭和十九）四月、三人の捕虜のうちの一人、インスが放送内容のことで米州部のスタッフと対立して降板。さらに六月には、簡潔かつ完璧なニュース原稿を書いて番組の要だったカズンズが心臓発作を起こして入院した。

英語の飛び交うスタジオは洋楽の解放区

哲がいつからこの対敵謀略放送に参加するようになったのか、正確な日付は分からない。一九四四年（昭和十九）の初夏、恒石は悪化する一方の戦況に危機感を抱き、番組を制作していたラジオ東京のスタッフを大東亜会館に集めて檄を飛ばしており、哲が加わったのはこの前後の時期ではなかったかと思われる。

カズンズが不調を訴え始めた前後にスタッフ補充のために呼ばれたのが哲であり、サンフランシスコ生まれで日系二世のミュージシャン、森山久（フォーク歌手森山良子の父）やユタ州ソルトレークシティー出身でＮＨＫ海外局の職員だった小篠輝雄たちだったと推測される。

哲は当初、陸軍参謀本部が主導する番組と聞いて不安に思ったという。日本と敵対して戦争をしているカナダ国籍の自分は、どんな理不尽な命令を下されるか分からない。しかし、初めてスタジオに入ったその瞬間、哲の不安はいっぺんに吹き飛んでしまった。

スタジオの中で交わされている日常会話はすべてネイティブの英語で、日本語は一切ない。スタッフたちは欧米人の慣習のファーストネームで呼びあい、放送用としてかけられるレコードも生《なま》で歌われるものもすべて、世間では歌うことも演奏することも聴くことも禁止されている敵性音楽＝英語の楽曲だった。

スタッフの誕生日には、スタジオの中でささやかな食べ物を持ちよったパーティーが開かれることもあった。トランペットの音が鳴り響き、リズミカルなピアノに合わせて歌われるのはジャズだ。そんなときは哲も心置きなく自慢の喉を披露した。『ゼロ・アワー』のスタジオは、哲を若いころの故郷バンクーバーに帰ったような気分にさせてくれる欧米音楽の解放区だった。

哲は内幸町のＮＨＫに通ってくるのが楽しみになった。

スタジオのブースには必ず陸軍参謀本部の関係者が立ち会ったが、番組の内容に口出しすることはほとんどなかった。責任者の恒石少佐も軍人にありがちな居丈高だったり強圧的だったりすることはなく、番組内容はすべて班長の満潮に任されていた。

哲が参加したころ、『ゼロ・アワー』の放送は午後六時から七時十五分までで、構成はおおむね次のようなものだった。

・クラシック　（15分）
・戦況と世界ニュース　（5分）
・セミクラシック　（15分）
・ニュース　（5分）
・ジャズ&ポップス　（15分）
・ニュース　（5分）
・各コーナー間に寸劇など　（合計15分）

一週間を通じて毎日放送されたこの番組は、数名のスタッフが交代しながら担当した。哲はMC（司会）を週に四、五回担当し、ときには自ら歌うこともあった。そのMCやニュースの原稿をカズンズに代わって書いていたのが忍足と小篠だった。『ゼロ・アワー』は局内でも評判となり、いつもNHKの若い女子社員たちが大勢見にきていたと、小篠輝雄は語っている。

日本で初めておこなわれたDJ放送

カズンズら捕虜三人による試験放送をルーツとする『ゼロ・アワー』が、アメリカ軍兵士に人気があったのにはいくつか理由がある。ひとつは戸栗のような女性アナウンサーを積極的に起用したこと。そしてもうひとつは、ジャズ&ポップスのコーナーのスタイルである。それは当時の音楽番組としてきわめて新しい形式だった。

現在DJというと、クラブなどで複数のターンテーブルを使ってレコードをスクラッチしながら新しい音楽を作り出すアーティストを指すが、この当時のDJとは、自ら選曲したレコード（ディスク）を自ら回し、巧みな話術で騎手（ジョッキー）のように一人で番組を乗りこなしていくアナウンサーのことを指した。

一九三〇年代、広大なアメリカに数えきれないほどの地方ラジオ局が乱立した。しかし、スポンサーの数は限られており、一局の広告収入にはおのずと限度がある。多くのスタッフを雇うことができない地方局が苦しまぎれにあみだしたのが、ひとりで何もかもをこなす、このDJというスタイルだった。当時、皿回し屋（ディスク・スピナー）と呼ばれたこのやり方は、意外と新鮮で若者受けし、一気に全国のラジオ局へと広がっていった。

『ゼロ・アワー』のポップス&ジャズのコーナーは、当時としては斬新なこのDJスタイルを踏襲したもので、仕掛けたのはレイズ中尉だ。弱冠二十歳を過ぎたばかりのレイズはフィリピン人の父とアメリカ人の母の間に生まれたハーフで、高校時代から放送にたずさわった、頭のてっぺんから足の先までのジャズボーイだった(9)。

加えて参謀本部には、シンガポールやマニラを陥したときに接収した、アメリカ軍が残していった最新のレコードが大量にあった。殺伐とした戦地で聞こえる女性アナの甘い囁きと、DJという最新スタイルで次々と紹介される本国の最新ポップス。『ゼロ・アワー』がアメリカ兵に受けないわけがなかった。

哲もこのDJスタイルで放送することがあり、それは哲にとって楽しい時間だった。バンクーバーにいるころ、すでにDJスタイルの音楽番組を聴いていて慣れていたのだ。

ちなみに小篠は、戦後NHKのラジオ・プロデューサーとして『夕べの音楽』をはじめとする数多くの音楽番組を手がけることになるが、このときのレイズのやり方をよく参考にしたと語っている。日本のDJ番組は、一九五〇年（昭和二十五）十一月にスタートした森繁久弥の『ラジオ喫茶室』が嚆矢とされている。しかし、『ゼロ・アワー』はそれより五年以上も前であり、まさに日本のDJ番組はここから始まったといっても過言ではないだろう。

蛇足ながら『ゼロ・アワー』がその後のNHKのラジオ番組に大きな影響を与えたものがもうひとつある。それは時間の概念もしくは時間厳守だ。それまでのNHKの放送は、たとえば三十分枠でも、ときには三十一分だったり、二十九分だったり、多少こぼれようが短かろうが、まったくお構いなしだった。「しばらくお待ち下さい」とアナウンスを入れるだけで、極端な場合には十五分経っても放ったらかしということさえあった。放送時間は一秒たりとも正確でなければならないという概念がなかったのだ。

『ゼロ・アワー』では番組が時間通りピシッと終わるようになった。正しくするようにしたのは三人の捕虜たちである。彼らが本国でやっていたことをそのまま踏襲したのだ。

その厳密な時間感覚はレコードをかけるときの方法にも反映されている。スタッフの一人だった忍足信一は、レイズのやり方を見ていて「バックタイ」という方法を学んだと、次のように語っている。

「レコードを回すでしょ。二十秒前くらいからずっと回してて、終わる十秒前の所を覚えておくんです。それで実際レコードを回し始めたら、針を手にもって下ろす準備をしておくんです。その間ずっとボリュームは絞っておいて、適当なところで針を下ろして十秒前のところにきたら、ス〜ッとボリュームを上げるんです。そうしたら時間通り十秒後にピタッと音楽が終わるんです。劇のBGMのときも、劇が終わる何秒か前に合わせておいて同じようにすれば、劇の終了と同時に音楽もピタッと一緒に終わるんです。考えてみれば実に簡単なことですが、正確に音楽を終わらせるっていうのは、レイズから覚えたんです」

忍足は小篠同様に、戦後、民放で多くの音楽番組を手がけるが、そのとき使ったのが、レイズを見て覚えたこの方法だったという。

『ゼロ・アワー』は、このように当時の日本のラジオ番組としては画期的な技巧をいくつも使って放送されたが、果たして陸軍参謀本部が目論んだ「アメリカ軍兵士をホームシックに陥れて戦意喪失させる」という戦時目的を達成することができたのだろうか。

その答えはおそらく否だろう。戦地で聴く本国のジャズやポップスは、前線の兵士にとってひとときの心和む時間であり、流暢な英語で話す女子アナウンサーたちの甘い囁きも、彼らにとっては生きる活力になるだけだった。そしてそれは不本意にもこの放送に関わることになった三人の捕虜と、多くの日系二世たちが願っていたことでもあったに違いない。

待望の長女が誕生、一家をかまえる

哲はスケジュールに支障がない限り、引きつづき東宝の仕事をすることも許されていた。『間諜　海の薔薇』の撮影が残っていたため、『ゼロ・アワー』の仕事で、連日、内幸町のNHKへ通うようになってからも、しばしば撮影所へ足を運んでいた。

そんな一九四四年（昭和十九）の秋も深まってきたある日、『ゼロ・アワー』も撮影所も出番がなく、豊玉の自宅にいたところ、サチが突然産気づいた。たまたま遊びに来ていたカメラマンの大竹省二と男二人で、どうしていいのか分からずオロオロするばかりだった。

再婚して近くに住んでいた義姉のトシと産婆が駆けつけてきてからほどなく、可愛い赤ん坊の泣き声が聞こえてきた。女の子だった。名前を片仮名でジュンと決めた。サチの希望で、日本でも外国でも通用する名前にしたかったのだ。

数日後、大竹省二が改めてカメラを手に中村家にやってきた。おくるみに包まれて静かに眠っている長女ジュンを幸せそうに見つめる哲とサチの姿がレンズの中に優しく写しとられた。

戦後、女性のポートレートを撮らせたら右に出る者はいないと言われる名写真家となった大

長女ジュン誕生。大竹省二撮影。まだ無名時代の大竹が撮ってくれた。

竹だが、このころはまだ一介のアマチュア・カメラマンだった。雑誌社のアルバイトをしているときに、編集長の指示で、当時八丁堀に住んでいた斎田愛子を撮るために彼女の自宅へ行ったところ、そこに遊びに来ていた哲と偶然出会ったのが最初だった。

以来、大竹はひと回り（十二歳）年上でモダンな雰囲気を漂わす哲と親しく付き合うようになる。ときにはNHKのスタジオに連れて行ってもらい、戸栗郁子に会ったこともあるという。

こうして哲は、バンクーバーから単身横浜港に上陸してからはや四年、いまでは妻のサチ、長女ジュンと三人家族の家長となった。食糧事情は逼迫、衣料は欠乏、交通は混乱と、すべてに厳しい戦時下だったが、哲にとって充実の日々だった。

しかし、日本の敗戦は目の前に迫っていた。ジュンが生まれた当日の十月二十四日、かつて無敵を標榜していた連合艦隊がレイテ沖海戦で壊滅する。初めての神風特攻隊による体当たり攻撃もかなわず、空母四隻、戦艦を含む艦船二十九隻、航空機二百十五機を失う大敗北を喫し、連合艦隊は事実上、消滅した。

一ヵ月後の十一月二十四日、恐れていたその日がついにやってきた。マリアナ基地を飛び立ったB29約七十機が、帝都東京に一トン爆弾を降らせていったのである。翌年八月の敗戦までつづく、合計百回を超える東京空襲の始まりだった。

空襲下の東京でもささやかな楽しみ

Ｂ29による東京空襲は二十七日、二十九日とつづき、翌月に入るとさらに頻度が増して、年末の三十一日までに十二月だけで合計十二回の爆撃を受けた。神田や浅草など下町も多くの被害を受けたが、初の空襲を含めて、そのうち三回が航空機エンジンを製造している三鷹の中島飛行機武蔵製作所を標的としていた。サイパンを飛び立ったＢ29は富士山を目標に飛来し、その手前で日本の迎撃戦闘機の及ばない高度一万メートルまで上昇すると、

〈中央線に沿って東上し、三鷹上空で武蔵製作所へほとんど全弾を投下し、すぐそばの荻窪製作所へは残弾を落とし、日本の戦闘機と交戦しながら九十九里浜から日本を離脱、サイパンへ帰るのがコースであった[10]〉

哲の家族三人が住んでいた板橋区（現在は練馬区）豊玉は、中島飛行機荻窪製作所の近くにあった。Ｂ29が投下した一トン爆弾（二千ポンド爆弾）は破壊力絶大で、着弾すると地面に直径五〇メートル、深さ五〇メートルの巨大な穴が開く。荻窪製作所周辺に投下された爆弾の響きが家全体を震わせることもあり、サチは乳飲み子を抱えて恐怖に身を震わせた。

年が明けると空襲はさらに激しさを増し、敵機が出現しないまま警報が鳴ることもしばしばだった。この一九四五年（昭和二十）に哲が書き綴っていた日記が遺されている。

1月1日

森山君の国民服で隣組を廻る。

夕飯は久し振りで配給の酒をのんだ。

静かな正月だった。

1月2日

放送局ですき焼きを皆でやる。コーヒーは僕が持参する。

帰ったのは十一時頃だった。

今日も敵さん来なかった。

1月4日

放送局へ行く。これからスクリプトは交たいに書く事にするとの事だ。

放送が終わって出たら警報が発令されて居たが名古屋方面へ敵機が行って解除になる。

1月8日

放送局へ行く。今日から七時迄で一寸早く帰れる。

1月10日

帝国ホテルで前線班の夕食をやる。ワインがふんだんに出て顔が真っ赤になった。

帰りは七時一〇分のも終バスも時間に来ないので省線に乗ったら「たばた」で警報になる。

省線内は真暗だった。

1月16日

今日は突然警報が鳴ったと思ったら高射砲が鳴り出した。一機偵察にやって来たらしい。

1月22日

朝防空演習に出る。

放送局へ行く。

助監督が来て明後日『姿三四郎』のセット入りに手伝って呉れとの事だ。（『姿三四郎』ではなく『続・姿三四郎』のこと＝引用者注）

1月31日

今日ノルマン（ノーマン・レイズのこと＝引用者注）が来なかったので僕が海外放送のアナウンス頼まれた。平岡養一さんのプログラムだった。久君が唄ふ。

2月13日

一週間振りに放送局へ行く。何だか前線班は気抜けした気分だ。

ノルマン、アイヴァ、サアンと僕だけだった。其上明日の為に僕が書いたスクリプトを今日のが用意して居なかったので使ふ。（アイヴァは戸栗郁子のこと。サアンは不明＝引用者注）

2月17日

今朝又々敵機来襲して四時過にやっと解除になる。

省線の切符も当分の間発売しないのなら放送局へも行けない。

2月19日

午后二時過B29の大編隊の空襲だった。百機位来たそうだ。其内十機落としたのが四時迄に判明している。

久し振りで放送局へ行く。もうゼロアワーも何うにかしなきゃさっぱりだ。

2月22日

今日は何んと云う雪の日だ。止みなしに降った雪はひざ迄来そうだ。物凄い降りだ。バスも出ないと云うので放送局行きは断念して帰る。防空壕は雪でうづまって仕舞った。

大東坊へ疎開を頼む手紙をサチと一緒に書く。

今日から『海バラ』が公開になるんだ。厭だなぁ。

『間諜　海の薔薇』のなにが厭だったのか。アメリカ帰りの怪しい二世役がいやなのか、この文面だけでは不明だが、日記からは、空襲が続き連日のように警報が鳴り響き、交通機関が乱れるなかで、哲がほぼ毎日『ゼロ・アワー』のためにNHKに通い、ときに砧撮影所で映画の手伝い（『続・姿三四郎』のアメリカ領事館の場面に登場する外国人エキストラたちのための通訳と推測される）などをしていたことが窺える。

広島の金江村への疎開

度重なる空襲はサチの不安に火をつけた。生家は裕福だったが、父親には何人もの愛妾がいて、家の中はいつも殺伐としていた。だからこそ自分が結婚してつくる家庭は愛情に溢れた心温まるところにしたかった。その夢がいま実現したというのに、空襲で夫や生まれたばかりの子どもに何かあったら、すべてが一瞬にして消えてしまう。そんな強い不安に襲われたのである。

サチは人一倍思い込みが激しく、一度何かの考えに憑りつかれると、そこから後戻りできない性格だった。増大する不安はいつしか絶対の確信へと変わり、ついには恐怖となった。恐怖から逃れる方法はただひとつ。東京から離れること以外にない。

哲は疎開しましょうと泣いて訴えるサチに往生したが、最後はその不安を受け止め、すべての仕事を辞して東京を離れる決心をした。そして広島の母の実家の寺へ手紙を出した。それが日記の2月22日付にある「大東坊へ疎開を頼む手紙をサチと一緒に書く」だった。

三月になり、ＮＨＫ海外局の局長に辞表を提出すると、局長は「『ゼロ・アワー』が弱体化するが、やむを得ない」といって、意外とあっさり受けとった。局長はロサンゼルスやニューヨークの総領事を歴任してきた外務省からの天下りで、たとえ『ゼロ・アワー』がどうあろうと、もはや日本の敗戦は免れないと分かっていたのかもしれない。

東宝もわけを話すと、東京へ戻ってきたときには再契約すると約束してくれ、中村一家の疎開に寛大な理解を示してくれたが、問題は広島への移動そのものだった。

この当時、駅から荷物を送ることも、列車の切符を手に入れることも、容易ではなかった。ただでさえ混乱しているところに、膨大な疎開者とその荷物が駅にあふれかえっていた。長距離列車の切符は発券が制限されていて、夜を徹して並んでも、なかなか手に入らない。

一月の銀座空襲では有楽町駅構内に爆死体が折り重なり、三月十日には下町一体が無差別焼夷弾攻撃を受け、一晩で十万人が焼き殺されている。ぐずぐずしていたら、いつここもそうならないという保証はない。

何度も駅に足を運んだ末にようやく松永までの切符を入手、哲が妻と長女を連れて東京駅を発ったのは、下町空襲から二週間後の三月二十三日だった。三等車の車内はあふれかえる乗客で立錐の余地もなく、席に座るどころではなかった。列車が名古屋にさしかかったとき空襲警報が鳴ったが、結局無事に終わり、三人が山陽本線の松永駅に着いたのは翌二十四日だった。

中村一家を迎えた那須家の嫁、弘子は、哲とサチの異様な姿に驚いた。顔は汚れて真っ黒で、両手にはありったけの荷物、さらには二人とも着られるだけの服を二重三重に着こんで着ぶくれしているうえに、赤ん坊のジュンをおんぶしているサチは自分の靴の上にさらに中村の靴を履いていた。車内に持ち込める荷物は限られており、二人は少しでも多く運ぼうと、自らの身体を服や靴の運び屋にして持ってきたのだった。

大東坊は大きな寺で、部屋はいくらでもあった。広い離れが空いていて、そこが中村一家の仮住まいとなった。東京では考えられないような、静かで平穏な生活が始まった。おしゃれだった哲は生まれて初めて頭を丸刈りにし、少しでも那須家の役に立とうと、サチと一緒に畑を耕す手伝いをし、裏山に芝刈りに行った。

大東坊ではすべてが自給自足で、毎日の食事は、刈った芝を集めて燃料にして米を炊いていた。もちろん水道などなく、毎日家の前の井戸まで水を汲みに行った。そんな不自由な生活は、貧しかったバンクーバー時代にも経験したことがなく、哲にとっては初めてだったが、逆に新鮮でもあった。何よりうれしかったのは腹いっぱい食べられることだ。配給の滞りがちだった東京と違い、ここには食料が潤沢にあった。赤ん坊のジュンも健康で、サチはここにきてよかったと喜んだ。

相次ぐ空襲下、終戦を迎える

しかし、困ったことがないわけではなかった。狭い田舎町で都会風の二人が目立つことを恐れたのであろう、哲やサチのすることに伯母（弘子の義母）が何かと口うるさかった。哲には、あなたのジャンパーとレインコートは目立つから着るな、サチには赤いセーターは着るな、二人で手をつないで外を歩くななどと、事細かく注意した。

それでも伯母は温かい布団を借りてきてくれたり、近所の人からもらった野菜をわけてくれたり、何かと親切に面倒を見てくれた。哲とサチは郷に入っては郷に従えと心得て、伯母の言うことを素直に聞くようにしていた。

驚いたのは、ある日突然、警官が職務質問にやってきたことだった。哲は連合国側の外国籍であり、福山は軍港呉に近い。巨大戦艦大和を建造し、ドイツのクルップと並ぶ世界二大兵器工場のひとつと称されていた呉海軍工廠をスパイしに来たのではないかと疑われたのだ。

大東坊は地元では由緒ある寺で、哲はその身内と分かって笑い話で終わったが、実際にこのころから呉の軍需工場を目標とした空襲が頻発している。空襲への不安から逃れて広島まで疎開してきた中村一家だったが、ここでも空襲の恐怖が襲いかかってきた。しかし、地元の人たちの呑気な振る舞いが、動揺する哲とサチを落ち着かせた。哲は日記に〈警報が鳴ったのに大根を洗ったり呑気なものだ〉（三月二十八日）〈此処も毎晩の様に警報が鳴るが我かんせずで寝ているが東京では考えられない事だ〉（四月八日）などと記している。

先述のように東京ではすでに三月十日の無差別大空襲によって下町が焦土と化し、十四日には大阪が空襲を受けて十三万戸が焼失していた。大都市はことごとく焼き払われ、次は地方の中小都市が爆撃目標となった。

四月一日にはアメリカ軍がついに沖縄本島へ上陸を開始、四月七日には片道だけの燃料で沖縄へ向かった戦艦大和が、鹿児島県坊ノ岬沖で米艦載機の攻撃により撃沈され、やがて沖縄守備軍の全滅、住民の集団自決という悲劇へと雪崩れ込んでいく。

この年の哲の日記を追ってみよう。

4月15日
東宝から『姿三四郎』の手当￥３００来る。
夕食後伯母の所へ報道聴きに行く。Ｂ29百七十機宮城大宮御所赤坂離宮を爆撃し、明治神宮は廃墟になったと報じて居た。おそらく、渋谷方面も其れではやられたかも知れぬ。
4月19日
朝の内雨が降っていた。六時半頃何んだか爆弾のは裂する音らしきが聞こえたのでサチと飛び起きた。案のじょう午后になって判明したがＢ29が松永の一寸先へ投弾したと云うのを聞く。
5月2日
ムソリニは捕へられて死けいになって死がいはミラノでさらされたと報じて居る。英雄の末路惨めなものだ。
5月5日
昼頃百機近くのＢ29が頭上を通過した。久し振りでＢ29を見る。
6月6日
松永の本署へ行く様、話があったので行く。海軍の通訳をして欲しいとの事だった。大東坊の話をして今は寺に男手がないので（弘子の夫で跡取りの直人は病気療養中＝引用者注）僕がいなければ困ると云って置いたが履歴書は一先づ差し出して呉れとの事だった。

6月10日

遂に伯母はお経の本を持って来る。伯母と一緒に二回練習する。（哲は声が良いのでお経を読むにはもってこい。住職になってくれないかと伯母から口説かれていたのである＝引用者注）

6月22日

畠で小むぎを刈る。一寸疲れた。

大分背中は日やけて黒くなった。

中村の一九四五年（昭和二十）の日記はここで終わっている。

その日、六月二十二日は、B29の大編隊二九〇機が呉海軍工廠を爆撃、千九百名の犠牲者が出る大惨事となった。

八月六日には同じ県内の広島市に原爆が投下され、同日、ソ連が日本に宣戦布告して満州へ侵攻を開始、福山は米軍の大空襲に晒されて市街地の大半を焼失、九日には二発目の原爆が長崎市に投下された。

そして十四日。参謀本部による対敵謀略放送が、ひっそりとその役目を終える。この日以後『ゼロ・アワー』は永遠に放送を停止した。

（1）古茂田信男他編『新版日本流行歌史（中）』社会思想社　1995年
（2）旗一兵『花の春秋　長谷川一夫の歩んだ道』（掲載紙・日付不明）
（3）長谷川一夫『私の二十年』中央社　1948年
（4）新保満『カナダ日本人移民物語』築地書館　1986年
（5）古川隆久『戦時下の日本映画　人々は国策映画を観たか』吉川弘文館　2003年
（6）竹内博『元祖怪獣少年の日本特撮映画研究四十年』実業之日本社　2001年
（7）内閣情報局『週報』328号
（8）廣澤榮『日本映画の時代』岩波現代文庫　2002年
（9）恒石重嗣『大東亜戦争秘録　心理作戦の回想』東宣出版　1978年
（10）前川正男『ある航空技師の記録　中島飛行機物語』光人社　1996年

第三章

占領下の日本で大活躍

『蝶々夫人』1955年、日伊合作映画。蝶々夫人・八千草薫（右）、ヤマドリ・中村哲（左）。ⓒ東宝

『マダム貞奴、アメリカへ行く』（舞台）。主演・越路吹雪、共演・中村哲（左）。帝国劇場。1951年。ⓒ東宝

1952年6月30日、日比谷ホールにて。

疎開先で歌や英語を教える

戦争は終わった。

一九四五年（昭和二十）八月十五日正午、天皇の玉音放送がポツダム宣言の受諾を国民に告げると、二週間後の八月三十日、連合国軍最高司令官ダグラス・マッカーサーが厚木飛行場に降り立った。九月二日には東京湾に浮かぶ米艦ミズーリ号上で降伏文書の調印式がおこなわれ、これ以降六年七ヵ月にわたって日本は連合国軍の占領下に置かれることとなる。

それは同時に財閥解体、農地改革、労働民主化、婦人解放、教育の自由化といった大改革の始まりでもあったが、一般庶民にとってもっとも切実だったのは今日の食べ物と住む場所の確保だった。空襲による流通機構の崩壊と一九一〇年（明治四十三）以来の凶作で、配給は以前にもまして滞り、この冬には一千万人が餓死すると噂されるほど食糧難は深刻だった。都市という都市は焼け野原となっており、街や地下道には空襲で家を失った人々や親を失くした戦争孤児たちがあふれていた。

しかし、中村一家が生活するここ瀬戸内の大東坊では、とりあえず日々の食べ物は確保できているし、屋根のあるまともな家に寝起きもできていた。

英米音楽を歌うことも聴くことも禁じ、英語は敵性語としてタブー視してきた日本社会はあっさり手のひらを返すように変わった。哲がカナダ生まれの二世であり、英語に堪能なオペラ歌手であることはいつのまにか狭い地域社会に知れ渡っていたようで、ある日、青年団のリーダーが村の演芸大会（敗戦の年から日本中で大流行した）に出るので歌を教えて欲しいと訪ねてきた。哲は気安く青年たちの集会場へ出向き、彼らとともに歌いながら歌唱指導した。それはおそらく戦時中に禁止されていた英米音楽であったのではないかと想像される。

また別の日には、大東坊の本堂に学童疎開していた大阪の小学生を引率していた教師が、英語を教えてもらいたいと言ってきた。英会話の学習が敗戦後あっというまに大ブームとなり、敗戦からわずか一ヵ月後の九月十五日に発行された『日米会話手帳』という小冊子は、三百六十万部を超す大ベストセラーとなっていた。

哲は気軽に英会話を教えたが、そんなときふと考えてしまうのは、カナダにいる両親、兄妹たちのことだったに違いない。戦争が終わって元通りバンクーバーに戻れたのだろうか、状況がまったくつかめていなかった。

収容所の日本人たちへの厳しい通達

実はそのころ、ロッキー山脈の麓の強制収容所に押し込められていた日系人たちは、さらなる追い打ちをかけられるかのように、カナダ政府から新たな選択を突きつけられていた。

――ロッキー山脈から太平洋までの間にジャップはいらない！

日本の敗色が濃厚になってきたこの年の春ごろから、十六歳以上の「日本に人種的起源を有する人物」は全員、カナダ国籍を放棄して日本へ送還されることに同意するか、あるいはBC州を離れてロッキー山脈より東へ再定住するか、どちらにするかを決め、調査票にサインして提出せよと迫られていたのである。

ほとんど国外追放に等しいこの通達は日系人には容易に受け入れられるものではなかった。移民して来てからすでに長い時間の経った一世にとって、生まれ故郷の日本は帰国してもそこに生活の基盤があるわけではない。かといってカナダ東部へ移ったところで縁者も知り合いもなく、仕事があるのかさえ分からない。ましてやカナダ生まれの二世、三世にとっては、日本は見たこともない異国の地であった。

日本に帰る（行く）か、それとも東へ移住するか。日系人の間で意見百出となった。ブラジル移民のように日本が勝ったと信じる「勝ち組」と、負けたと認める「負け組」の間で殺傷沙汰が起こるようなことはなかったものの、収容所の雰囲気は険悪になった。

中村家では長男夫婦がすでに強制収容が始まる前に東に移住していたが、父親の辰喜も母親の文美も、結婚して子供のいる娘二人とその夫たちも、意見はそれぞれ異なっていた。

日本の必勝を信じて疑わなかった文美に敗戦のショックは大きく、茫然自失だったが、辰喜のはらわたは激しく煮えくり返っていた。

日系人は皆、厳しい差別と貧しさにもめげず汗水流して働き、ようやく家財産を手に入れたというのに、カナダ政府はわれわれを無慈悲に追い出したあげく、築き上げた家財産を没収して勝手に売り払ってしまった。それだけでも許しがたいというのに、今度は日本に帰るか、東に移るかを決めて調査票にサインして提出しろとは侮辱するにもほどがある。士族に生まれた辰喜にとってプライドを傷つけられることは、この世で最も許しがたいことだった。

選択はひとつしかなかった。東京に行けば次男の哲がいる。辰喜は日本に帰ることを決めた。

焦土の東京へ出て、すんなり東宝と再契約

そのころ、哲はまだ妻子とともに大東坊で暮らしていた。十一月が過ぎようとしていたが、焦土と化した東京へ戻っても住む家のあてもないのだ。

しかし、これだけの長逗留《ながとうりゅう》となると、鷹揚な哲もさすがに焦ってきた。この九ヵ月、まったく仕事をしていないのだ。国策映画や『ゼロ・アワー』で得たギャラは底を突きつつあった。このままでは妻や娘に服一着買ってやることもできない。とりあえず哲は家族を大東坊に残し、仕事を探しに単身上京することにした。

八ヵ月ぶりの東京は一面の焦土だった。殺伐とした焼け跡が広がり、トタン板で作ったバラック小屋が点々と建ち並んだ地平の彼方に、富士山の美しい姿が鮮やかに見えた。焦土と化した首都東京はまだ、家族が暮らせる場所ではなかった。

あらかじめ連絡しておいた東宝に顔を出すと、快く迎えてくれ、すぐに再契約となった。まさかこうもすんなりといくとは思ってもいなかった。これで仕事ができる、妻や娘に新しい服

を買ってやれる。よほどうれしかったのか、このときの契約書が保存されている。締結年月日は昭和二十年十二月一日で、翌年十一月三十日までの一年間。契約金は月額二百五十円、映画出演手当一本につき三百円、十五日以上のときは五百円也となっている。ちなみにこの年の銀行員の初任給は八十円。

さっそく復帰一作目の映画出演が決まった。巨匠衣笠貞之助の戦後第一作、『或る夜の殿様』だ。主演は長谷川一夫、脇をかためるのは大河内傳次郎、山田五十鈴、高峰秀子、志村喬という錚々たるラインアップで、哲と長谷川は戦前、舞台で共演して以来の顔合わせだった。

しかし、敗戦の年があらたまり、一九四六年（昭和二十一）になって、先に撮影に入ったのは『僕の父さん』（阿部豊演出）という音楽物だった。古川緑波の主演で、哲は音楽塾の教師という役だった。物語は人気のなくなった元歌手を父に持つ少年が父と同じ歌手の道を目指すというもので、余談になるが、少年時代の美輪明宏はこの映画を観て、主人公の少年の美声に感動し、自分も歌手になりたいと思ったという。

『或る夜の殿様』は公開されるや大ヒットし、この年に制定された毎日映画コンクールの第一回日本映画大賞を受賞した。

舞台は明治十九年の箱根の高級温泉旅館。鉄道建設を巡って何とか巨額の利権を手に入れようと敵対する二組の実業家の馬鹿々々しいまでの強欲ぶりがコメディタッチで描かれている。たまたま同じ旅館に投宿していた旧藩主の御曹司（長谷川一夫）や男爵（中村哲）に取り入って、

『或る夜の殿様』（衣笠貞之助監督、1946年）の撮影セット風景。中央に哲。

事を首尾よく進めようと画策する実業家の下品で醜い姿を通して、最終的には、封建的な身分など何の意味もないのだということを、この映画は静かに訴えている。

『或る夜の殿様』は、明治時代に舞台を設定しているものの、「日本の軍国主義並びに軍国的国家主義の撤廃、信教、言論、集会の自由を含む自由主義的傾向の促進」という占領目標に沿って映画は製作されるべきだという、民間情報教育局（ＣＩＥ＝Civil Information and Educational Section　ＧＨＱ幕僚部の部局。連合国軍の文化政策を担当）の方針に沿ったもので、戦後民主主義の理念を謳った作品だ。

いつの時代も映画や歌や小説は大衆の心に訴えるものだとすれば、日本がそれまでの封建的な社会から一気に解放された終戦直後に、この映画が大ヒットしたのもうなずけよう。

故郷ではサリーの兵隊姿にビックリ

一方、ロッキー山脈の麓のニューデンバー強制収容所に入れられていた哲の両親は、前年の初秋、そこからやや太平洋寄りのタシメ強制収容所に移されていた。本国送還調査で日本行きに同意した者だけが集められた、五つの強制収容所のひとつだった。七十歳に手が届こうとしていた老齢の二人にとって、昨年から今年にかけてのロッキーの記録的な冬の寒さが堪《こた》えたのか、文美は体調不良がつづき、辰喜には認知症の兆候が現れていた。

そんなある日、ひとりのカナダ軍人が辰喜を訪ねて来た。そして、これを預かってきましたと一通の封筒を置いて、すぐに去っていった。開けてみると中には手紙もメモもなく、一枚の写真だけが入っていた。写っていたのは日本兵姿の哲だった。

辰喜らと同じ収容所にいた哲の妹、昭《あき》はその写真を見るや動転し、

「大変だ！　サリーが兵隊に行かされちゃったんだ、戦死したかもしれない！」

と叫んで泣きじゃくった。その場には昭の息子のケイもおり、このときの母の激しくうろたえる様子を、大人になっても鮮明に覚えていると語っている。

後でわかったことだが、それは日本軍のシンガポール攻略を描いた映画『あの旗を撃て』のスチール写真で、カナダ軍人に託したのは哲自身だった。なぜ哲はそんな写真を一枚だけ送ったのか、いまとなっては見当もつかない。もしかしたら日本で映画に出演して頑張っているか

ら大丈夫だと伝えたかったのかもしれない。だが、カナダの家族にとっては『あの旗を撃て』のことなど、知る由もなかった。メモも手紙もないのは検閲でカナダの家族に無用の嫌疑がかかるのを恐れての哲なりの配慮だったのかもしれないが、カナダの家族にとってはショックに違いなく、哲の意図はいささか裏目に出てしまったようだ。

一九四六年（昭和二十一）五月三十一日、日本行きに同意した六百六十八名の日系人を乗せた最初の送還船マリーン・エンジェル号が、日本に向かってバンクーバーを出港した。それから年末までさらに四回の送還船がカナダの西海岸を後にする。

『あの旗を撃て』（1944年）のスチール写真。兵隊姿にビックリ。©東宝

五回ともカナダ政府がチャーターした米海軍の兵員輸送船が使われ、渡航費用はカナダ政府が負担した。この年、日本へ帰った（行った）日系人は合計三千九百六十五人（船中での出産一名を加算）。その中には昭や息子のケイたち三兄弟のように、カナダ生まれの二世、三世も大勢いた。彼らがその後、どうなったのか、明確な資料は存在しない。

しかし、一九四九年（昭和二十

四）四月に、日系人に対する制限がようやく破棄されると、再びカナダに戻る者も少なからずいた。数年後、日本で不慮の事故によって夫を亡くしトロントへリターンした昭の一家もそうであったように、その大半がカナダ生まれの二世、三世だったという。

このような戦時中から終戦直後にかけてカナダ政府によっておこなわれた不正義が、その後の日系人たちの粘り強いリドレス運動（謝罪と補償を求める活動）によって糺され、賠償問題に決着をつけるには、これから四十数年の長きを待たねばならなかった。カナダのマルルーニ首相が、戦時中の日系人に対する強制収容に関して謝罪と賠償を認める書類に署名したのは、ようやく一九八八年（昭和六十三）九月二十二日になってのことである。

カナダから送還されてきた老いた両親

映画出演がつづき仕事が軌道に乗ってきた哲は、一日も早く家族を東京に呼び寄せたかったが、東京の住宅難は依然、改善の兆しが見えなかった。

そんなとき、哲は満州から引き揚げてきた斎田愛子と再会した。

終戦時、斎田は皇軍慰問派遣団の一員として新京（現在の長春）にいた。ソ連軍が侵攻してくると、関東軍は慰問派遣団はもとより一般日本人住民たちをも置き去りにしてさっさと撤退。新京に取り残された日本人、とりわけ女性たちは、ソ連兵に凌辱されるのではないかと恐れおののいた。そこで斎田愛子と益田隆バレエ団は、ソ連将校を日本人会に招き、ソ連軍の各部隊を慰問して回った。おなじく新京に残っていた東松二郎楽団をバックに斎田はロシア民謡を歌い、益田はロシア・ダンスを踊った。必死の芸が身を助けたというべきか、斎田たちは危害を加えられることなく、何とか一年後に命からがら日本に帰ってくることができたのである。

いま、斎田は田園調布にある洋画家の猪熊弦一郎宅に身を寄せている。猪熊夫人が斎田の大ファンで、空いていた部屋を斎田に提供してくれたというのだ。

哲が、家族を呼び寄せたいが、家が見つからないと事情を話すと、すぐに斎田は家を探してきてくれた。近くに東儀哲三郎が住んでおり、離れの物置の二階と三階が空いているので、そこを貸してくれるという願ってもない話だった。東儀とは面識があり、哲が日本で初リサイタルを開いたときに、ピアノの伴奏をしてくれた娘の秀子は結婚して、いまは大阪にいるという。

哲は東儀家に挨拶に行くとすぐに広島の大東坊に戻った。伯母たちに丁重に礼を言って大東坊の離れの部屋を引き払い、妻のサチと二歳になる娘のジュンを連れて東京にとって返した。哲が東京に戻ってから一年後、一九四六年（昭和二十一）十月のことだった。このときサチの身体には、すでに二人目の新しい命が宿っていた。

離れの物置とはいえ、家族三人水入らずで、東京の新生活が始まった。

その秋も過ぎようとしていたある日、物置部屋で新聞をめくっていた哲が、あわてて家を出ていった。北米からの送還船が横須賀の久里浜港に到着したという記事が載っていたのだ。

中国大陸や南方からの引き揚げ船はコレラなどの伝染病の発生を警戒して、検疫が終了するまでの二週間、浦賀沖に停泊させられる。それに対して北米からの送還者は荷物検査や消毒などは免除され、比較的容易に上陸が許されていた。そして送還者は行き先が決まるまで久里浜援護所にあった旧海軍校舎に仮収容される。

哲は送還船の情報を知ると、そのつど久里浜へ足を運び、カナダからの送還者に声をかけて回った。しかし、中村家の消息を知る者には出会えなかった。半年前、東京で偶然知り合ったカナダ人の軍人に写真を託したことがあったが、いまだに何の返事もなく、届いたかどうかも分からない。

この日、また無駄足になるだろうと思いながらも、哲は久里浜へ出かけていったのだ。妊娠中のサチは悪阻《つわり》がひどく、娘のジュンをあやしながら、何をするともなく留守番していたが、いつもなら帰ってくるはずの時間になっても、なかなか夫は戻ってこない。どうしたのだろう、何かあったのだろうかと、日も暮れかかり不安に思い始めたそのとき、ようやく階段を上がってくる夫の足音が聞こえてきた。

扉を開けると、ひどく汚れた大きな旅行鞄を両手で抱えた哲が入ってきた。そしてその後ろには見知らぬ初老の夫婦が悄然と立っていた。サチが初めて見る、カナダにいるはずの義理の両親、辰喜と文美だった。

哲も出演していた『額縁ショー』

一九四六年（昭和二十一）が暮れようとしていた。この師走、五人に増えた中村家は物置の二階に辰喜と文美、三階に哲、サチ、ジュンの三人が寝起きしている。どちらも六畳一間、風呂は東儀家の母屋へ行って借りていた。

辰喜は認知症が進行し、文美はリュウマチで両手の指がこわばり極端に曲がっていた。病院に連れていっても、どちらも改善の見込みはなかった。明治生まれとはいえ、二人ともカナダでの生活が長く、すっかりカナダ人の生活感覚が身についていた。認知症の進んだ辰喜は、朝食にはバターのついたトーストが食べたい、美味しいコーヒーが飲みたいと駄々をこねて嫁のサチを困らせた。できることなら望みを叶えさせてやりたいが、ただでさえ配給が滞っている食糧難のこのとき、バターやコーヒーなど手に入るわけもなかった。

そんな、思いもかけず両親を引き取って暮らすことになった哲に、少々風変わりな舞台の仕事が舞い込んできた。ストリップもどきのショーの合間にコントなどを交えながら歌をうたという、奇妙なオファーだった。ストリップの添え物など断ろうと思ったが、よく話を聞いてみると、企画が秦豊吉で、構成を益田隆が担当するという。それならばと引き受けることにした。

秦豊吉は帝国大学（現在の東京大学）法学部出身で、三菱合資会社ベルリン支店勤務を経た後、マルキ・ド・サドをもじった「丸木砂土」のペンネームで翻訳家としてデビューした異色の人物だった。その後、阪急・東宝グループの総帥小林一三に認められて東京宝塚劇場に入社、戦前は取締役社長に就任していたが、当時は東宝の取締役副社長をつとめていた。

終戦時、斎田愛子とともに満州にいた益田隆は、日本を代表するダンサーである。戦前から東宝傘下の日本劇場でダンシングチームの振り付けや演出を担当、自らも踊るという活躍ぶりで広く知られていた。哲は斎田を通して益田と面識があった。

そんな関係で気楽に引き受けた哲だったが、これが敗戦直後の日本社会に一大センセーションを巻き起こす歴史的イベントになるとは思ってもいなかった。秦豊吉の演出した舞台は、人呼んで『額縁ショー』。巨大な額縁の中に名画の裸婦よろしく生身の裸女が立っているという、当時としては驚天動地の代物だったのである。

年が明けた一九四七年（昭和二十二）一月十五日、額縁ショーの第一回『ヴヰナスの誕生』は、東京・新宿にあった帝都座ビル五階の小劇場で開催された。哲は『ヴヰナスの誕生』全二十七景中の第二十五景に登場。中川由紀子、菊池静江、眞田千鶴子ら三人の女性歌手を従えて歌ったというのだが、曲名は不明だ。

実は『額縁ショー』の踊り子が乳房を見せるようになるのは、第二回『アンドロメダ』の甲斐美春からで、哲が歌った第一回のときは、限りなく裸に近い姿でポーズをとっただけで、胸の露出はなかったという。しかし、それにしてもクラシック系の歌手である哲が、若い女体が売り物のこの舞台で、いったいどんな歌を披露したのだろう。
女性といえばモンペ姿で、肩を晒すのさえご法度だったこの時代に、腰に薄いベール一枚、乳房も露わのヌードである。観客に見せるのはほんの十数秒だけでサッとカーテンが閉められたが、大騒ぎにならないわけがなかった。帝都座ビルの小劇場は連日超満員となり、詰めかけた観客がビルの外まで長蛇の列をなしたという。

〈ショーの合間のほんの二、三十秒、額縁の中で胸をさらした踊り子さんがポーズをとっていた。一瞬、この世のものとは思えない感動に包まれてシーンと静まり返った。幕が閉まると、ハァーッというため息が、いっせいにもれた(1)〉

『額縁ショー』は日本初のストリップショーとして、歴史に名を残すこととなった。企画した秦は、取材の新聞記者から〈エログロ・ナンセンス時代の先駆けですか〉と揶揄され、憮然として次のように答えたという。〈僕はエロを売っているわけじゃありません。君はプログラム全体を見てくれましたか。ヌードはあの名画シーン一景だけで、あとは歌や踊りやコントで構成しています(2)〉
たしかに『ヴヰナスの誕生』には、益田隆のモダンダンス、日劇ダンシングチームで活躍した眞田千鶴子の歌、ボードビリアン山田周平によるコントなど、さまざまな出し物が盛り込まれている。秦にはパリやニューヨークで昔から人気のある、大人向けのお洒落なレビューやボードビル・ショーを日本にも根づかせたいという熱い想いがあったのだ。

英語で歌えることで大ブレイク

寒風吹きすさぶ新年早々始まった『額縁ショー』は、センセーショナルな話題を呼んで幕を閉じたが、桜のほころびはじめるころ、哲に本格的な舞台の仕事が入ってきた。

主役は哲だ。しかも相手役はあの李香蘭こと山口淑子。四月六日から三十日まで連日二回公演の長丁場で、舞台は演劇の殿堂、帝国劇場である。小劇場の『額縁ショー』とは客席数が違う。これまでやってきたどの仕事よりも素晴らしいオファーだった。

タイトルは『マイ・オールド・ケンタッキー・ホーム』。『故郷の人々』『ケンタッキーの我が家』『金髪のジェニー』『夢見る人』など、アメリカ人の心の灯火ともいうべき名曲を生涯二百曲を超えて作りつづけた作詞・作曲家フォスターの不遇時代の物語で、主役のフォスターを哲が、妻のジェーンを山口淑子が演じる全四幕ものだ。

フォスターの楽曲はもともとレパートリーにしていたこともあり、哲にとって『マイ・オールド・ケンタッキー・ホーム』の舞台は、我が意を得たりというべきだろう。この上なくやりがいのある仕事となったはずである。

哲が演じたこの舞台はフィルムに残っている。東宝は同じ帝国劇場で上演された藤原義江の

『マイ・オールド・ケンタッキー・ホーム』（舞台）。主演フォスター役の中村哲（右）、妻役の山口淑子（左）帝国劇場、1947年。
Ⓒ東宝

プログラム（右上）。
刊行物『帝劇　TEIGEKI』1947年4月（右下）。

オペラ『カルメン』、諏訪根自子のヴァイオリン独奏『スペイン交響曲』、貝谷八百子と東京バレー団の『シェヘラザーデ』と、この『マイ・オールド・ケンタッキー・ホーム』をそれぞれ撮影、ダイジェストし、その前後に別途撮影したエピソードを組み込んだオムニバス映画『幸運の椅子』（高木俊郎監督）を製作した。翌年二月に東宝系で公開されている。

それまで温めてきたレパートリーを思うがまま、のびのびと歌える二十五日間昼夜五十回にわたる舞台は、哲にとって歓喜の日々だったが、公演中にもうひとつうれしいことがあった。第二子の誕生である。今度も女の子だった。長女のジュン同様、外国でも通じるようにと願い、片仮名書きで「エミ」と名づけた。

しかし、好調な歌の仕事とは対照的に、このころ映画出演のオファーはぱたりと止まっていた。東宝で戦後の日本労働争議史上に残る大争議が勃発していたのである。

ＧＨＱの民主化政策を受けて東宝撮影所内に労働組合が結成されたのは二年前、一九四五年（昭和二十）の暮れだったが、東宝の他、松竹、大映各社の従業員やフリーのシナリオライター、劇作家などを含む日本映画演劇労働組合（日映演）が結成されるや、撮影所の労働運動は一気に盛り上がった。労使間の対立は泥沼化し、給与改定などの大幅な待遇改善を要求するストライキにたびたび突入、闘争は先鋭化の一途をたどっていた。

組合が結成された当初は、民主化政策の影響で、カメラマンなどの契約者はもちろん、名だたる大スター連もこぞって組合に加入したが、一年後の秋になると、エスカレートする闘争の過激さについていけず、大河内傳次郎、長谷川一夫、原節子、高峰秀子、山田五十鈴、入江たか子ら、東宝を代表するスターたち十人が「十人の旗」の会を結成して日映演を脱退していた。

そしてこの三月には、同じく日映演を脱退した従業員たちを集め、新東宝映画製作所が創立された。さらに五月には妥結を模索する第二組合と第三組合が合体して全国映画演劇労働組合〈全映演〉が結成され、第一組合と対立するなど、東宝争議は着地点の見えないまま混迷していくばかりだった。

撮影所は半身不随となり、〈会社としては二十二年二月から二十三年一月までの一年間に、撮影所で二十四本の映画を製作する計画であったが、組合との協議に手間取り完成作品はわずか十三本に終わった[3]〉というのだから俳優中村哲に仕事の機会が減っていたのも無理はない。

しかし、そんな俳優業に代えて、というより本領を発揮したというべきか、この時期の哲は歌手として水を得た魚のように活躍し、大ブレイクしていた。

そのきっかけになったのはさきの『マイ・オールド・ケンタッキー・ホーム』だ。ネイティブで英語の歌が歌える日系歌手——進駐軍にその存在を知られた哲は、アーニー・パイル劇場〈進駐軍接収後の東京宝塚劇場〉をはじめ、全国の進駐軍クラブで堰を切ったように音楽活動の場を広げていき、時を経ずして基地クラブの人気トップシンガーとなっていくことになる。

進駐軍クラブが格好の稼ぎ場所

この時期、日本に滞在していた進駐軍はおよそ四十万人。その大半がアメリカ兵だ。戦争は終結し、朝鮮半島に動乱の兆しはまだない。緊張感を失った基地内の生活で、将校からGIまでの誰もが欲したのが、アメリカ人好みのエンターテインメント、音楽とショーだった。

全国には約七百三十ヵ所にものぼる基地があり、東京周辺だけでも朝霞キャンプ、横須賀空軍基地、キャンプ座間、立川空軍基地、ジョンソン（入間）基地など約六十ヵ所もの米軍基地があった。市井の人々が住む家に困窮し、飢餓線上をさまよっているときに、これら米軍の基地内や周辺のクラブでは、それまで敵性音楽としてながらく禁止されてきたうっぷんを晴らすかのように、日本人ミュージシャンたちによる無秩序で、騒がしく、華やかなショーが連日連夜繰り広げられていた。

当初、進駐軍が求めたエンターテインメントは、〈軽音楽、クラシック、歌、オペラ、レビュー、日舞、バレエ、歌舞伎、軽演劇、文楽、奇術、曲芸はもちろん柔・剣道、相撲、薙刀、空手、卓球、ビリヤード、ボクシング、レスリング等々のエキシビション、さらには十二単のショー、模擬結婚式の実演などの提供までふくまれて〉いたという(4)。

赤い金魚と黒い金魚を一匹ずつ飲み込んで、客席のGIから「RED！」と声がかかれば赤い金魚を、「BLACK！」と声がかかれば黒い金魚を自在に吐き出して見せるビックリ仰天の芸や、つき立ての餅を天井に放り投げて張りつかせ、だらりと下へ伸びてきたところを、大きく口を開けて待ち受けるも顔面に落下、「アチチチッ！」と大げさにお道化て大爆笑を浴び

進駐軍クラブ出演者のツアー・パッケージ。芸人、曲芸師、ダンサーなどを含む多彩なメンバー。哲は後列の右から六人目、髭の男。1947年。

る珍芸など、まさになんでもありのカオス状態。

こうしたアナーキーでエネルギーに満ちた進駐軍クラブのステージに怒濤の如く押し寄せたのが、英米音楽の禁止から解き放たれた日本人ミュージシャンたちだった。

その中には原信夫とシャープス&フラッツ、宮間利之とニューハードなど、軍楽隊出身のプロ・バンド。戦前から活躍していた淡谷のり子、ディック・ミネ、灰田勝彦、水島早苗などの歌手。南里文雄、松本英彦、松本伸などのバンドマン。さらにはデビューしたばかりの石井好子、笈田敏夫、ペギー葉山といった新人。後にニューヨークでジャズ・ピアニストとして活躍する、まだ十代の穐吉（秋吉）敏子といった、錚々たる実力者たちが目白押しだった。

基地の仕事はギャラが格段に高く、基地の中ではハンバーグやサンドイッチ、コーラなど基地の外ではお目にかかれない食べ物、飲み物が食べ放題、飲み放題ということから、満足にコードも弾けないのに素知らぬ顔でギターを手にして舞台に立つ、いいかげんな輩もまぎれこんでくる。

ENTERTAINER'S IDENTIFICATION CARD
芸能審査証
S.P.B. Form No. 15—1

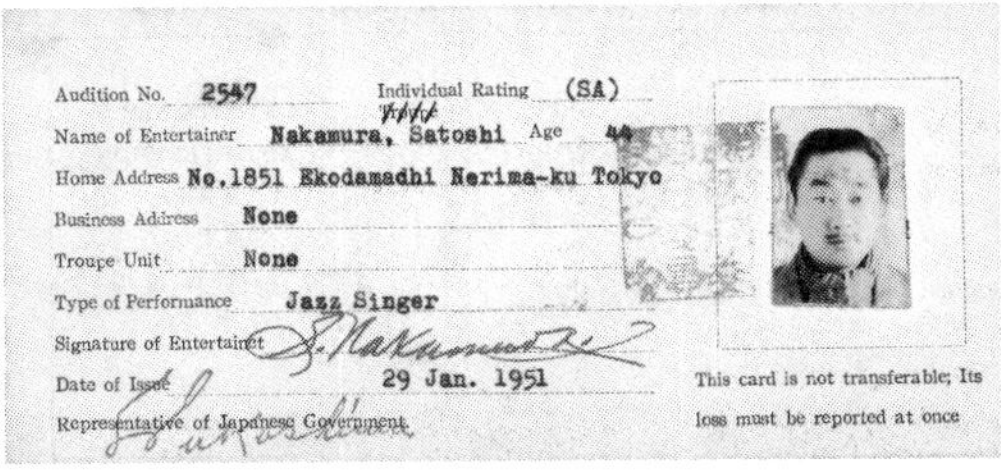
Audition No. 2547　Individual Rating (SA)
Name of Entertainer Nakamura, Satoshi　Age 44
Home Address No.1851 Ekodamadhi Nerima-ku Tokyo
Business Address None
Troupe Unit None
Type of Performance Jazz Singer
Signature of Entertainer
Date of Issue 29 Jan. 1951
Representative of Japanese Government
This card is not transferable; Its loss must be reported at once

進駐軍クラブの芸能審査証（表と裏）。
ランキングが（SA）となっている（裏面の上部に記載）。

そこでアーニー・パイル劇場の支配人だったバーカー中尉らの提言で、出演者の格付け審査がおこなわれるようになり、ランクによって出演料も決められた。S・A（スペシャルA）、S・B（スペシャルB）、A、B、C、Dの六クラス（後に五クラス）だ。

哲は最高クラスのS・Aだった。抜群の歌唱力がその理由だが、それに加えて哲には他の日本人歌手にはない、英語の楽曲を母国語として歌えるという能力があった。しかも英語で歌うそれはアメリカンポップスやスタンダードナンバーだけでなく、オペラやクラシック系の歌曲、ドイツ歌曲までと、レパートリーが広い。さらに英語でＭＣ（司会）もできた。

そんな歌手は哲の他に一人もいない。占領下の日本では唯一無二の存在だったのである。

将校クラブではトップシンガーの扱い

当時、進駐軍のステージに仕事を求めるミュージシャンや芸人、踊り子たちは、夕方近くになると、それぞれの楽器や衣装を手に手に、新宿駅南口や東京駅丸の内北口などに集まってきた。やがて進駐軍のトラックがやってきて基地のクラブのマネージャーが「ジョンソン基地、トランペット二名！」などと叫び、必要なメンバーをピックアップして連れて行く。

これは「拾い」と呼ばれていて、日本人の仲介業者が間に入ることもあるが、仕事にあぶれる者も出る。しかし、哲はこの拾いで仕事をしたことが一度もない。いつも最初から行き先が決まっていた。すなわち基地クラブから直接ご指名の人気プロシンガーだったということだ。

おまけに、哲の一流としての証はそのような指名や出演料だけでなく、歌う場所にも反映されていた。基地のクラブは、そこに来る軍人の階級によって、兵士、下士官、将校とランク分けされていて、哲を指名してくるのはそのなかでも最高ランクの将校クラブだった。

高校生でウエスタン・バンドを組み、基地クラブでの演奏経験を持つ小坂一也は、〈米軍基地には大別するとＥＭ（エンリステッドメンズ＝兵隊）、ＮＣＯ（ノンコマンディングオフィサーズ＝下士官）、オフィサーズ（将校）の三つのクラブがあり、階級が上がるにつれてクラブの雰囲気も上等になっていく〉と記している。

ＥＭクラブは子供のような若いＧＩばかりで、ウエスタンは大受けだったという。

その上のＮＣＯクラブは、

〈年代の幅が広く、奥さん連れもよく見うけられた。ウエスタンがうけることではＥＭクラブと変わらないが、ときどき、とんでもなく古いカウボーイソングのリクエストなどがきて、私たちをあわてさせるのもこのクラブの特徴だった〉

さらに最上級のオフィサーズクラブになると、

〈なんといっても将校サンだからお上品なものだ。オツにすました夫人同伴の多い将校クラブでは、ウエスタンはまったくといっていいほどうけなかった〉

と記している[5]。欧米の人々にとってクラシック音楽は教養のひとつである。それは軍人も同じだ。十代の若者が演じる和製ウェスタン・バンドには、将校クラブの敷居は高かったようだ。

そんな若いミュージシャンたちとは正反対に、クラシック系の楽曲をネイティブの英語で歌える哲は、将校クラブのトップ・シンガーだった。そのころ進駐軍のショー・ビジネスでひと儲けしようと雨後の筍のように出現した仲介業者、いわゆる芸能プロダクションが、売れっ子の哲を専属歌手にしようと次々と契約を申し込んできた。

東宝との間には映画の撮影に支障がない限り、音楽活動は専属契約と別に考えて構わないという約束が成立していた。哲は小谷プロダクションにマネジメントを任せることにした。当時、新橋駅前に建ち並んでいたバラックの二階が事務所で、一階は文房具屋だった。

風格があったですよ、拍手も大変なもんでした

哲が進駐軍クラブでどれだけ頭抜けた人気を得ていたのか、その活躍ぶりを現場で目撃していた小谷プロダクションの社長、小谷活司。同じくミュージシャンで、後にアメリカの人気テレビ番組『ローハイド』の主題歌を歌って大ヒットさせるリリオ・リズム・エアーズのバンドリーダーだった伊藤素道。そして哲の専属ピアニストだった古川八重子らに尋ねてみた。

「先生は凄かったですよ。あのころはジャズ・シンガーったっていないしね。先生はクラシックもジャズも歌い出してから引っ張りだこですよ。キャンプってキャンプをほとんど。もう絶対ですよ『スワニー』とかね。売れっ子っていうか、まあ間違いのない品物だっていう。九州とか北海道とかって地方もビッシリで。先生は本当に良いひとだった。愛される人ね。私は好きだもん、先生。何かやっぱり魅力があるんですね。みんなが先生、先生って大事にしてた」

(小谷活司)

「大先輩でした。あの当時、本物っていうんですかね、英語の発音がはっきりしていて、これ

は大変な人だなあと思ったです。親しく呼べるような間柄じゃないんですよ。そばにも寄せないような。でも米軍キャンプで会ったりすると〈よう！〉なんて気さくに声をかけてくれて。こっちは〈先生！〉なんてね。恰幅が大変によろしかったんで、観てなるほどなあ、歌っていうのはうまいだけじゃだめなんだなあと。やっぱり風格があったですよ。拍手も大変なもんでしたよ。どういう風にしたら僕にも拍手がもらえるんだろうって。〈出〉とか〈引っ込み〉ね、その態度も堂々としてらっしゃって、よく盗んだもんですよ」（伊藤素道）

「もう人気人気でね。行って歌うと〈うわああ〜〜っ！〉って喜んでね。クリスマスのときなんか、一晩で五ヵ所くらい掛けもちして、バ〜ッと回るんです。『四月の雨』（エイプリル・シャワー）とか『スワニー』とか『オールマン・リバー』とか、とっても喜ぶんですよね、本物だから。『マンダレーへの道』なんか声が合ってて、ダッダッダッて伴奏が入って、拍手拍手で、アンコール、アンコールで、大変だったんです。もう十曲くらい歌わされて。基地だけじゃなくて日本中回って。箱根の富士屋ホテルとか、日光なら金谷ホテル、京都の都ホテル、東京なら帝国ホテルとか第一ホテル。ホントに大事にされましたよ、食事とかも。特に私なんか中村さんのおかげで大事にされたの。芸術家扱いされた。向こうの人は違いますよ。よく見てますからね。エクセレントとかね、成績書くんですよ、将校クラブのマネージャーが。中村さんのときは、エクセレントと。とにかく素晴らしかった」（古川八重子）

ここによく出てくる『スワニー』は、世界初のトーキー映画『ジャズ・シンガー』（アラン・クロスランド監督／一九二七年）の主役を演じた人気歌手アル・ジョルスン最大のヒット曲で、ジョージ・ガーシュインの作品である。レコードは二二五万枚という驚異的なセールスを記録し、ガーシュインの商業的にヒットした唯一の曲となった。このころの哲は、クラシック系の曲だけではなく米軍将校たちがリアルタイムで聴いていたアメリカのヒットソングやスタンダードナンバーをレパートリーに加えていたことが分かる。

専属ピアニストの古川は、ステージ一回の自身のギャラは二千円、哲は五、六千円だったと語っている。クリスマスのときに掛けもちで五ステージをこなしたとなると、哲は一日で二万五千円〜三万円の収入を得ていたことになる。一九四八年（昭和二十三）十一月の公務員の初任給は四千八百円少々というから、古川の記憶が正しければ、哲は公務員の初任給の五倍近くを、一晩で稼いでいたことになる。

日系人への差別ゆえ、叶わぬ歌手への夢を実現すべく日本へ渡り、ようやく叶いそうになったところを、戦争の勃発でふたたび絶たれと、繰り返して襲う再三の挫折にもめげず、ついに哲は両親の故郷で歌手としての成功を手にしたのだ。

アジア人差別のカナダで認められず、鬼畜米英の日本で歌うことを許されなかった哲は、奇しくも進駐軍占領下となって、才能の翼をひろびろと広げることができたのである。

連合軍専用列車で母を広島へ

進駐軍クラブの仕事で身体がいくつあっても足りないほど忙しい哲だったが、この年の秋に悲しい出来事があった。母親の文美をうしなったのだ。リュウマチに苦しんでいた文美は、しきりと生まれ故郷の広島に帰りたがった。しかし、哲は仕事に忙しく、辰喜は認知症、サチは三歳の娘と乳飲み子を抱えていて身動きがとれない。

やむを得ず進駐軍のクラブで顔見知りになった米軍の将校に頼みこみ、当時運行されていた連合軍専用列車に文美を乗せ、広島まで送ってもらうことにした。多くの乗客が、窓ガラスは割れ、電球は切れというオンボロ列車にすし詰めになっていたこの時代、将校クラブに有力なコネがあってのこととはいえ、政府の要人でもない民間の一日本人が「日本人オフ・リミッツ」の優等列車で送られるとは、きわめて特殊なケースだろう。

文美は実家の大東坊の近くにあった姉の嫁ぎ先に身を寄せたが、それからほどなくして亡くなったという知らせが哲のもとに届いた。波瀾に満ちた七十二年の生涯だったが、終焉の地が生まれ故郷であったことは、幾分でも慰めになっただろうか。

翌一九四八年（昭和二十三）、東宝争議がようやく終わった。二百七十名の解雇と千二百名にのぼる人員整理計画の発表を契機に、これに徹底抗戦すべく東宝撮影所に立てこもった組合員たちによって築かれた正門の強固なバリケードがあっけなく解除されたのは、八月のお盆も過ぎたひどく暑い日だった。

正門前に姿を現した米軍の戦車七台と将兵一個中隊、さらには日本の武装警官二千名、空には三機の米軍機が飛び交い、裏門と通用門にも機関銃を手にした武装警官隊が勢ぞろいとあっては、戦闘的な組合員たちもさすがに戦意喪失し、ついに撮影所を明け渡したのである。最終的に妥結したのは十一月十九日。第一次争議の後に日映演が結成されてから二年七ヵ月の長きにわたった、戦後史に残る東宝争議が終結した。

この間、哲が出演した映画は『愛情診断書』（渡辺邦男演出）と『誰がために金はある』（斎藤寅次郎監督）の二本だけで、どちらも新東宝の作品である。東宝ではカメラマン志望だった戦地帰りの三船敏郎が、ひょんなことから俳優となって『酔いどれ天使』（黒澤明監督）でブレイクしていたが、争議中に四百七十八人ものベテランスタッフが新東宝に移籍しており、長谷川一夫らの大スターたちも去っていた。

東宝の映画製作が完全に復活するのは、西条八十の明るい主題歌に乗せて、戦後民主主義を高らかと謳いあげる『青い山脈』（今井正監督）が大ヒットする翌年以降のこととなる。

捕まった大家を進駐軍のコネで救う

そのころ、辰喜が近所を徘徊しては交番の巡査に連れ戻されるという、困った事態がつづいていた。家主の東儀家には迷惑のかけ通しで、いつまでも物置の借家に居座っているわけにはいかなかった。さいわい駐留軍のクラブ回りのおかげで経済的には余裕が出てきた。どこかに適当な引越し先はないか。こんどは物置ではない、まともな部屋に移りたい。

そんな年が明けた翌一九四九年（昭和二十四）早々、義兄の寺島祥五郎から、自分が妻と住んでいる借家の部屋に空きがあると知らせてきた。軍隊時代の部下だった男が練馬区の小竹町に大きな邸宅を所有していて、そこのひと部屋を借りられるという。その邸宅は戦前、角川書店の創業者、角川源義がまるごと借り切っていたことがあり、角川書店の創業地だったという。

家主はKという独り者だった。Kが応召している間に角川書店が出ていってしまい、敗戦後の混乱のなかで知らない人たちが住み着いて往生したが、ここにきてようやく整理がついた。そこでかつての上官だった寺島夫妻に部屋を貸し、その縁で哲にも声がかかったわけだった。兄夫婦と一緒なら心強い。認知症の義父もみんなで面倒見れば何とかなるだろうとサチも喜び、新たに小竹町での生活が始まった。

そんなある日、家主のKが血相を変えて中村家の部屋に飛びこんできた。茨城から千葉経由で、東京へヤミ物資を運び込もうとして検問にひっかかり、進駐軍から呼び出しをくらった。このままでは逮捕されブタ箱にブチ込まれるかもしれない、哲さんなら進駐軍に顔が利くだろう、何とかしてくれないかというのである。

このころになると、野菜の統制が撤廃されるなど食糧事情は少しずつ好転してきていたが、それでもヤミ市には担ぎ屋が持ち込んだり、占領軍から横流しされた食糧、物資があふれていた。この機会にヤミでひと儲けしようとKに話をもちかけてきたのは、軍隊時代の戦友だった。素封家の叔父が茨城で代々醬油工場を経営しているが、新たに水飴を作ることにした。ついてはそれを東京でさばいてくれないか。よし、やろうということで始めたヤミ商売だった。

この時代、統制品の砂糖はたやすく手に入らず、皆が甘いものに飢えていた。砂糖同様に水飴も統制品で、貴重な甘味料としてかなり高く売れた。茨城の工場で作った水飴の一斗缶二百五十本を一本二千五百円で買い、トラックに積んで浅草の製菓会社の工場にもち込むと、一本五千円で売れる。仕入れ値の倍だ。一回で六十万円以上の大金がKの手に入った。

ボロい商売だけあって、リスクも大きかった。いつもは早朝を狙って何とか網の目をかいくぐっていたが、その日は出遅れて陽が昇り、荒川に架かる橋を渡って東京に入ったところで、警察の一斉取り締まりに引っかかった。積み荷の水飴はすべて没収。そして進駐軍の管轄当局に書類が回り、呼び出しがきたというわけだ。

話を聞いた哲はすぐにGHQを訪ね、ウィリアム・F・マーカット経済科学局長に会って、Kの免罪を請うた。マーカットは米軍第一四防空軍（高射砲）部長としてマッカーサーと行動をともにしてきた歴戦の職業軍人で、マッカーサーの愛機『バターン号』にちなんで名づけられた「バターン・ボーイズ」と呼ばれる側近グループのひとりである。しかし、経済問題よりも野球に熱心な男で、財閥解体といった重要案件は部下に任せ、米国野球協会日本支部長をつとめたり、のちに日本の野球連盟やコミッショナー設置に尽力するほどの野球マニアだった。

進駐軍クラブで知り合って以来、哲とマーカットは親しい関係になっていた。マーカットの部下で副官&通訳をしていた日系アメリカ人二世のキャピー・原田が、少年時代に日系人野球チームで活躍していたこともあって、バンクーバー朝日軍の選手だった哲とは話が合った。

Kは危うくブタ箱入りを免れ、一斗缶二百五十本も無事に返ってきた。それからはKは、トラックの車体にやたら大きく『CANADA　COMPANY』とペンキで塗って、白昼堂々と荒川を渡ってくるようになった。哲に分け前があったかどうかは定かではない。

「東京ローズ」裁判でサンフランシスコへ

住まいは変わったものの、辰喜の認知症がいよいよ深刻になってきた。結局、辰喜を老人ホームに預けることにした。

これで仕事に専念できるとひと息ついた哲だったが、そこに想像もしていなかった驚くべき通知がもたらされた。アメリカ政府からの召喚状が届いたのだ、裁判の証人としてサンフランシスコの法廷に出廷せよと。『ゼロ・アワー』でアナウンサーをしていた東京ローズこと日系アメリカ人二世の戸栗郁子が国家反逆罪で逮捕され、罪を問われることになったのである。

哲は衝撃を受けた。日系アメリカ人二世の彼女が謀略放送に関って国家反逆罪というなら、自分も連合国側のカナダ国籍だ。戸栗と同様にカナダ政府から訴えられてもおかしくない。

妻のサチは別の意味でショックだった。裁判には出ないでもらいたい、日本にいて欲しいと哲に懇願した。というのも、サチはこのとき三番目の子を身ごもっていて、出産予定日が六月二十五日、裁判のスケジュールを見ると哲がアメリカへ発った後だ。夫の留守中に出産するのは不安でたまらない。何とか頼んで出廷を免除してもらうわけにはいかないだろうかという、臨月を迎えた妊婦としては無理もない訴えだった。

サンフランシスコに到着した証人たち。1949年6月19日。
哲はタラップいちばん上の左端。
ドウス昌代著『東京ローズ』(サイマル出版会)より。

哲はGHQに足を運んで交渉したが、答えは即座にNO! 顔見知りのマーカット経済科学局長のルートを使っても無理だった。本国政府の裁判所の決定は誰にも覆すことのできない絶対的なものだったのだ。

それでも進駐軍の担当者はいくらかは理解を示し、一枚の書類を中村に手渡した。そこには「GHQの名において、留守中の中村家の責任はすべて持つ」と英語で記されており、いちばん下に最高司令官ダグラス・マッカーサーの署名があった。

たった一枚のこんな紙きれにいったいどれほどの効力があるのか、信用できるものなのか分からなかったが、丁重に受け取って引き下がるしかなかった。

しかし、出発がいよいよ明日に迫っていた六月十七日、サチがにわかに産気づいた。慌てて病院に連れて行くと、ほどなくサチは第三子を出産した。今度は男の子だった。初めての男子誕生で、しかも予定日より一週間も早く、アメリカに発つ前日に生まれてくるとは、何という親孝行な息子だろうと哲は喜び、さっそく「修」と名前をつけた。これが私（筆者）である。

男の子が生まれたら「修」にしようということは、サチと相談してまえから決めてあった。以前『マイ・オールド・ケンタッキー・ホーム』に主役のフォスター役で出演したとき、父親役を演じたのが名優・滝沢修だった。俳優としての厳しいその姿勢と、人間的にも尊敬できる立派な人柄に哲は強い感銘を受けた。もし、自分に男の子が授かることがあったら、修の名前にあやかろうと、ずっと胸に想い描いていたのだ。

サチの腕に抱かれて眠る長男修の顔を見て安堵した哲は、翌十八日、日本からの証人十八名とともに、アメリカ政府がチャーターしたパンアメリカン航空のプロペラ機で、羽田空港からサンフランシスコへと飛び立った。

イエロー・ジャーナリズムによる反逆者の汚名

七月五日「東京ローズ」の裁判がサンフランシスコ連邦裁判所で開廷された。全米のあらゆるメディアが注目する中、検察側と弁護側の激しい攻防の末に、九月二十九日には陪審員による有罪の判決が出され、十月六日に裁判長から刑が宣告されるまで、疑惑に満ちた長い裁判が続くことになる。

そもそも戸栗郁子（米国名アイバ・トグリ）は、なぜアメリカ政府から国家反逆罪の罪に問われるようになったのか。

戸栗郁子はアメリカの独立記念日のまさにその日、一九一六年（大正五）七月四日に、日本人移民の子＝二世としてロサンゼルスで生まれた。高校の成績が優秀で、カリフォルニア大学ロサンゼルス校で動物学を専攻した後、大学院に進んだ。在学中の一九四一年（昭和十六）七月に、母に代わって日本の叔母の病気見舞いに来日したところ、十二月八日の日本軍による真珠湾攻撃で太平洋戦争が勃発、アメリカへの帰国が不可能になった。哲と同じケースだ。

アメリカで生まれ育った戸栗は日本の生活になじめなかった。しかし、いつまでも叔母の家に居候でいるわけにもいかず、英語力を生かせる職を求めて同盟通信社の外国放送傍受のタイピングの仕事に就いた。時間的に余裕のある職場だったため、さらにもうひとつ仕事をしようと就職したのが、日本放送協会海外局米州部だった。

ここでも戸栗の仕事はタイピストだったが、このとき実施されていた対敵謀略放送『ゼロ・アワー』のテコ入れに新たな女性アナウンサーの起用が検討されたとき、戸栗はアナウンサーにコンバートされた。これが彼女の悲劇の始まりだった。

戦争が終わり、いさんで日本に乗り込んできたアメリカの従軍記者たちの最大の関心事は、天皇でもなく、東条英機でもなく、マッカーサーの占領政策でもなかった。伝説の女性アナウンサー東京ローズのインタビュー記事を、他社を出し抜いてスクープすることだった。

東京中をさんざん探し回った末に、どの社よりも早く戸栗郁子にたどりついたのは、売るためなら何でもかまわずセンセーショナルに書きまくる、イエロー・ジャーナリズムとして悪名高いハースト系の『INS』(インターナショナル・ニュース・サービス)と『コスモポリタン』誌の二人の記者だった。

彼らから二千ドルの契約金で独占インタビューを提示された戸栗は、当初、自分は東京ローズではないと断った。そもそも東京ローズというのは、南太平洋で『ゼロ・アワー』の放送を聴いていた米軍兵士たちが女性アナに勝手につけたニックネームである。戸栗を含む複数の女性アナの誰かが、自ら東京ローズと名乗って放送したことはただの一度もなかった。

東京ローズ、アイバ戸栗。

毎夕楽しみに聴いていた米兵たちにしても、東京ローズの顔を見た者は当然ながら一人もいない。東京ローズは特定不能の伝説のような存在だったのである。

当初はインタビューを断った戸栗だったが、この四カ月前に結婚していたポルトガル国籍の夫、フィリップ・ダキノから、インタビューを受けてしまったほうが〈他の記者たちに追い回されなくてすむ〉と説得されて、これに応じることにした。[6] このとき交わした契約書の中に、「アイバ戸栗はラジオ東京より放送したたった一人の東京ローズであった」という一文があった。自分が東京ローズだと認めた上で初めて成立する独占契約というわけで、ちょっとした功名心もあったのか、これにサインしたことが、戸栗にとって取り返しのつかない悲運の始まりとなってしまう。

『INS』の記者によって配信された東京ローズのインタビュー記事は、ロサンゼルス・エグザミナー紙の一面に、「反逆者」といういかにもイエロー・ジャーナリズムらしいセンセーショナルな見出しとともに掲載された。〈GIのアイドルと呼ばれた東京ローズに「反逆者」のタイトルがつけられたのはこの時からである〉。[7] そして、さらに思いがけない事態へ発展することになる。

「反逆者」の見出しが独り歩きを始めて日に日に大きくなり、十月十七日、戸栗は突然CIC（GHQの対敵諜報部）に逮捕される。アメリカ国籍を持ちながら日本軍の対敵謀略放送に協力したことが反逆罪にあたるということだった。横浜拘置所に収監され、さらにA級戦犯が収容されている巣鴨刑務所に移されたが、一ヵ年にわたる緩慢で長期間の取り調べの末に、一九四六年（昭和二十一）十月二十五日、戸栗はなぜか突然、証拠不十分で無罪放免となった。

しかしその後、アメリカ在郷軍人会やゴールド・スター・マザー（第二次世界大戦で息子を失った母親たち）などを中心に、日本軍に加担した東京ローズ罰すべしという声が日に日に高まっていき、一九四八年（昭和二十三）八月二十六日、戸栗はＣＩＣに再逮捕される。そして、生まれ故郷のアメリカへ、国家反逆罪という大罪を犯した罪人として強制送還された。

長女の命、マッカーサーのサインで救われる

法廷に立たされ窮地に陥っていた戸栗に比べ、哲をはじめ日本から来た証人たちは、緊張感のない毎日を送っていた。午前中はホテルで待機が義務付けられていたが、正午までに出廷の要請がなかったら、午後はどこで何をしていようが自由だった。

ある日、哲が、同じ『ゼロ・アワー』の元スタッフで裁判の証人の一人だった忍足信一と一緒にサンフランシスコの街をブラブラ歩いていると、バンクーバー時代のクラスメートと偶然出会った。白人の彼はサンフランシスコに移住して、ホテルを経営しているという。忍足が自分たちは東京ローズの裁判で来ているのだが、日当三ドル(8)の手当しかもらっていない。安く泊まれないかと聞くと、哲とは同郷の昔なじみだから、宿泊費はその半額でいいと笑顔で即答してくれた。哲と忍足はさっそく裁判所に申告して、そのホテルへ移動した。

二人一緒のツインルームで、忍足は浮いた一日一ドル五十セントの金を貯め、当時の日本ではとうてい手に入らない純毛のセーターなどの土産代に充てたという。

裁判の証人にしては呑気な日々の哲だったが、そのころ日本の留守宅では、大事件が起こっ

ていた。長女のジュンが命を失う瀬戸際に追い込まれていたのである。病名は疫痢。赤痢菌によって起こる感染症が重症化したものだ。

すぐに隔離入院となり、わずか五歳のジュンは病室に入ってくる白衣の看護師を見ただけで恐怖で震え出すほど頻繁に注射をうたれた。だが、効果はまったくない。黒々とした便はまるで佃煮のようにべっとりとし、症状は悪化するばかりだった。そしてついに医師から「この二、三日がヤマだと思います。覚悟してください」と最後通告にも等しいことを言い渡された。

夫の留守にこんなことになるとは、もはや神に祈るしか方法はないのかと絶望しかけたサチは、ふとあの書類のことを思い出した。「GHQの名において、留守中の中村家の責任はすべて持つ」と書かれた連合国軍最高司令官ダグラス・マッカーサーのサイン入りのあの書類だ。

サチは藁にもすがる想いで次兄に書類を託し、何とか助けてほしいとGHQへ頼み込んだ。反応は早かった。その日のうちに大きな段ボール箱を積んだGHQのジープが病院の前にやってきた。箱の中には大量のストレプトマイシンが入っていた。結核特効薬の抗生物質である。

サチはさっそくGHQから届けられた大量のストレプトマイシンを医者に渡し、すぐにジュンに投与してもらった。最新の抗生物質の効果はてきめんだった。ストレプトマイシンは赤痢菌も抑制し、「覚悟してください」と医者から宣告されていたことが嘘のように、ジュンは日に日に元気を回復していった。

この当時、ストレプトマイシンは容易に手に入るものではなかった。傷病兵用に大量に保有していた米軍の横流しをヤミで買おうとすると、一本二万円という恐るべき値段を吹っかけられることすらあった。それでも人々は、結核になった家族や恋人を何としてでも救おうと、必死になってストレプトマイシンを買い求めた。ジュンが入院していた病院には結核患者が何人もいた。サチは余ったストレプトマイシンを格安で譲り、それをジュンの入院費に充てた。

なぜ戸栗さんだけが裁かれたのか

哲が東京ローズ裁判で法廷に立ったのはほんの一、二回しかない。『ゼロ・アワー』の女性アナウンサーが、自ら「こちらは東京ローズです」と名乗って始まる放送を聞いたことがあるという元GIたちの証言について、〈ゼロ・アワーのスタッフだった森山、中村らの政府側証人も、これら元GIたちが聞いたという三十三ほどの孤児アン放送なるものを、驚いた表情で〈知らない〉〈覚えがない〉と否定し〉[9]たぐらいのことだった。

政府、検察側は、日本からの証人を含む七十一名の証人の渡航費、宿泊代、証人費などの裁判費用として五十万ドル（結果的には裁判が延びて、当時のアメリカ裁判史上最高額の百万ドルとなった）という莫大な金額と敏腕検事たちを用意して、万全の態勢で裁判に臨んでいた。一方、弁護側は主任のウェイン・コリンズ弁護士を他二名が補佐し、戸栗の父親が借金をして用意した、政府側の費用には遠く及ばないわずかばかりの弁護費用の中で、最大限の努力と粘りを発揮し、戸栗郁子を懸命に弁護した。

その弁護成果と、さらには『ゼロ・アワー』の放送内容が無害であったこと、そして前述した元GIたちの曖昧でいいかげんな証言もあり、現地記者たちの大方の見方は、戸栗は無罪というものだった。しかし、十二人の陪審員が下した結論は、意外にも有罪だった。戦前から日系移民に対する排日運動が激しかったサンフランシスコで採用された陪審員は、全員白人だった。しかも当初は十名が無罪を主張していたが、全員一致の結論が求められる中でもめにもめて、最終的には裁判長に促される形で、有罪の結論となったのだ。

十月六日ロッシュ裁判長が戸栗に刑を言い渡した。禁固十年、罰金一万ドルという、現地の新聞も疑問視するほどの、予想外に重いものだった。

当時、人種差別主義者や反共主義者らの巣窟となっていた下院非米活動委員会に連なる政府の保守勢力が、世論操作のために意図した不当な差別裁判だという声も多かったが、結局は終戦直後、イエロー・ジャーナリズムの記者から提示された「私が東京ローズです」と書かれた独占契約書にうかつにもサインしたことが、運命を狂わせる結果となってしまったのだった。『ゼロ・アワー』に関わった日系二世の多くは、来日してほどなく日本国籍を取得していたために、アメリカ政府から国家反逆罪で起訴されることはなかった。しかし戸栗は、自分はアメリカ生まれのアメリカ人だという強い誇りを持っていて、ポルトガル人と結婚した後もアメリカ国籍を放棄することは頑としてなかった。皮肉にもそれ故に、戸栗はアメリカ人として国家反逆罪の罪に問われ、アメリカの市民権を奪われたのである。

ではなぜカナダ国籍のままだった哲が、アメリカ政府から訴えられた戸栗のように、カナダ政府から国家反逆罪で指弾されることがなかったのか。早い話がカナダ政府にとって『ゼロ・アワー』など、莫大な経費をかけて大騒ぎするような問題ではなかったからだ。そもそも日本の対敵謀略放送は意図した効果は得られていない。

では、アメリカ政府は、なぜ戸栗を告訴したのか。反共煽動家マッカッシーの登場を予感させる赤狩り旋風が吹き荒れ始め、さらにはアメリカの大統領選がからむ当時の政治状況が、東京ローズというスケープゴートを欲していたのだとも言われている。いずれにしても戸栗と同じ『ゼロ・アワー』のメンバーだった哲にとっては苦く、後味の悪い結果だった。

その後、戸栗はウエスト・バージニア州オルダーソン婦人刑務所で六年二ヵ月服役し、一九五六年（昭和三十一）に模範囚として認められて仮出所することになる。だが、市民権は剝奪されたままで、二度の特赦申請を却下された後、フォード大統領によって三度目の特赦申請がようやく認められて市民権を回復するのは一九七七年（昭和五十二）になってのことだった。

二〇〇六年（平成十八）九月二十六日、戸栗郁子は九十歳で悲運の生涯を終えた。仮出所後はシカゴの実家の土産物雑貨店を手伝ってひっそりと暮らし、公の場に出ることはなかった。

しかし、ただ一度だけの例外があった。一九七四年（昭和四十九）七月二十二日、けっして満足とは言えない裁判費用にもかかわらず、全身全霊をかけて戸栗を弁護したアメリカ人、コリンズ弁護士の葬儀（享年七十四歳）がおこなわれたサンフランシスコの教会の弔問客の片隅に、彼女の姿があったという。

秋のいくぶん冷たい風が吹き始めたころ、哲はようやく日本に帰ってきた。留守中のジュンの大病を聞いて驚いたが、いま、哲を見上げているその長女は、そんなことがあったことすら想像できないほどすっかり元気になっていた。最愛の妻サチも、二歳の次女エミも、そして生後五ヵ月の長男修も、みんな笑顔で迎えてくれている。

それから一ヵ月後の十一月二十六日、父辰喜が入居していた老人ホームでこの世を去った。七十年のこれもまた失意に満ちた波瀾万丈の人生だった。

母に続く父の死は、バンクーバー時代の貧しく辛い思い出があるだけに、哲にとって悲しいものであっただろう。しかし、それは同時に哲とサチと三人の子供たち家族五人の新しいスタートでもあった。東京ローズ裁判で失われた四ヵ月のブランクを取り戻さねばならない。

トンデモ映画ばかりだった日米合作映画

一九五〇年（昭和二十五）六月二十五日、朝鮮民主主義人民共和国の人民軍十個師団が北緯三十八度線を突破し、一気に大韓民国へ雪崩れ込んできた。朝鮮戦争の勃発である。

韓国軍は総崩れとなり、ソウルが陥落。それに対して国連軍司令官に任命されたマッカーサー元帥が大胆な仁川上陸作戦を敢行してソウルを奪還、一時は平壌まで攻め上るも、中国義勇軍の参戦によって押し戻され、それ以後、戦線は一進一退、膠着状態に陥った。

進駐軍基地はそれまでの陽気でのんびりとした雰囲気が一変、ピリピリした緊張感がクラブの出演者たちにも伝わってきた。にもかかわらず哲の仕事は減ることなく、あっちの基地からこっちの基地へと依然として引っ張りだこだった。基地は朝鮮半島へ向かう兵士であふれていたのである。

翌一九五一年（昭和二十六）四月十一日、マッカーサーが突如解任された。中国との全面戦争も辞さないと、戦線の拡大を強硬に主張するマッカーサーが、戦争の拡大を望まないトルーマン大統領と対立した結果だった。同十六日、マッカーサーは沿道を埋めた二十万人の日本人に見送られ、専用機のバターン号でアメリカへ帰国した。

この年の九月八日、日本と連合国側四十九ヵ国との間でサンフランシスコ講和条約が締結された。発効は翌五二年（昭和二十七）四月二十八日。無条件降伏からの六年七ヵ月におよぶ長い占領時代がようやく終わり、日本は晴れて独立国となった。

講和条約と同時に締結された日米安保条約によって軍備は米軍に任せ、日本は朝鮮戦争による特需の追い風も受け、高度経済成長時代へ向かって走り出していく。そんな世の中の復興気流に乗って、哲の仕事は進駐軍基地の中だけにとどまらず、外の世界へ大きく飛躍していく。

一九五〇年（昭和二十五）から五三年（昭和二十八）までの四年間の主な軌跡をまとめてみよう。

【映画】

『憧れのハワイ航路』（斎藤寅次郎監督／出演・美空ひばり）五〇年（新東宝）

『続・向う三軒両隣　恋の三毛猫』（斎藤寅次郎監督／出演・美空ひばり）五〇年（新東宝）

『覗かれた足』（阿部豊監督／出演・轟夕起子）五一年（新東宝）

『恋の蘭燈』（佐伯清監督／出演・池部良）五一年（新東宝）

『猛獣使いの少女』（佐伯幸三監督／出演・江利チエミ）五二年（大映）

『二人の瞳』（仲木繁夫監督／出演・美空ひばり／マーガレット・オブライエン）五二年（大映）

『悲劇の将軍　山下泰文』（佐伯清監督／出演・早川雪洲）五三年（東映）

『戦艦大和』（阿部豊監督／出演・高田稔）五三年（新東宝）

【合作映画】

『東京ファイル212』（マックガワン兄弟共同監督／出演・フローレンス・マーリー／灰田勝彦）五一年

『運命』（レイ・スタール監督／出演・マーサ・ハイヤー／大谷怜子）五一年

『間諜（スパイ）777』（G・ブレイクストン&レイ・スタール共同監督／出演・マーサ・ハイヤー／大川平八郎）五二年。日本未公開東西映画（原題『ゲイシャガール』）

【舞台】

『モルガンお雪』（菊田一夫・作／出演・越路吹雪）帝国劇場・五一年二月六日〜三月二十七日
『マエストロ・スヰング』（宇津秀男・構成演出／出演・渡邊弘／バッキー白片／多忠修）日本劇場・五一年二月二十四日〜三月二日
『マダム貞奴　アメリカへ行く』（帝劇文芸部・作／出演・越路吹雪）帝国劇場・五一年六月六日〜七月二十九日
『リオの黒薔薇』（県洋二・作演出／出演・越路吹雪）日本劇場・五二年四月三十日〜五月十二日
『三つのリズム　神秘の世界』（高橋忠雄・構成演出／出演・日劇ダンシング・チーム）日本劇場・五二年六月六日〜十七日
『越路吹雪ショー　ビギン・ザ・ビギン』（山本紫朗・構成演出／出演・越路吹雪）函館公樂映画劇場他・五二年七月三十日〜八月五日

哲は生前、出演した映画の台本の表紙や舞台のプログラム、チラシなどを丁寧にスクラップに整理し、数多く残している。右記の作品はそのスクラップから主なものを拾ったものだが、後述する一日限りの出演、例えば日比谷公会堂での公演や開局直後のテレビ出演などを含めると、かなりの量の仕事を精力的にこなしていたことが推察される。

特筆すべきは合作映画への出演の多さだ。哲の英語力を買われてのオファーであることは間違いない。四作品はいずれもアメリカの子役出身のジョージ・ブレイクストンがプロデュースしたものである。どの作品も西洋人から見たステレオタイプの奇妙な日本が描かれたB級映画と呼ぶべき代物で、日米初の合作映画という派手なふれこみだった『東京ファイル212』でさえ、評判は最悪だった。

一九五五年（昭和三十）には、『東京暗黒街・竹の家』（サミュエル・フラー監督／出演・ロバート・スタック／山口淑子）に、チョイ役で出演している。低予算のブレイクストン作品と違い、こちらは二十世紀フォックス作品で、日比谷スカラ座という一流館でロードショー公開されたが、これまた奇妙な日本語や怪しい異国趣味に彩られたトンデモ映画だった。

一九五九年（昭和三十四）にふたたびブレイクストンが製作・監督した『双頭の殺人鬼』で、哲は主役のマッド・サイエンティストを演じているが、この作品も「血も凍る戦慄と強烈なエロティシズム！」「今夜も又、全裸の美女が殺される！」という新聞広告のキャッチコピーからしてB級丸出しである。

このような合作映画や小さな役の邦画に比べて、舞台はずっと充実していた。『モルガンお雪』は、宝塚歌劇団の男役トップスターだった越路吹雪が、宝塚に在籍したまま外部出演したもので、帝国劇場初のミュージカルということもあって話題を集めて、大成功をおさめることとなった。三か月後には同じ帝国劇場の『マダム貞奴』でふたたび越路吹雪と共演、この二作品だけで延べ三ヶ月もの間、哲は舞台に立っている。また『マエストロ・スヰング』は歌だけだったが、『モルガンお雪』と重なる期間もあり、日劇と帝劇をかけもちしていたことになる。

上・『続・向こう三軒両隣　恋の三毛猫』（美空ひばり主演、斎藤寅次郎監督、1950年、新東宝）。撮影風景。中・『二人の瞳』（美空ひばり、マーガレット・オブライエン主演、仲木繁夫監督、1952年、大映）。下・『東京暗黒街　竹の家』（サミュエル・フラー監督、1955年）富士吉田ロケの記念写真。早川早洲（前）と哲（右端）。

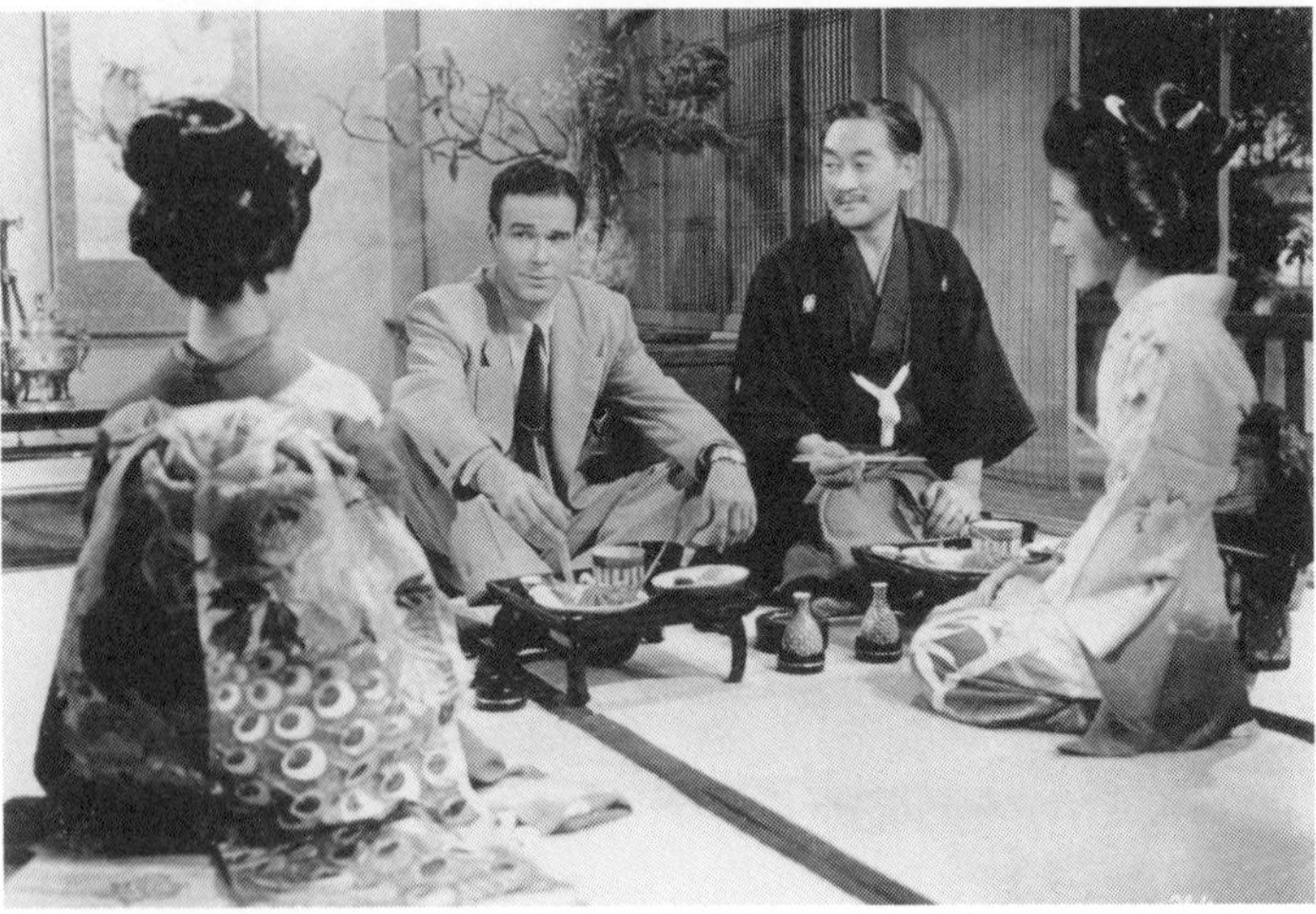

上・『運命』（レイ・スタール監督、ブレイクストン・プロダクション。マーサ・ハイヤー、津山路子ほか。1951年）。下・『東京ファイル212』（マックガワン監督、フローレンス・マリー、ロバート・ベイトン（中央の男）、灰田勝彦ほか、1951年、ブレイクストン・プロ、東日興業）

『東京ファイル212』、
フローレンス・マリー（左）と哲

日米合作映画とショーの時代

『東京ファイル212』、
渋谷東宝のパンフレット、
1951年1月

上・『越路吹雪ショー　ビギン・ザ・ビギン』、1952年、パンフレット。右下・『三つのリズム　神秘の世界』、1952年、日本劇場、パンフレット。左下・『リオの黒薔薇』、越路吹雪と。日本劇場、1952年5月。ⓒ東宝

上・NHK『スター・オン・パレード』、1952年2月2日、有楽座。左より久慈あさみ、越路吹雪、中村哲、淡谷のり子、灰田勝彦、ディック・ミネ、鶴田浩二。下・哲が当時の切り抜きや資料を貼って残したスクラップブック類。

『東京暗黒街　竹の家』（サミュエル・フラー監督、ロバート・スタック、シャーリー・山口、ロバート・ライアン、早川雪洲。1955年、二十世紀フォックス）の英字新聞広告。『NIPPON TIMES』、1955年8月27日付。

スクリーン

ゆがめられた"日本"

こんな映画はお断り（20世紀フォックス"竹の家"）

日本で四十三日間もロケしたシネマスコープという点がミソだが、このようなとらえ方で、これが"日本"だといって世界各国に紹介されたのでは閉口する。

ハリウッドは、なんといっても映画のメッカであり、技術家も、はげしい生存競争に生き残った人たちの集まりと聞いていたが、この映画をみていると、ハリウッドたるものさして驚嘆する人々のみの集まるところとも思えない。レイレイしく美術監督としてアディスン・ヒーア、ライル・R・ホイラーの名がつらなり、ヒロイン山口淑子の衣装は、イサム・ノグチとパリの有名なデザイナーピエール・バルマンの衣装というし、それよりもまず、演出のサミュエル・フラーなる監督はすくなくとも四十三日間は日本に滞在したというのに、この映画に現われる"日本および日本人"は、いとも奇怪なるもので、そのセリフがまたおそろしく日本ばなれしている。日本には多大の関心をもつアメリカであるだけに、日本研究も相当されているはずだから、おそらくこの映画のスタッフ諸氏のうち、特に監督、美術監督は少なくとも多少は日本について調査もしたであろうに、それでいてこういう程度の"日本"をつくりあげるとは余程の能なしとしかいえない。

とかく、欧米人の手になる"東洋"は、日本、中国、朝鮮、南洋の区別なく、異様な"彼らのエキゾチズム"のみでデッチあげられる傾向はあるが、この作品にみる"日本"ほどゆがめられたことはなかったろう。

話はたあいないギャングものだが、この種の設定で日本を舞台とする作品には、今後日本側として強い注意を発すべきである。そして、たとえ話そのものに興味的なものはなくとも、このような扱いをうける作品には日本人たるもの一人として協力すべきではない。

見ているとバカバカしくなり、怒るのも大人気ないといった気持も起るが、それだけに、二度とこのような映画の作られないことを切望する"原名HOUSE OF BAMBOO"（譲）

御贈答に　海苔は山本

『東京暗黒街　竹の家』について書かれた「ゆがめられた日本」という辛口の映画評。掲載紙・日付不明。

『双頭の殺人鬼』（ブレイクストンほか監督、ピーター・ダインリーほか出演、1959年、ブレイクストン・プロ）の新聞広告。掲載紙不明、1959年7月9日付。

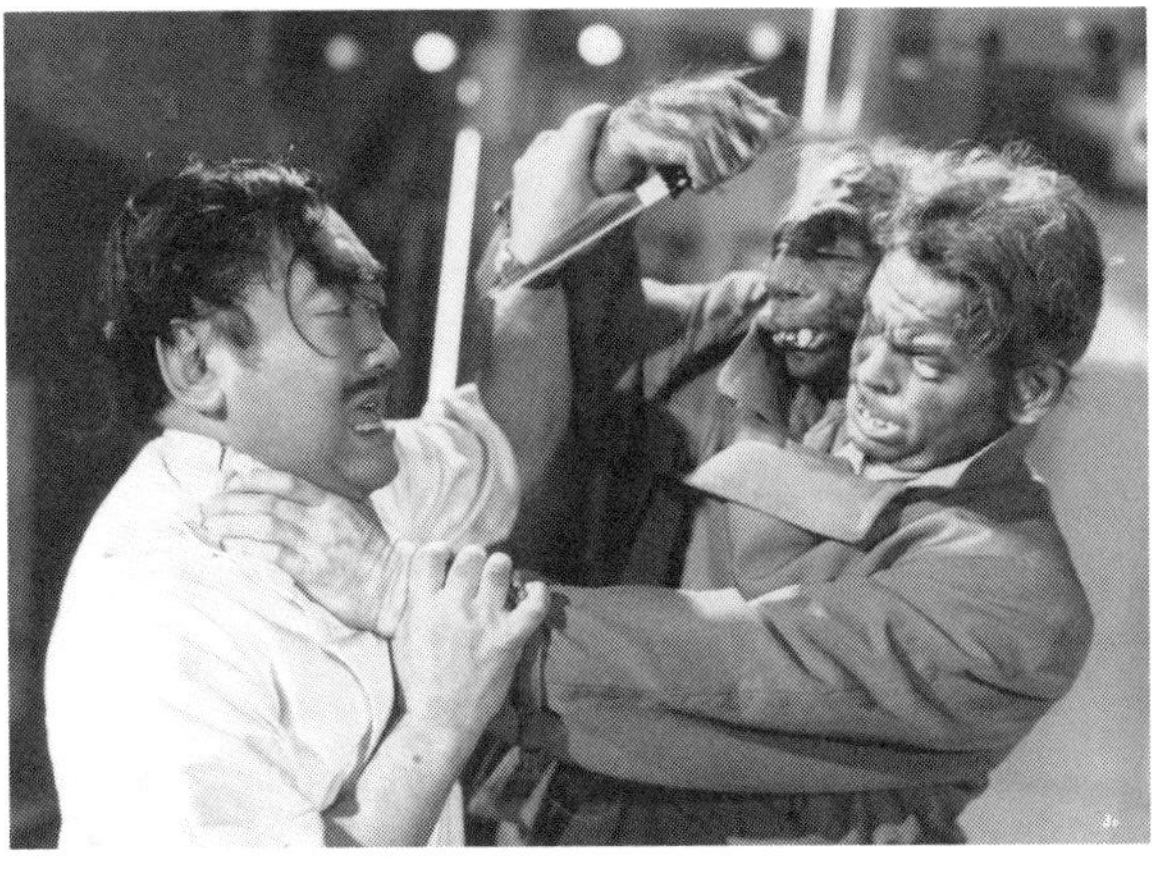

『双頭の殺人鬼』のマッド・サイエンティスト（左・中村哲）と怪物。

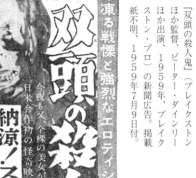

まさに八面六臂の大活躍で、観客の反応や熱い拍手がダイレクトに伝わってくる舞台こそ、哲がもっとも実力を発揮することが出来るホーム・グラウンドであり、達成感と充実感を得られる空間でもあった。

江古田にカナダ風の邸宅をつくる

もう親子五人の一家がいつまでも狭い借家住まいのままでいる理由はなかった。サチの強い希望もあり、哲は思い切って新居を建てる決心をした。

二人であちこち探し回り、すぐ隣の町に気に入った土地を見つけた。西武池袋線江古田駅から徒歩十分、後に住宅街となるが、そのころはまだ周囲にポツリポツリと民家が建ちはじめた長閑な場所で、百二十坪の広さだった。

ひと部屋でもいいから日本間が欲しいと願ったサチだったが、バンクーバー生まれの哲にはイメージできず、結局完成した家は、当時としては珍しいオールフローリングとなった。八畳の寝室（哲とサチはダブルベッド）に六畳の洋間が二部屋（子供たち三人もベッド）と九畳の応接間。そして日本中のほとんどの家庭が和室のちゃぶ台で食事をしていたこの時代、中村家では約七畳のダイニングキッチンで、椅子に座りテーブルを囲んで、朝食はコーヒーまたはミルクとトーストだった。応接間の横には大きなサンルームのような玄関があり、庭に面した南側には幅約一・五メートル、長さ約十メートルのテラス。

江古田の新居にて、中村哲一家。
上、1954年1月
左、1953年頃。

広い庭では、春には八重桜が満開となり、初夏には垣根の蔓バラが咲き乱れ、夏にはサルスベリが淡いピンク色の花を咲かせた。毎年、千葉方面からやって来る花の行商人が立ち寄るようになり、花壇にはチューリップやスミレが植えられ、彩りを添えた。いまならガーデニング雑誌のカラーページに載るような家である。

何より近所の人たちを驚かせたのは家の外観だった。周囲に建っている、屋根瓦は灰色で外壁は焦げた茶色の板張りという当時の一般的な日本の木造家屋とはまったくかけ離れた、ひどく異質な家だったのだ。屋根は特注した緑色の瓦。壁は真っ白いペンキ塗りの横板（下見張り）で、縦長の上げ下げ窓の枠もすべて緑色。二階建てでこそないが、カナダが生んだ児童文学の名作『赤毛のアン』の主人公が住んでいるあの家＝グリーンゲイブルスそのままだった。

後に次女のエミが小学校に入学したとき、クラスメートの男の子から、

「ぼくね、サンタクロースが住んでいるお家を知ってるんだよ」

と言われたことがあった。興味をもったエミが、

「見たい！　見たい！　教えて！」

と、せがんで案内してもらうと、何とそこは自分の家だったという、まるで作り話のようなエピソードが残っている。

哲はオフの日には応接間のソファーに座り、熱いコーヒーを味わいながら、日がなクラシックのレコードに耳を傾けるのが最高の楽しみとなった。庭では三人の子供たちが元気に遊びまわり、妻のサチがそれを幸せそうに見つめている。哲は大きな満足感に包まれて、一家の主としての自覚を新たにしたことだろう。

アル・ジョルスン・フリークの青年が弟子入り志願

そんなある日のこと、中村家に突然、ひとりの青年が訪ねて来た。哲に弟子入りしたいというのである。サチは驚いたが、哲はすでにこの青年のことを知っていた。都内のあちこちの映画館で、偶然にも何度も顔を合わせていたのである。

このころ、アメリカの人気歌手アル・ジョルスンを主人公にした映画『ジョルスン物語』や

続編の『ジョルスン再び歌う』が、都内の二番館、三番館でリバイバル上映されていた。主人公のジョルスンを演じているのはラリー・パークスで、ジョルスンはアテレコで歌を入れているだけだったが、彼の大ファンでヒット曲『スワニー』を十八番にしていた哲は、この映画を追いかけるように映画館に足を運んでいた。その行く先々で顔を合わせたのが、哲と同じジョルスン・フリークだったこの青年だった。いつしか言葉を交わすようになり、青年は、哲が『スワニー』を得意とするプロの歌手だと知って驚き、弟子入りを申し込んできたのである。

青年の名は、財津永栄《ながひで》。熊本の名門濟々黌を卒業後、早稲田大学演劇科を目指して上京したものの叶わず、歌手を夢見てそのまま東京に居座り先の見えない悶々とした日々を送っていた。藁をもつかむ思いの、哲への弟子入り志願だったのだ。

哲は、弟子をとる気はなかったので丁重に断ったが、少しでも芸能界の空気を吸わせてあげられたらと思い、財津青年にカバン持ちをしてもらうことにした。

財津青年は大いに喜び、しばらくの間、哲と行動をともにしていたが、やがて帝劇ミュージカルの研究生となり、森繁久弥主演の『赤い絨毯』でデビューを果たすこととなる。しかしその後、財津青年はいつしか芸能界から姿を見かけなくなり、哲も消息を知ることはなかった。

それから七、八年たったある日、哲は、財津青年と思わぬ再会をすることになる。テレビの人気番組を観ていたらそこに、財津青年が出演していたのだ。番組の題名は『てなもんや三度笠』。藤田まことと白木みのるが主役で、その横で、だらしなく着崩した浪人姿の男が、長い刀を手に「ひじょ〜〜にキビしィィ〜〜ッ！」「…してちょ〜〜だいッ！」と素っ頓狂な奇声を発して観客の大爆笑を浴びていた。役名は、蛇口一角。演じていたのは、財津一郎。本名の永栄から芸名に名を変えたあの青年だった。

あんなに真面目で歌が上手い青年だったのに、とサチは驚いたが、財津はこの役でコメディアンとして大ブレーク、一躍人気者となった。その後、俳優として活躍しながら、得意ののどをたびたびテレビで披露、この曲を聞くと赤ん坊がスヤスヤ眠り出すという伝説を生んだタケモトピアノのCMでも、ボードビリアン風の役を軽やかに演じ、歌手財津一郎として視聴者の印象に強く残ることとなる。

財津は哲のもとを離れた後、ジミー財津と称して進駐軍のクラブで歌っていたことがあり、一九九三年（平成五）に、『オフ・リミット』と題して、このころのことを自ら舞台化している。いわば終戦直後のこの時代が、芸能人・財津一郎の原点なのだ。

財津一郎は、哲と出会ったころのことを、『アーニー・パイルと私　想い出一つ』と題して次のように回想している。

〈高校を出てすぐに上京。さ迷う青春路に迷い込んで行った。上京後も辛い時哀しい時、生きる自信喪失の時、三流館にリバイバルでかかる、かの名画を追いかけ廻った。その中、ジョルスン病、ジョルスン気狂いと云われている人達が世の中に存在する事を知った。フトした縁で、当時日本のジョルスンと云われた、二世の中村哲氏と知り合い押しかけのカバン持ちのような事を一時させてもらった事がある。（中略）中村氏のお伴でアーニー・パイル劇場に訪れる機会を得た。中に入って行くと特有のワックスの匂いがツーンと鼻をついた。エレベーターに乗り込むとアメリカのＧＩたちがドドーッと乗り込んできた。エレベーターの中に響く中村氏のバスが、流れるように会話する。確か、当時では日本未公開の映画『シェーン』のアラン・ラッドの素晴らしさを語り合っている様に思えた。（中略）そう云えば我が心の師匠アル・ジョルスンも朝鮮戦争の慰問の時、日本に立ち寄った様で、このステージに出演したのかも知れない[10]…〉

ジャズ・ブームに乗って大繁盛

しかし、このころから駐留軍基地には、大きな変化が起きはじめていた。

一九五二年七月、四月のサンフランシスコ講和条約の発効にともなってＧＨＱが解散し、さらに翌一九五三年七月、朝鮮半島で休戦協定が成立した。それに伴い、それまで在日米軍基地にあふれていたアメリカ兵たちが、大挙して本国へ帰還しはじめたのである。

日本各地の進駐軍クラブの仕事は激減、そこを拠点としていた多くのミュージシャンが仕事を失う事態となった。哲の進駐軍クラブの仕事も減っていくが、それと入れ替わるように、新らたな大波が押し寄せてきた。日本に熱狂的なジャズ・ブームが到来したのである。

サンフランシスコ講和条約の発効直前の一九五二年（昭和二十七）四月十九日。羽田空港に降り立ったのは、ジーン・クルーパ・トリオだ。それまで黒子的存在だったドラムを主役にすえた革命的なジャズバンドで、そのスタイルは七〇年代のレッド・ツェッペリンやキッスのドラマーにまで大きな影響を与えることになる。

〈ジン・クルーパ・トリオの来日公演の際には、会場の日劇を一周するほどのファンの行列ができた。翌五三年五月にはビッグフォー（ジョージ川口・ドラムス、松本英彦・テナーサックス、中村八大・ピアノ、小野満・ベース）が結成されて、音楽だけでなく容姿からも女性ファンが多く詰めかけ、八日間一日三回の入れ替え制の全公演が満員御礼となる記録を残した[11]〉

翌一九五三年（昭和二十八）十一月、ノーマン・グランツ率いるＪＡＴＰオールスターズが来日してファンを熱狂させる。ＪＡＴＰとは「Jazz At The Philharmonic（ジャズ・アット・ザ・フィルハーモニック）」の略。ノーマン・グランツが立ち上げたジャズの興行団体で、さきのジーン・クルーパをはじめ、エラ・フィッツジェラルドやオスカー・ピーターソンら、ジャズファンでなくともその名を知る、超一流ミュージシャンが参加している。

さらに、ひと月後の十二月には大御所のルイ・アームストロングが来日するなど、この時期、ジャズの本場から続々と大物が日本を訪れてきた。

こうした本場からの大物の来日は、音楽ファンのみならず一般からも注目を集め、新聞、雑誌などのメディアがこぞって特集を組むなど、空前のジャズ・ブームが一気に現出する。いわゆる戦後第一次ジャズ・ブームの到来である。

もっともジャズといっても、このころは古典のスウィングや進化系のピパップだけでなく、カントリー&ウエスタンやら、はてはハワイアンに至るまで「ジャズ」と呼ばれていた。要するに、洋楽は十把ひとからげで「ジャズ」なのだった。

進駐軍クラブの仕事を失いつつあった日本のミュージシャンはこの「ジャズ」ブームで甦った。洋楽が基地の中から外へ飛び出していき、全国各地の劇場、ホール、公会堂、講堂、ありとあらゆる場所で、連日のようにジャズ・コンサートが開催され、どこも超満員となった。

もとより進駐軍クラブのトップシンガーだった哲は、ここでも引っ張りだことなった。これまでのクラシック系の楽曲を中心としたものから、『オールマン・リバー』『魅惑の宵』『恋人よ我に帰れ』『ナイト・アンド・デイ』など、アメリカンポップスやスタンダード、ミュージカルナンバーを中心としたものにレパートリーをシフトしたことが功を奏したのだ。

一九五二年（昭和二十七）から一九五四年（昭和二十九）にかけて、哲は分っているだけでも、左記のように、多数のジャズ・コンサートに出演している。

『Star on Parade』（出演・越路吹雪／淡谷のり子／ディック・ミネ／鶴田浩二）有

楽座・五二年二月二日
『話の泉　リズム・パレード』（和田信賢・司会／出演・斎田愛子／ナンシー梅木）有楽座・五二年四月二十九日
『モダン・ミュージックの夕』（出演・ペギー葉山／黒田美治／越路吹雪／ティーブ・釜萢）五二年八月十九日・日比谷公会堂
『映画音楽の夕』（出演・富樫貞子）埼玉会館・五二年十月二十八日
『スターダスト・ミュージック・ショー』（出演・ペギー葉山／斎田愛子／南里文雄／越路吹雪）大隈講堂・五二年十二月五日
『ニューイヤー・コンサート・ホール　No.1』（出演・渡辺弘とスターダスト　シンフォニック・オーストラ／斎田愛子／ナンシー梅木／與田輝雄／ペギー葉山）日比谷公会堂・五三年一月十八日
『NO.1　ジャズ合戦』（出演・與田輝雄とシックス・レモンズ／リズム・キング／笈田敏夫／ティーブ・釜萢）新宿劇場・五三年二月
『モダン・ジャズ・パレード』（出演・渡辺晋とシックス・ジョーズ／越路吹雪／ペギー葉山／黒田美治）神田共立講堂・五三年二月二十一日
『ジャスト・ジャズ・コンサート』（出演・原信夫とシャープス&フラッツ／メリー大須賀）北国第一劇場（金沢）・五三年十月

『ジャズ・コンサート』（出演・ビッグ・フォー／チャック・ワゴン・ボーイズ／山路智子）横須賀市民会館・五四年
『春のおどり』（出演・ペギー葉山／市村俊幸／トニー谷）日本劇場・五四年三月十七日～四月二十五日
『日劇グラウンド・コンサート　百萬人の音楽』（出演・塚原哲夫／日劇ダンシング・チーム）日本劇場・五四年五月十二日～二十四日
『POPULAR　MUSIC　ON　films』（出演・浜口庫之助とアフロ・クバーノ／松本伸とニュー・パシフィック／ナンシー梅木）TOKYO・VIDEO・HOLL・五四年六月二十七日
『一〇〇弗　ショウ・ボート』（出演・沢村い紀雄／中西初枝）渋谷東宝劇場・五四年八月十五日～二十八日
『納涼眞夏のカーニバル』（出演・フランキー堺とシティ・スリッカーズ／越路吹雪／中原美紗緒／朝丘雪路）後楽園スタヂアム・五四年八月二十日

このリストを見ると、哲が当代一流のミュージシャン、歌手、ジャズバンドと共演していたことが分かる。この時代、哲もまたまぎれもなく、彼らと並ぶ一流の歌手だったのだ。

この間に、哲は開局二日目の日本テレビの音楽番組『ミュージカル・ショウ　歌って、踊っ

ジャズ・ブーム時代の新聞広告
金沢・松竹座、1954年1月。

キャバレー・メイフラワー（銀座）にて。杉原泰蔵（ピアノ）と。1950年。

「PAPILIO HOUR」
1952年12月。

ジャズ・ブーム到来！

上・名古屋、進駐軍のEMクラブにて。1953年。
下・金沢の北国第一劇場前で。隣は歌手のメリー大須賀。吉屋潤とクルーキャッツ、原信夫とシャープス＆フラッツなどとともに「北陸ジャズコンサート」に出演。1953年。

上・キャバレー・カサブランカ（五反田）にて。アル・ジョルスン来日を受けて歓迎コンサート。1950年9月19日。下左・「アサヒカメラ」1950年12月号。アル・ジョルスンは朝鮮戦争慰問のため来日、聖路加病院で傷病兵を前に歌ったときの記事。下右・映画「ジョルスン物語」（1946年）のパンフレット。哲は彼の大ファンだった。

有楽座で。これもアル・ジョルスン歓迎と銘打っている。1950年9月19日。

ジャズ・コンサートのパンフレット、チラシなど。

て、テレビに乗って。』（一九五三年＝昭和二十八年八月二十九日放送）に出演、さらにラジオの出演が多数あり、前掲した映画や舞台、そしてこのリストからもれているであろうものも含めると、このころの哲はかなりの過密スケジュールをこなしていたと思われる。

このジャズ・ブームに乗ってひと儲けしようと、各レコード会社が、ナンシー梅木、笈田敏夫、黒田美治、江利チエミといった人気ジャズ歌手の獲得へ乗り出していた。哲もターゲットのひとりとなり、〈ペギー葉山と中村　今度はキングで吹き込み[12]〉あるいは〈ジャズ・シンガーが狙われている　乗り出した三社　中村、葉山らと契約[13]〉などと、当時の芸能・スポーツ各紙に報じられている。しかし、哲が吹き込んだ『ハイ・ヌーン』（アメリカ映画『真昼の決闘』の主題歌）はヒットすることなく終わり、次の『野生の男』（ブラジル映画の主題歌）も不発だった。

ただ、このころから中村哲の名は一般に広く知られるようになったようで、哲の名を騙った恐喝事件が起こったりしている。当時の毎日新聞が〈越路や森繋さん脅す〈銀座のゴン〉と仲間を逮捕〉という見出しで、二世の中村哲の弟だと偽って越路吹雪から金を巻き上げ、以後、数回にわたって金を脅し取っていた与太者が逮捕されたことを伝えている。ほかにも森繁久弥や渡辺弘なども同じ被害にあっていたという[14]。

哲がこの事件にどう対処したのかは不明だが、言ってみればこれも有名税のようなものである。四十代前半のこのころが、哲のもっとも脂が乗っていた時代だったといえるだろう。

哀切、斎田愛子の夭折

そんな師走のある日、思いもよらない驚くべき知らせが哲に届いた。カナダで凱旋公演ツアー中だった斎田愛子が病に倒れ、それもかなりの重体で、緊急手術を受けたというのである。斎田が故郷バンクーバーへ発ったのは、さきの恐喝事件直後の九月十二日のことで、このとき哲は彼女の凱旋ツアーを祝うべく、サチと子供たちを連れて羽田空港まで見送りに行っている。あのときはいつものように明るく陽気な愛ちゃんだったというのに……。

カナダ各地での公演を成功裡に終えた斎田は、バンクーバーに戻ってきたときに極度の体調不良に陥り、入院した。病名はサルコーマ肉腫。ガンよりも生存率のはるかに低い、悪性の腫瘍である。本人には病名を伏せたまま、手術がおこなわれた。十二月の末に予定されていたトロントでの最後の公演は断念せざるを得なかった。

年が明けた翌五四年（昭和二十九）五月、術後の体調が一時回復したときに、若いころにバンクーバーでの後見人であった歯科医の三宅夫人と斎田の長兄が手配した国際線の飛行機で、斎田はようやく日本に帰ってきた。そしてそのまま内幸町の川島胃腸病院に入院、その後、五反田の関東逓信病院に転院しての闘病生活となった。

早々に哲は家族を連れて斎田を見舞った。病名を知らされていない斎田は、哲と家族たちの訪問を喜び、「私、ガンじゃなかったんですって。もうすぐ元気になるからね」とうれしそうに笑った。しかし、ぽっちゃりとして魅力的だった彼女の面影はどこにもなく、骸骨のようにやせ細っていた。体重三十七キロ。あまりの変わりように、まだ五歳の修（筆者）は恐ろしくなり、斎田が差し出した握手の手を握ることができなかった。

今回のカナダ行きで長兄の影響を受けてクリスチャンとなった斎田は、病床で聖書を手放さず、気分が良いときにはベッドの中で讃美歌を歌った。その後、哲は仕事の合間をぬって何度も斎田を見舞ったが、彼女の声もしだいに弱々しくなっていき、やがて声も出なくなっていった。そして「いつか、教会で歌いたい」という最期の言葉を牧師に遺し、一九五四年（昭和二十九）九月二十一日、弟夫婦に看取られて、静かにこの世を去った。四十四歳という若さで逝った人気オペラ歌手・斎田愛子の死は、新聞各紙に報じられた。

斎田は洗礼を受けていなかったが、生前の熱心な信仰が尊重され、葬儀は九月二十四日、東京の三崎町教会で執りおこなわれた。葬儀委員長を親交のあった洋画家猪熊弦一郎がつとめ、大勢の参列者の中には、斎田の生前、発声や声楽の指導を受けていた歌手の笠置シヅ子や宮城まり子、女優の淡島千景、久慈あさみらの姿があった。

葬儀は日本初の音楽葬としておこなわれた。哲は斎田がもっとも好きで、もっとも愛唱していた、アイルランド民謡『ダニー・ボーイ』を献歌した。

斎田愛子は、哲にとって世界で唯一、特別のひとだった。同じバンクーバー生まれの日系カナダ人二世ということだけではなかった。斎田愛子という歌手がこの世にいなかったら、哲が日本に来ることはありえなかった。もし、あのままバンクーバーに留まっていたら、東洋人のクラシック歌手など笑止千万という当時の風潮と、吹き荒れる日系人差別の嵐の中で、哲はオペラ歌手になる夢をとうに諦めていたに違いない。

斎田は日本という別の道があることを哲に教えてくれ、なおかつ先陣に立ってその道を切り拓いてくれた、いくら感謝しても感謝しきれない、強い絆で結ばれた同郷の親友であり、大恩人だった。

哲の太くて低いバリトンの『ダニー・ボーイ』は教会堂の中に悲しく荘重に響いたことだろう。

『蝶々夫人』の撮影でイタリアへ

想像もしていなかった斎田愛子の早逝だったが、その数ヵ月まえ、哲には東宝から大作への出演依頼が舞い込んでいた。イタリアの映画会社との合作で、オペラの名作『蝶々夫人』を現地の撮影所で製作するという、壮大な企画だった。

哲はこれまでの経験から、合作映画はおおかたB級作品になると承知していたため、即答をためらった。しかし、陣頭指揮を執るのが森岩雄と聞いて出演することを決めた。

大正時代末期に新進映画評論家として注目を集めた森は、東宝の前身のP・C・L時代から取締役などを歴任してきた生粋の映画人だった。他社に先駆けて東宝に近代的なプロデューサー・システムを導入したのも森であり、教養豊かなその人柄に触れ、哲は東宝の専属となって以来親交を深め、尊敬していた。

今回、森がイタリアとの合作を企画したのには大きな思惑があった。

『蝶々夫人』は、元々はアメリカの作家ジョン・ルーサー・ロングが、日本滞在経験のある姉から聞いた話をもとにして、アメリカ海軍士官と長崎に住む日本人の舞子との悲恋を描いた小説だった。一幕ものとして舞台化された後、プッチーニがそのロンドン公演を観て感動し、さらに一幕加えてオペラ化した『蝶々夫人』は大評判となり、世界の舞台で演じられるようになった。

だが、それが森には不満だった。それらの舞台や、何度も映画化されたハリウッド版の『蝶々夫人』で描かれている日本が、いわゆる「ゲイシャ、フジヤマ」といったたぐいの欧米視線のステレオタイプなものばかりだったからだ。森はそんな歪んだ日本観を払拭し、日本人の誰が観ても違和感のない、今後世界で上演される『蝶々夫人』のモデルとなるべき、完璧かつ正統な『蝶々夫人』を製作しようと思い立ったのだ。

日本人役は日本の俳優が演じ、メイン・スタッフも日本から同行、出演者全員の衣装や小道具、さらには日本家屋のセットや襖も空輸して、オペラの本場イタリアで撮影するという壮大な企画だった。主役の蝶々には宝塚歌劇団の戦後第一期生で、新進の人気娘役スター八千草薫を抜擢。哲は蝶々に横恋慕する横柄な金満男、ヤマドリ役で準主役である。

『蝶々夫人』の撮影

『蝶々夫人』で
ヤマドリに扮した哲。
ⓒ東宝

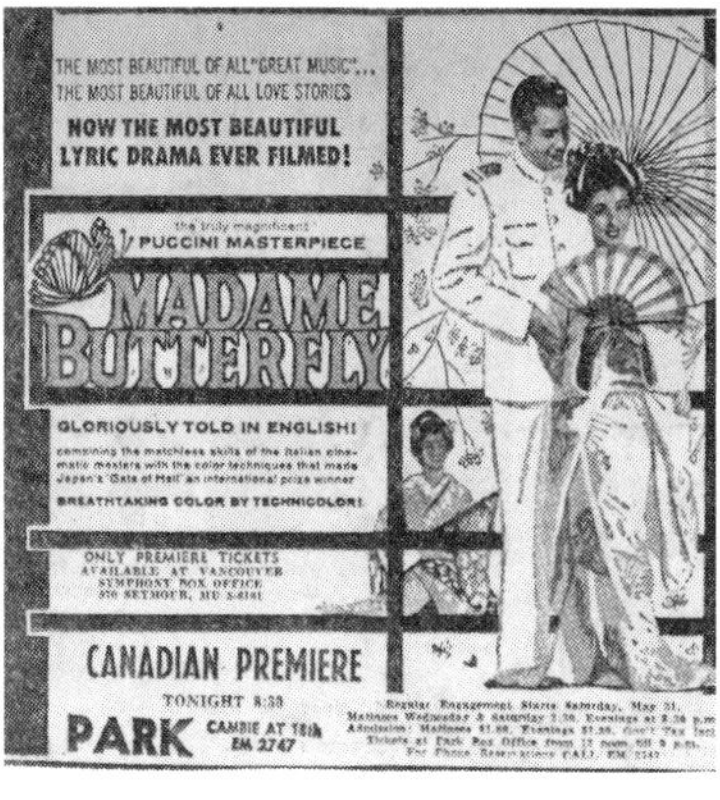

英字新聞広告、掲載紙等不明。

上・移動バスの中で、共演者たちと。中央が小杉義男、左に新人時代の寿美花代。後方に哲。下・出国時の空港ロビーにて。左より小杉義男、森岩雄東宝取締役、角田健一郎製作補佐、哲。

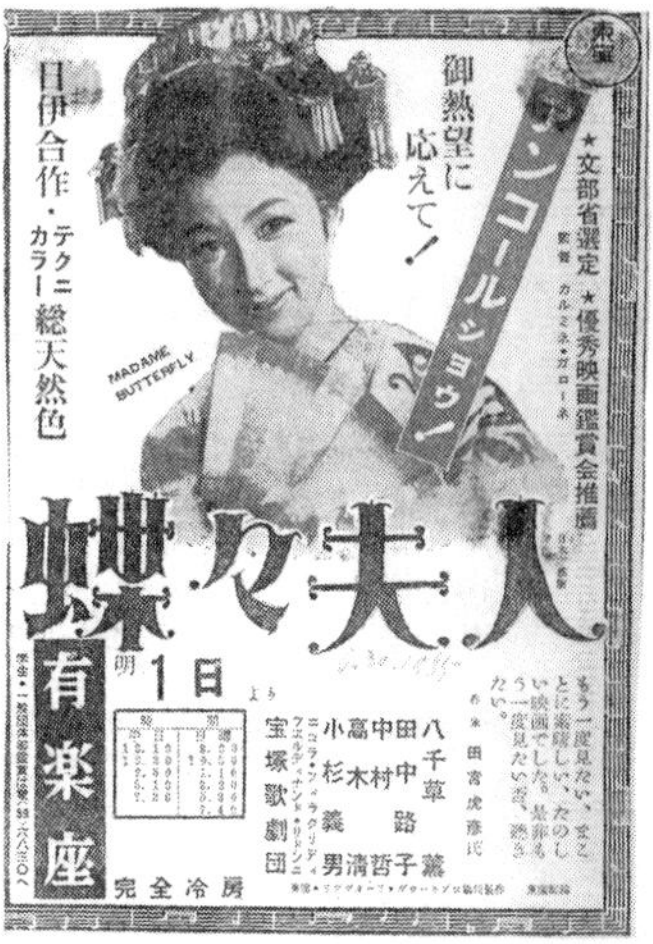

左・『蝶々夫人』（1955年、日伊合作、東宝）公開時の有楽座パンフレット、1955年7月。右・新聞広告。掲載紙不明、1955年6月30日付。

『蝶々夫人』リバイバル上映記念パーティー。1968年1月24日帝国ホテル新館2階桐の間。八千草薫（左から三人目）、哲（右から二人目）。

十月二日、哲は他の俳優、撮影隊一行とともに羽田空港からエールフランス機に乗り込み、ローマへ向かった。撮影はヨーロッパ最大の撮影所チネチッタでおこなわれ、監督には『おもかげ』などの音楽映画で知られるイタリアの巨匠カルミネ・ガローネがあたった。

現地スタッフとの撮影慣習の違いや、畳の上に靴のまま上がってセットを汚すなどのトラブルが絶えなかったが、予定よりも早くクランク・アップし、一行は十一月十二日、羽田空港に帰ってきた。

オペラをそのまま映画にするということで、哲は自慢の喉を世界にアピールできるチャンスと意気込んだが、残念なことに哲の役に限らず、歌の部分はすべてイタリアのオペラ歌手がイタリア語で吹き替えるという契約であったため、映画の中で哲の歌声を聴かせることはできなかった。それでも撮影の合間には、その他大勢役の宝塚歌劇団の若手と一緒に、国立オペラ劇場で上演されていた『眠れる森の美女』を鑑賞するなどして、本場のオペラを堪能している。哲にとっては実り多いイタリア行だったといえるだろう。

映画は翌一九五五年（昭和三十）に完成、この年に接収解除され『アーニー・パイル劇場』からもとに戻った東京宝塚劇場の「イタリア映画週間」で特別上映された後、六月三日の東京有楽座でのロードショー公開から、順次全国上映されていった。

オペラ映画で大衆的ではないということから、当初、興行成績が不安視されたが、まずまずのヒットとなり、関係者をホッとさせた。〈こうして経済的な成功をおさめたことも喜びであったが、それ以上の喜びがあった。それはこの映画の『蝶々夫人』によって世界各地の『蝶々夫人』の舞台に大きな影響を与えたことである。日本の正しい生活様式によるオペラ化に関係者の考え方を変えさせることができたことである〉と森は記している。(15)

一方、このころになると、あの熱狂はどこへやら、ジャズ・ブームは跡形もなく消え去っていた。米軍基地からさらに多くの兵士たちがアメリカへ引き揚げ、基地の中にも周辺にも、ミュージシャンたちの居場所はなくなってきていた。

のちにプロモーターとしてビートルズを日本に呼ぶことになる永島達司は、クラブの支配人をしていた入間基地（旧ジョンソン基地）を離れて独立、SNプロダクションを創業し、渡辺晋はシックス・ジョーズを解散して、妻の渡辺美佐とともに渡辺プロダクションの経営に転身するなど、基地で活動していた音楽関係者やミュージシャンは、それぞれが新たな道を歩み出していた。

哲の基地関係の仕事もしだいに減ってきてはいたが、それに替わるかのように新しいメディアであるテレビの仕事が入って来るようになった。JOKR（現在のTBS）開局六日目の四月七日に放送された『TVミュージカルス　メリィ・ゴーラウンド』（作・梅田晴夫）や十一月二十三日にNHKで放送された『ミュージカルス　河は生きている』のような、テレビ草創期に数多く制作されたお洒落な音楽番組、あるいは音楽バラエティー番組だ。翌五六年（昭和三十一）二月二十三日にはNHKの『フォスター物語』にも出演している、

藤原歌劇団アメリカ公演の話

この一九五六年（昭和三十一）は、経済企画庁が「もはや戦後ではない」と『経済白書』で宣言した年だ。朝鮮特需からつづく神武景気に乗って人々の暮らしは向上し、冷蔵庫、電気洗濯機、白黒テレビが三種の神器ともてはやされ、街や海辺では、太陽族と呼ばれた慎太郎刈りの若者たちが、サングラスにアロハシャツ姿で闊歩していた。

そんな初夏のある日、哲は突然藤原義江から新橋の小川軒に呼び出された。新橋のそのあたり一帯は敗戦直後、バラック小屋の建ち並んでいた場所で、哲が所属していた小谷プロもその一角にあったが、すでに哲は小谷プロを離れ、いまではバラック小屋の一帯も、まともな建物に建て替わっていた。

一緒に食事をしながら藤原が切り出したのは、自身が主宰する藤原歌劇団の第三次アメリカ公演に客演&通訳として参加してもらいたいという要望だった。それを聞いた哲は、藤原の意地とも言える強い執念を感じた。というのも、藤原はこれまでにも二回、アメリカ公演を敢行していたが、第二次公演のときにアメリカのプロモーターと契約を巡ってトラブルとなり、大失敗を喫していたからである。現地入りした藤原を含むキャスト全員が、一ヵ月間サンフランシスコで足止めをくらったあげく、三々五々帰国することになり、その結果藤原は巨額の借金を背負うことになったのだ。それにもめげず、日本のオペラが世界でも通用することを証明しようと、三回目のアメリカ公演に果敢にチャレンジしようとする藤原の高い志と不屈の情熱に、哲は頭が下がる思いだった。

スコットランド人の貿易商と下関の琵琶芸者との間に生まれた藤原は、いわゆるハーフが珍しかった時代に、母に連れられあちこちに預けられ、悪童が過ぎて暁星の小学部を退学処分になるなど、つらい幼少時代を過ごした。そんな藤原を救ってくれたのが、オペラだった。十九歳で沢田正二郎の新国劇に加わって大阪に行ったとき、当時大スターだった田谷力三のオペラを観て、その美声の虜になった。上京して浅草の金龍館のオペラ座に入ると、二十二歳のときにイタリアに渡って本格的にオペラを学び、独唱会を開くまでになった。

藤原義江（レイコ・マツバヤシ提供）

その後アメリカに渡って公演し、ニューヨーク・タイムズで「日本のヴァレンチノ」と高く評価される。これをきっかけに日本の新聞、雑誌が藤原を「我らのテナー」と紹介して有名となり、ビクターの赤盤歌手としてデビュー、オペラ界の大スターとなったのだ。一九三四年（昭和九）には藤原歌劇団を立ち上げ、以後、オペラになじみのない日本にオペラを根づかせようと、孤軍奮闘してきた。オペラこそ我が命の藤原だったのである。

哲はオペラにかける藤原の情熱を知己になったころからよく知っていた。しかし、アメリカ公演に同行するかどうかはまた別問題だ。哲は即答はせず、参加できると思うが、しばらく考えさせて欲しいと言って、その場を辞した。

オペラの舞台は哲がもっとも望む仕事だ。まだ行ったことがないニューヨークで公演することにも興味をそそられた。さらにカナダのトロントでも公演が予定されているという。戦前バンクーバーに住んでいた日系人は、終戦後カナダ政府の命令で日本に帰るかロッキー山脈以東に住むかの選択を迫られ、いまでは大半がトロントとその周辺に住んでいる。トロントに行けば、十数年ぶりに兄夫婦や妹たち、そして昔の友人たちに会えるのだ。哲は迷った。

アメリカ映画のオファーを断って公演へ

問題は、また赤字公演になるかどうかだ。しかし、前回の失敗に懲りた藤原は、今回、契約を慎重かつ厳密に取り交わしているので、問題はないと言っている。ここは藤原に応じて、第三次アメリカ公演に参加すべきだろう、哲の気持ちがそうかたまりかけていたとき、映画出演のオファーが舞い込んできた。これまでまったく縁のなかった、洋画の配給会社からだった。

オファーを出したのはコロムビア映画の日本支社だった。哲が同支社に出向くと、O氏が応対に出た。O氏は哲が東宝撮影所へ入社した当時、東宝撮影所にいたスタッフで、昔からの顔見知りだった。O氏の話というのは、ロサンゼルスの本社からの依頼で、日本人の俳優で四十歳以上で英語ができ、日本の将校役ができる人を探しているとのことだった。

このときのいきさつを哲自身が記している。

〈私はその役について、もっと詳しく知りたかった。台詞はどのくらいあって、役は良い将校か悪い将校か、出場《でば》はどの位あるのかなど。

しかしO氏はそれ等について、本社からは何の報告もなく、ただ以上の四つの条件以外は何もいってきていないとの返事だった。

それで私はO氏に、

「もちろん私は映画俳優でもあるので、良い映画なら出演させて頂きたいと思いますが、たったそれだけしかわかっていないのではちょっと心配です。あるいは、出場は一場面か二場面しかないかも知れないし、台詞も一寸しかないかも知れない。それで藤原オペラのアメリカ三十六都市（公式記録では三七都市＝引用者注）の公演を、棒に振ってはもったいないような気がするんですが」と申し上げた。

O氏も、たったこれだけの報告で、君のアメリカ公演参加を中止させるわけにはいかないと残念がっておられた[16]〉

哲はそれまでのトンデモ合作映画に懲りていた。結局、コロムビア映画の話は放っておき、哲は藤原歌劇団に参加することとした。アメリカ公演のオペラ練習も一ヵ月あまりで終わり、一行は横浜からプレジデント・ウィルソン号に乗船し、一路アメリカへ向かった。

藤原歌劇団の第三次アメリカ・カナダ公演は、八月二十二日のサンフランシスコでの『蝶々夫人』を皮切りに、三十七都市をツアーして回り、三ヵ月後の十一月二十一日のサクラメントでの『ミカド』の最終公演まで、両作品合わせて実に六十六回の公演をおこなうという大規模なものだった。現地に入ると日本の大使館や領事館が各地で盛大な歓迎パーティーを開催してくれた。

それだけに出演者たちも熱が入った。現地での評判には〈衣装は素晴らしく声も美しいが、最終的には風変わりでエキゾチックな演出の域を出なかった〉[17]という辛口の批評もあったが、〈スター不在ながらたぐいまれなリアリズムをそなえた『蝶々夫人』が、大観衆を惹きつけるに足る魅力あるところを立証した〉[18]とか〈衣装は息を呑むほど素晴らしく、それを纏った歌い手たちは、際立って優雅な身のこなしを見せた。歌もよかった〉[19]など、おおむね好評だった。

哲自身も〈中村哲は素晴らしい技量を巧みに発揮して上品なプーバー（『ミカド』の登場人物＝引用者注）を演じた〉[20]とか〈大蔵大臣プーバーは、カナダ生まれの中村哲によって、見事に演じられていた〉[21]など、それなりの評価を受けた。

藤原が地元メディアの取材を受けるときには、哲が必ず同行して通訳をつとめ、現地のラジ

藤原歌劇団の演目の一つ『ミカド』。プーバー（中村哲）とヤムヤム（戸田政子）。

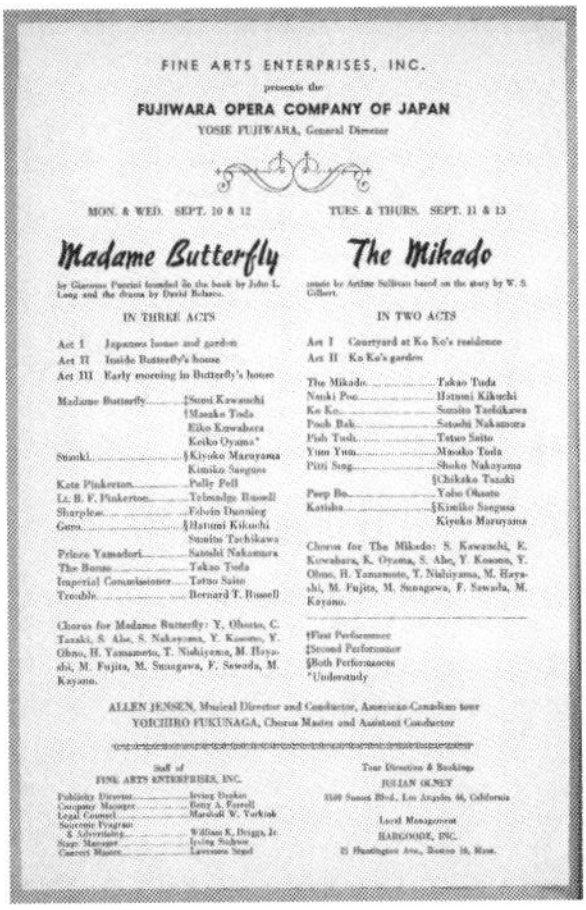

FINE ARTS ENTERPRISES, INC.
presents the
FUJIWARA OPERA COMPANY OF JAPAN
YOSIE FUJIWARA, General Director

MON. & WED. SEPT. 10 & 12

Madame Butterfly

by Giacomo Puccini founded on the book by John L. Long and the drama by David Belasco.

IN THREE ACTS

Act I Japanese house and garden
Act II Inside Butterfly's house
Act III Early morning in Butterfly's house

Madame Butterfly .... ‡Sumi Kawauchi
†Masako Toda
Eiko Kuwabara
Keiko Oyama*
Suzuki .... §Kiyoko Maruyama
Kimiko Saegusa
Kate Pinkerton .... Polly Pell
Lt. B. F. Pinkerton .... Talmadge Russell
Sharpless .... Edwin Dunning
Goro .... §Hatsumi Kikuchi
Sumito Tachikawa
Prince Yamadori .... Satoshi Nakamura
The Bonze .... Takao Toda
Imperial Commissioner .... Tatsuo Saito
Trouble .... Bernard T. Russell

Chorus for Madame Butterfly: Y. Ohsato, C. Tazaki, S. Abe, S. Nakayama, Y. Kosono, Y. Ohno, H. Yamamoto, T. Nishiyama, M. Hayashi, M. Fujita, M. Sunagawa, F. Sawada, M. Kayano.

TUES. & THURS. SEPT. 11 & 13

The Mikado

music by Arthur Sullivan based on the story by W. S. Gilbert.

IN TWO ACTS

Act I Courtyard at Ko Ko's residence
Act II Ko Ko's garden

The Mikado .... Takao Toda
Nanki Poo .... Hatsumi Kikuchi
Ko Ko .... Sumito Tachikawa
Pooh Bah .... Satoshi Nakamura
Pish Tush .... Tatsuo Saito
Yum Yum .... Masako Toda
Pitti Sing .... Shoko Nakayama
§Chikako Tazaki
Peep Bo .... Yoko Ohsato
Katisha .... §Kimiko Saegusa
Kiyoko Maruyama

Chorus for The Mikado: S. Kawauchi, E. Kuwabara, K. Oyama, S. Abe, Y. Kosono, Y. Ohno, H. Yamamoto, T. Nishiyama, M. Hayashi, M. Fujita, M. Sunagawa, F. Sawada, M. Kayano.

†First Performance
‡Second Performance
§Both Performances
*Understudy

ALLEN JENSEN, Musical Director and Conductor, American-Canadian tour
YOICHIRO FUKUNAGA, Chorus Master and Assistant Conductor

Staff of
FINE ARTS ENTERPRISES, INC.
[illegible]

Tour Direction & Bookings
JULIAN OLNEY
8509 Sunset Blvd., Los Angeles 46, California

Local Management
HARGOODE, INC.
25 Huntington Ave., Boston 16, Mass.

ボストン公演（9月10日～13日）のプログラム。

藤原歌劇団第三次アメリカ・カナダ公演（1955年）パンフレット。

オにも出演した。オフの日には、出演者たちのショッピングに通訳として引っ張りだことなった。哲は藤原の期待した役割を十分に果たしたのだった。

九月十七日、十八日、十九日の三日間にわたるトロントでの公演には、兄の宏夫婦、バンクーバー時代の友人、知人はもちろんのこと大勢の日系人や白人客がつめかけ、それに加えて日本の領事の招待で各国の外交官、市長らも観劇、連日超満員となった。会場となったロイヤル・アレキサンドラ劇場は、地元の人たちからアレックスと愛称される、一九〇七年にオープンしたトロントでもっとも古く格式のある劇場である。ここの舞台に立てることは、哲にとって大きな誇りであり、そしてまた故国カナダに錦を飾ることでもあった。

初日の公演終了後、兄の宏を筆頭にトロント在住の学友会（戦前のバンクーバーにあった日本語学校のOB会）のメンバー約五十名が集まって、慰労をかねた旧交を温めるための宴会を開いてくれた。昔話に花が咲き、冗談が飛び交い、最後は哲のリードで互いに手をつないでの全員大合唱となった。哲にとって最高の夜だった。

そんな好評かつ過密スケジュールの公演ツアー中、一通の電報が哲のもとに届いた。出発前に出演依頼のあったコロムビア映画の日本支社からで、すぐにセイロン（現在のスリランカ）に行ってもらいたいという。哲が国際電話で東宝の森岩雄取締役に相談すると、その映画のプロデューサーのサム・スピーゲルは一流の映画人で、監督のデヴィッド・リーンも一流だから、できたら出演しなさい、ただし悪い将校の役なら考えなさいという返事だった。

哲が今回の公演のアメリカ側ツアー・マネージャーに事情を話したところ、出演の意思があるなら次の公演地のロサンゼルスに行ったときに相談しようということになった。すると、すぐまた、今度はスピーゲル自身からすぐにセイロンに来てほしいという電報が入った。哲は、出演のことはツアー・マネージャーに任せてあると返信したが、結局それが最後のやりとりとなった。その後先方からツアー・マネージャーに連絡が来ることは二度となかった。

公演のギャラは支払われなかった

藤原歌劇団のカナダをふくむ第三次アメリカ公演は成功裡に終わり、その後ニューヨークからヨーロッパへ回った藤原を除く一行全員は、十二月七日、約三ヵ月ぶりにサンフランシスコから横浜港へ帰ってきた。

日本の新聞各紙は渡米公演中、ツアーの好評ぶりを伝えていたが、歌劇団の収支は惨憺たる結果だった。今回の公演の利益の大半は結局、前回背負った借金の返済に充てられることになった。そのうえ、あれほど慎重に取り交わした契約も、アメリカに到着すると同時に相手方のプロデューサーからダンピングを強く求められ、いまさら引き返すわけにもいかず、藤原はまたまた煮え湯を飲まされることとなった。そのため、当初約束されただけの出演料が出演者に支払われることは、信じ難いことに、ついになかったのである。

出発前に、哲と藤原との間で取り交わされた手書きの契約書が残っているが、それによると

A UNIVERSAL LANGUAGE — That is what Satoshi Nakamura, left, director of the Fujiwara Opera Company, says music is, and points out that, therefore, there is no discordant note in a production of Puccini's "Madame Butterfly" in which American singers sing the English parts in Italian and the orchestra is made up of American musicians. Others in this picture, caught in the lobby of the Antlers Hotels this morning, the Yosie Fujiwara, baritone and assistant manager; Miss Chikako Tazake, standing, and Miss Nasako Toda, one of the three "Butterflies," seated.

(Gazette Telegraph Photo)

Japanese Language Called Admirably Suited for Opera

The arrival of the famous Fujiwara Opera Company of Tokyo, Japan, in Colorado Springs this morning to sing "Madame Butterfly" Tuesday made quite a stir. All of the women of the company arrived wearing their bright, colored kimonos, making a gay scene in the lobby of the Antlers Hotel.

In the meanwhile Mrs. Gretchen Hampton of Celebrated Attractions, who has brought the company here, was beseiged with last-minute efforts to obtain seats for the opera. Yosie Fujiwara, director of the company, and Satoshi Nakamura, baritone and assistant director, were preparing to go to the High School where at 11:45 a.m. they addressed the students of the vocal classes of Frank Gilles.

The parts of the Englishmen in the opera are sung by Americans, in Italian, and the orchestra is composed of Americans. All of the others are Japanese and sing in Japanese.

"The Japanese language is admirable for opera," Fujiwara told the High School music students. It is much like Italian as a singing tongue. We have sung "Madame Butterfly" many times in Japan and this is our third tour in America. The opera is always favorably received."

He was asked if with Japanese singers and American musicians making up the orchestra there was not a problem.

"Not at all," he said. "It works out very smoothly. After all, you know, music is a universal language."

He was asked some technical questions, which he readily answered. He is a pleasant and alert speaker, as is Nakamura, a large Japanese man, with mustache, and a speaking voice that readily identifies him with the baritone part he sings. He appears in every presentation of the opera. His English handwriting is as clear and delightful to read as his speaking voice is to listen to.

There are three "Butterflies" in the company. Also there are three arias in the opera which are sung by "Madame Butterfly."

The company on this tour has already sung in San Francisco and Denver, and will go from Colorado Springs to Washington. The members of the troup were delighted with Colorado Springs. Obediently to their custom the women continued to wear their Japanes costumes for quite a while after their arrival, meeting people at the Antlers Hotel to see them and discussing musical matters. They certainly presented a scene of beauty.

Later in the day they donned traveling costumes and were eagerly off to see such scenic attractions of the Pikes Peak Region as can be crowded into the short stay of the company here.

Fujiwara has been with this operatic company since it was founded more than a double decade ago. Probably no operatic producer has his finger on the pulse of music lovers better than he. He is so used to ovations for this mixed - language opera company that it is an old story. But the meticulous care with which he presents the Puccini masterpiece is proof of its overwhelming success.

『コロラド・スプリングス』1956年10月1日付
藤原義江（左）・中村哲（中）・田崎近子（右）・戸田政子（右前）

出演料は八十万円、そのうちの四十万円を八月七日に支払うという内容になっている。だが、結果的にそれは反故にされ、出発前に支度金をかねた10万円が支払われただけだった。

帰国後、公演でロサンゼルスに滞在した際に世話になった、日系アメリカ人二世のロイド・キノシタに宛てた哲の手紙が遺されている。ロイドは終戦直後アメリカ軍兵士として日本に来たときに進駐軍のクラブで哲と知り合い、家族ぐるみの付き合いをしていた人物だ。帰国後は哲と同じ俳優業をしており、日系人同士ということもあって、二人は気の合う友人だった。

哲から届いた多くの手紙を長い間ずっと保管していたロイド・キノシタ氏が、全てコピーして私に送ってくれた内の一九五七年一月四日付の哲の手紙には、次のように書かれてる。〈私がLAにいる間に多大なるご迷惑をおかけしてしまい、申し訳ありませんでした。もし私が藤原オペラから十分にお金をもらっていれば、貴方にご迷惑をかけずに済んだのですが、何しろ私は一週間に二十ドルしかもらっていなかったのです。信じられないかも知れませんが、本当にそれだけしかもらってなかったのです。（中略）いつの日か貴方の親切にお返しができることを願っております。〉（原文は英文）

Canadian-Born Singer With Japanese Opera

By GEORGE KIDD

BACK in November, 1941, the Metropolitan Opera Company dropped Puccini's Madame Butterfly from its repertoire.

The Japanese had bombed Pearl Harbor, and Met officials decided they could do without the love affair of an American naval officer and a Japanese Geisha. Not until January, 1946, was Butterfly brought back.

When the Fujiwara Opera Company arrives at the Royal Alexandra Theatre on Sept. 17 for three performances of the 52-year-old opera, Japanese singers will take their native parts and the American roles will be sung in English by American singers.

The trend is a good one, and reminds us of a comment made by Jan Peerce when he appeared in opera in Russia recently. He sang his roles in their original languages, while the remainder of the cast sang in Russian.

"It went very well, indeed," said Mr. Peerce. "I didn't think it was strange and the audience certainly showed its approval."

VANCOUVER MAN

Talmadge Russell will head the American singers in the role of Pinkerton, with Edwin Dunning, well known here for his appearances with the CBC, as Sharpless. Polly Pell will sing the brief part of Kate Pinkerton, and an interesting fact is that Vancouver-born Satoshi Nakamura will appear as Yamadori. He returned to Japan some years ago to star in many of the top films and later joined the opera company.

The Fujiwara Opera Company has an interesting background. It was founded in 1934 by Yosie Fujiwara, who has devoted his life to the operatic art. It is through his efforts that Japan has begun to accept and appreciate opera in its full scope.

Fujiwara made his operatic debut at L'Opera Comique in Paris in 1931, when he sang the role of Rudolfo in La Boheme. In 1933 he returned to Tokio to begin carrying out his long-cherished dream of forming a Japanese opera company that could rank with other such groups throughout the world.

Although opera had been performed in Japan during the early part of the century, its popularity had been only temporary and it had almost ceased to exist.

In June, 1934, the company gave its first public performance with Fujiwara singing the lead in Boheme. It was a complete success, and for several years he remained as leading tenor. Then he turned his talents to directing the artistic destinies of the troupe.

Mr. Fujiwara will be with the company when it appears in Toronto.

SATOSKI NAKAMURA
. . . Canadian-born

『ザ・トロント・テレグラム』日付不明

文面からすると、哲がキノシタ氏から借金をしていたことさえうかがえる。帰国後、妻のサチは、赤字だろうが契約は契約、藤原さんときちんと話し合って、少しでもいいから出演料をもらってきてほしいと哲を叱咤した。しかし、哲は「払うお金があるんだったら、藤原さんだってちゃんと払うよ。ないから払えないんだ」とお人好しなことを言ってサチを呆れさせた。

藤原はその自伝に〈各自への出演料もまず払って終わった〉と書いているが、次のような記述もある。

〈その後も契約のことでは不愉快なことが続いたが、私はそれを誰にももらさなかった。もらして得るところは、私が又笑いものになることだけであった。この相手の契約不履行の件については、時折立ち合ってくれた中村君だけは知っている[22]〉

こんなにいい役、どうして断ったの？

翌一九五七年（昭和三十二）十二月、第二次世界大戦中の日本軍による泰緬鉄道建設を題材とした戦争映画『戦場にかける橋』がアメリカで公開され、大ヒットした。

『戦場にかける橋』は翌年三月に発表された第三十回アカデミー賞で、作品賞、監督賞、脚本賞、主演男優賞、撮影賞、作曲賞、編集賞の七部門でオスカーに輝くという快挙を達成、映画史に残る戦争映画の名作となった。日本でも五七年十二月二十二日の東京・日比谷映画劇場でのロードショー公開を皮切りに全国公開されて、主題歌の『クワイ河マーチ』とともに大ヒットを記録している。

この映画のプロデューサーは、サム・スピーゲル、監督はデヴィッド・リーン。藤原歌劇団のアメリカ・カナダ公演ツアー中に、哲が何度も出演要請を受けたのが、この作品である。哲が演じるはずだったイギリス兵捕虜収容所の所長、斎藤大佐は早川雪洲が演じ、アカデミー賞の助演男優賞にノミネートされた。

早川は一八八六年（明治十九）に千葉県の千倉に生まれた日本人だが、一九〇九年（明治四十二）にアメリカへ留学、エキゾチックでセクシャルな悪役ぶりが大センセーションを巻き起こし、たちまちハリウッドの大スターとなった日本初の国際俳優である。

その後、第二次世界大戦を挟んで低迷していたが、『戦場にかける橋』に準主役という重要な役で出演したことで、助演男優賞の受賞こそ逃したものの見事に復活を果たすことになる。

哲が『戦場にかける橋』に出演し、早川と同じ役を演じたとしても、同じようにアカデミー賞にノミネートされたかは分からない。しかし、これだけの名作に、印象的で出番の多い準主役級で出演していれば、世界の映画界からかなりの注目を集めたことは間違いない。これまで何度も出演してきたB級の合作映画とは天と地ほどにレベルが違うハリウッドの超一流作品なのだ。出演料にしてもこれまで得てきたものとは一桁も二桁も違っていたはずである。

ちなみに三船敏郎が初めて海外からの出演オファーを受けたとき、いままで日本人で一番高いギャラをとったのは誰かと事務所を通じて相手プロデューサーに訊くと、『戦場にかける橋』のときの早川雪洲で十万ドルだと答えたという。(23) 一ドルが三六〇円の時代だから三六〇〇万円だ。哲と早川雪洲の出演料が同じだとは言えないが、かなりの高額であったことは間違いない。

哲は藤原義江に請われて第三次アメリカ・カナダ公演に参加したばっかりに、その出演料さえ満足にもらえず、映画史に残る大役と多額の出演料をフイにしたのだった。

後にこのことを知った親友ロイド・キノシタは、こう言って残念がったという、

「どうして断っちゃったの？　ロールスロイスにだって乗れたのに！」

（1）橋本与志夫『朝日新聞』1995年5月21日付
（2）森彰英『行動する異端　秦豊吉と丸木砂土』ティービーエス・ブリタニカ　1998年
（3）東宝五十年史編纂委員会『東宝五十年史』東宝（非売品）1982年
（4）桑原稲敏「進駐軍と戦後芸能」『別冊新評　戦後日本芸能史〈全特集〉』新評社　1981年
（5）小坂一也『メイド・イン・オキュパイド・ジャパン』河出書房新社　1990年
（6）ドウス昌代『東京ローズ』サイマル出版会　1977年
（7）同右
（8）＊これは忍足の証言。ドウス昌代の前掲書では一日十ドルとなっている。
（9）（6）（7）と同じ
（10）財津一郎　終戦記念40周年4月特別公演『アーニー・パイル』のプログラムより
新橋演舞場　1985年
（11）都賀城太郎『〈戦後〉の音楽文化』戸ノ下達也編　青弓社　2016年
（12）『アサヒ芸能新聞』1952年10月12日付
（13）『日刊スポーツ』1952年9月27日付
（14）『毎日新聞』1953年7月15日付夕刊
（15）森岩雄『映画製作の実際』紀伊國屋書店　1976年
（16）『日本列島』日本列島社　掲載号不明

(17)『ボストン・ヘラルド』１９５６年9月12日付
(18)『ロサンゼルス・タイムズ』１９５６年11月17日付
(19)『ポートランド・プレス』１９５６年10月26日付
(20)(同右)
(21)『ロサンゼルス・エグザミナー』１９５６年11月19日付
(22)藤原義江『オペラ　うらおもて　藤原オペラの二十五年』カワイ楽譜　１９６２年
(23)松田美智子『サムライ　評伝三船敏郎』文藝春秋　２０１４年

第四章 あくまでオペラ歌手として

『ナット・キング・コール』第２回日本公演。1963年2月。中村哲がMCをつとめる。

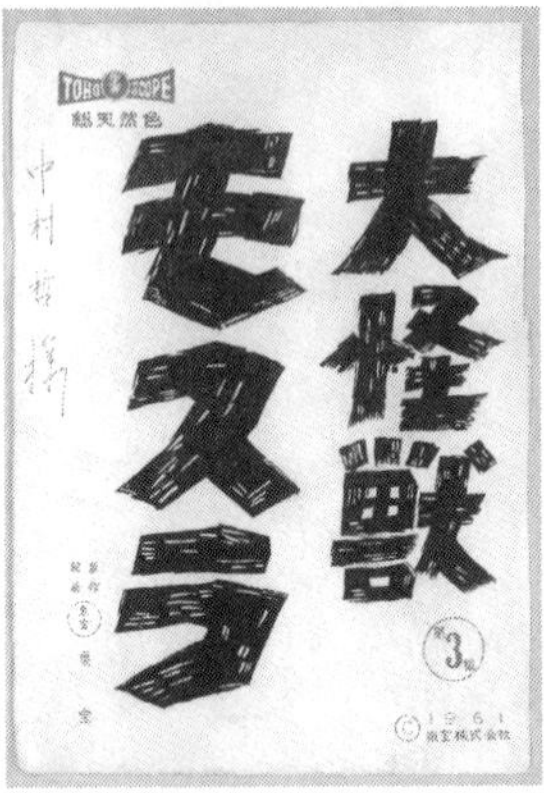

『モスラ』のスタジオ・メール（上）と台本（下）。
この時点ではタイトルが『大怪獣モスラ』となっている。

妻を不安にさせたクラシックへのこだわり

哲の歯車が微妙に狂いだしていたころ、映画界も屋台骨を揺るがす激震にみまわれていた。日本の年間映画観客数がピークに達したのは一九五八年（昭和三十三）で、延べ一一億二七四五万二〇〇〇人。単純計算で国民一人当たり年間一二・三回映画館へ足を運んだことになる。しかし、そこから急坂を転がり落ちるように減少しはじめ、わずか五年後の一九六三年（昭和三十八）には五億一一二万人とほぼ半減してしまう。原因はいうまでもなく、テレビの出現である。凋落する映画に反比例して、同年のテレビの受信契約数は一五一五万台と五年前の十倍に急増。一九五〇年代末期から六〇年代にかけてテレビが映画を凌駕しはじめていたのだ。

しかし、それでも哲と東宝の専属契約は、以前と同じ条件で一年更新を継続していた。

いっぽう音楽の仕事はといえば、進駐軍クラブの舞台は泡沫のようになくなり、日比谷公会堂や共立講堂などで連日連夜開催されていたジャズ・コンサートも姿を消していたが、それに替わって出演するようになったのが、皮肉にもテレビの音楽番組だった。

たとえば井原高忠演出の『光子の窓』（日本テレビ・一九五八年十二月七日放送）や、中村八大、スリー・グレイセスと共演した『音楽をどうぞ・フォスターアルバム』（ＮＨＫ・一九五九年八月十四日放送）、永六輔作の『カロラン・ミュージカル　キャンプ・イン！』（ＫＲＴ・現ＴＢＳ・一九五九年二月十日放送）など、出演番組は多数にのぼる。

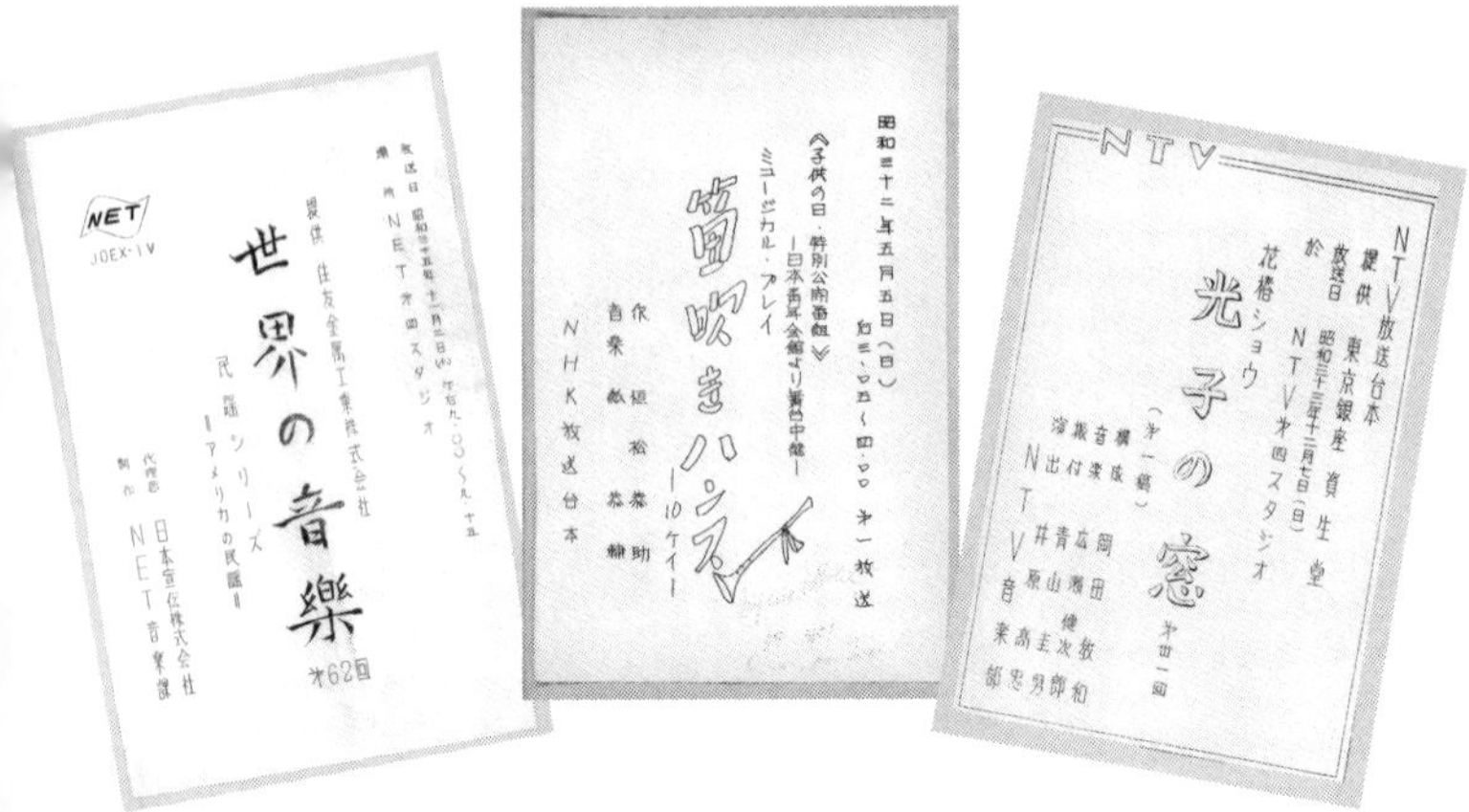

中村哲が出演したテレビ草創期や当時のラジオの音楽番組台本。

また、このころは毎年のようにディズニー映画の吹き替えもおこなっていて、『わんわん物語』（一九五六年）、『ピノキオ』（一九五九年）、『サーカス小僧』（一九六〇年）、『眠れる森の美女』（一九六〇年）、『南海漂流』（一九六一年）、『１０１匹わんちゃん大行進』（一九六二年）などがそれだ。英語が母国語の哲は、登場人物の口の動きで言葉の運びや切れ目が想像できる。日本語を吹き込むのはたやすいことだった。

この間、従来通り東宝の映画にも出演し、さらに専属契約とは別扱いの合作映画もあった。ちなみに合作映画については、次の三作品の出演料が分かっている。『蝶々夫人』（一九五四年）が五〇万円、『捜索者（サーチャーズ）』（一九五九年・米ＴＶ）一五万円、『双頭の殺人鬼』（一九五九年）が五〇万円。

一九五九年（昭和三十四）の銀行員の初任給は

一万五〇〇〇円というから、一本五〇〇万円という哲の出演料がいかに一般の所得レベルからかけ離れたものであったのかが分る。

これらの収入に加え、東宝の専属料として年六〇〇万円が保証されている。専属料と合作映画の出演料、さらにはラジオ、テレビ、コンサートなどの出演料も加えれば、このころまでの中村家は、一般的な日本の家庭にくらべ、かなり裕福な生活を送っていたといえるだろう。

『大津波』(ダニエルスキー監督、円谷英二特撮、早川雪洲、ジュディ・オングほか。日米合作映画、1960年)の原作者パール・バック女史と。1960年の長崎県小浜ロケにて。

街頭テレビに人々が群がっていたころから家にテレビがあり、年に一度は一週間ほどの家族旅行を楽しんだ。毎年、クリスマスには近所の子供たちを招待し、サンタクロースに扮した哲がケーキとささやかなクリスマス・プレゼントを振る舞い、週に一度、タップダンスの家庭教師が中村家にやってきて、三人の子供たちにオールフローリングの一室でタップを教えたりもしていた。そして、広い庭にはいつも美しい花々が競い合うように咲いていた。

しかし、そんな満ち足りた日々の中で、なぜか妻のサチは、胸の奥からたびたび湧き上がってくる言いようもない不安のようなものを感じていた。幸せなはずなのに、どこかそれに安住できない、自分でもよく分からない奇妙な感覚だった。だが、そう思わせる確たる理由があるわけではなかった。

哲はかつてブギの女王、笠置シヅ子とブルースの女王、淡谷のり子と共に九州をツアーして回る仕事のオファーを受けたことがあった。一ヵ月で出演料二〇万円という大きな仕事だったが、哲はこれを断った。かつて同じ舞台に立ったことのある笠置シヅ子とは、ウマが合わなかったのだ。

クラシック系の哲は舞台でそれほど大きく動き回ることはない。『スワニー』などのエネルギッシュな曲でさえ、せいぜい手を掲げて客席を指さしたりするだけだ。笠置シヅ子のような、よくいえばエネルギッシュで野性的、悪くいえばガサツで品のない歌い方は、哲には我慢できないことだった。音大出身でクラシック畑から出てきた淡谷のり子が、よく共演できるものだと不思議でならなかった。

そういった理由で哲が仕事を断ったのは一度や二度ではなかった。まるで頑固な職人のようにクラシックにこだわるそんな哲の姿勢が、あるいはただの怠け者のようにも見え、サチを不安にさせていたのかもしれない。リアルな結婚生活の中で夫への不満が増幅していくのとともに、アメリカ大好き少女だったころの欧米人への憧れは急速に色褪せ始め、サチは自分でもよく分からないまま、その不安を胸の奥にしまい込んだ。それがやがて中村家に大きな不幸をよびこむことになるとは、サチも哲もまったく気づいていなかった。

映画不況で専属料が大幅ダウン

そんなとき、いよいよ顕著になってきた映画不況の荒波が、ついに哲にも襲いかかってきた。一九六一年、この年の契約更改のさい、哲は専属料の大幅なダウンを告げられたのだ。それまでずっと年六〇万円だったものが、提示された金額は半分にも満たない厳しいものだった。

しかしそれは、押しよせる映画不況だけが主たる原因だったわけではない。この数年、哲が出演した東宝映画は何作もあったが、どれも端役で見るべきものがなかった。この時期は本多猪四郎監督、円谷英二特技監督による特撮を主役とした作品への出演が多く、『地球防衛軍』（一九五七年）では宇宙人ミステリアンとの日本側交渉団の一員で台詞ナシ。『美女と液体人間』（一九五八年）では麻薬の売人の第三国人役。『ガス人間第一号』（一九六〇年）では、一場面だけ登場する新聞社の編集局長。『モスラ』（一九六一年）ではザ・ピーナッツ演じる双子の小美人を見世物にしようと企む悪人（ジェリー伊藤）の部下と、いろいろあるが、どれも端役にすぎない。一九五九（昭和三十四）年に出演した『野獣死すべし』（須川栄三監督）は、留学資金を作るために平然と殺人をおこなう主人公、仲代達矢の非情さが話題を呼んでヒットしたが、ここでも哲は違法賭博クラブの三国人マスターという役で、やはり重要な役柄ではなかった。

年を経るごとに依頼される役が小粒になってきていたのである。

そもそも哲の俳優としての出発点は、カナダ訛りの日本語を矯正するために日活演技者養成所に入所したことで、もとより俳優になることを望んでいたわけではなかった。小林桂樹のように同じ養成所の出身でも、俳優専業として切磋琢磨しながらキャリアを積んでくれば、哲も独特の雰囲気を持った性格俳優として、それなりのポジションを獲得できていたかもしれない。しかし、歌手としての活動に多くの時間を振り向けてきたため、俳優としての風格と存在感はあるものの、演技に磨きをかけることができなかった。

もともと金銭にこだわる性格ではない哲は、金銭的な交渉が苦手だった。東宝から提示された大幅ダウンの契約書にそのままサインしてしまい、サチをひどく落ち込ませた。

しかし、このことは哲にひとつの課題を突きつけることとなった。

今後自分は、歌手として、俳優として、芸能界でどう生きていけばいいのか？

中村家の応接間のピアノの上には、いつも一枚の額入り写真が飾ってあった。バンクーバーのホテルでベルボーイをしていた哲を快く受け入れ、声楽の基礎から教えてくれた恩師ギデオン・ヒックス先生の写真である。

ヒックス先生がこの世を去ったという手紙が昔のスタジオ仲間から送られてきたのは、三年前の一九五八年（昭和三十三）十一月のことだった。同封されていた現地の新聞には〈彼がこの世に残したものは〈音楽に捧げられた人生〉である。とくに歌うことと歌を教えること。そして多くの生徒たちの人生に、彼の情熱的な人柄と技術的な知識は大きな影響を与えた[1]〉と、

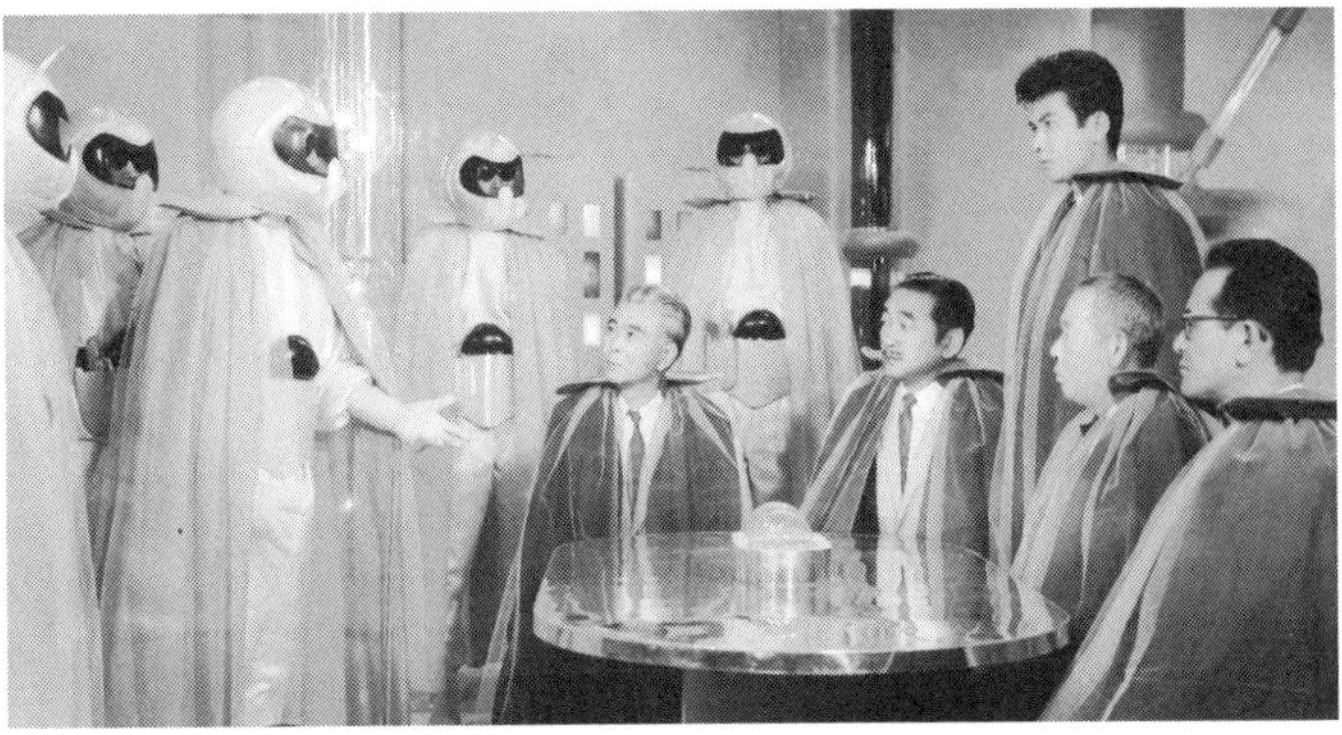

『地球防衛軍』、1957年、東宝、本多猪四郎監督、円谷英二特技監督。ⓒ東宝

『モスラ』、1961年、東宝、本多猪四郎監督、円谷英二特技監督、フランキー堺、ザ・ピーナッツほか。ⓒ東宝

『野獣死すべし』、1959年、東宝、須川栄三監督、仲代達矢主演。ⓒ東宝

ヒックス先生を顕彰する記事とともに、ヒックス先生の写真が掲載されていた。

哲はピアノの上に飾ったヒックス先生の写真を見るたびに、バンクーバーのスタジオで仲間たちとひたすら声楽の勉強に打ち込んだ、あの熱い日々を思い出していたに違いない。

起死回生を狙って二度目のリサイタルを開く

しかし、このころ哲は、テレビの音楽番組に進出するなど、それなりに音楽関係の仕事はあったものの、こちらもかつての怒濤の勢いは完全に失われていた。

そんな双方右肩下がりの状況に、哲は強い危機感を抱いたものと思われる。音楽業界のプロデューサーやスタッフも若返り、歌手としての中村哲は忘れられつつあるのではないのかと。

そして、あれこれ思い悩んだ末に、哲はひとつの答えを出した。もういちどリサイタルを開こう、そして歌手中村哲の存在を世間に、業界に、広くアピールするのだ、来日したあのときのようにと。ずっと手探りで演じてきた俳優とは違い、歌には絶対的な自信があったのである。

しかし、そんな哲の一大決心に妻のサチは猛反対した。リサイタルを開くこと自体には賛成だが、問題は哲がリストアップした曲目だった。従来と何ら変わらない、クラシック系を中心としたレパートリーがずらりと並んでいて、しかも全曲英語で歌うという。それでは新生中村哲をアピールすることにはならない、リサイタルをやるだけムダというのがサチの主張だった。

サチはこれまで何度か哲に助言してきた。歌唱力は素晴らしいのだから、いつまでも古い歌にこだわっていないで、新しいレパートリーを増やせば、きっと新しいファンもついて仕事も増えると。

この数年前、平尾昌章（のちに昌晃と改名）や山下敬二郎、ミッキー・カーチス、佐々木功（ささきいさお）といった新しい時代の若い歌手たちが、エルビス・プレスリーやポール・アンカらのヒット曲をカバーしてロカビリー・ブームを巻き起こしていた。といっても、サチはそんな若い歌手たちのヒット曲と同じ歌を、哲のレパートリーに加えろと主張しているわけではなかった。このころ大ヒットしていたミュージカル映画『ウエスト・サイド物語』の主題歌『トゥナイト』や、『ティファニーで朝食を』の主題歌『ムーン・リバー』のような、五十代になった哲が歌っても違和感のない、むしろよくマッチすると言える、落ち着いた新しい歌がいっぱいあるではないかというのがサチの考えだった。もっともな主張である。

しかし、哲は頑としてサチの提案を受けつけなかった。金銭にはさほど拘泥しない哲も、自分の歌に関しては岩のように頑固だった。サチは折れるしかなかった。

満場の拍手も新しいオファーはなかった

一九六二年（昭和三十七）一月三十一日、哲は銀座のヤマハホールで来日以来二度目の、実に二十一年ぶりのリサイタルを開いた。ピアノ伴奏は友人の緒方昇。

入念なレッスンを積み、万全の態勢で臨んだ舞台だった。新調したタキシードに身を包み、グランドピアノの横に立つという正統なクラシックスタイルで、哲は渾身の魂を込めて歌った。

このときの曲目は次の通り。

1『PASSING BY』／2『PARTED』／3『黄昏に』／4『君の歌声』／5『DUNA』／6『涙すまじ』／7『母マクリー』／8『シャノン河の流れるところ』／9『ダニー・ボーイ』／10『木立』／11『MAH LINDY LOU』／12『アンパンの歌』／13『SYVIA』／14『マンダレーへの道』／15『A DREAM』／16『草競馬』／17『金髪のジェニー』／18『ROSA』／19『夜の中へ』／20『NEAPOLITAN LOVE SONG』／21『魅惑の宵』／22『オールマン・リバー』／23『スワニー』

16と17はアメリカの音楽の父、フォスターの作品。21と22は『南太平洋』（一九四九年）と『ショウ・ボート』（一九二七年）のミュージカル・ナンバー。23はおなじみアル・ジョルスンのヒット曲。残りはすべてドイツ歌謡（リート）や歌曲、アイルランド民謡などで全曲英語である。6の『涙すまじ』は、一九四〇年（昭和十五）バンクーバーを去る前に開いた独唱会でも、そして翌年に青山の日本青年館で開いたリサイタルのときにも歌っていた曲だ。

結局、哲は、歌に対する自らのこだわりを押し通したのである。

この日、会場は満員盛況で、精魂込めて全二十三曲を英語で歌い切った哲に、万雷の拍手が巻き起こった。哲は心から満足できたに違いない。これでいいんだと思ったはずだ。

だが、結果は哲の意に反して芳しくなかった。リサイタルの成功とはうらはらに、哲が期待していたような音楽関係の新しいオファーが来ることはただのひとつもなかったのだ。起死回生を狙ってリサイタルを開いた目論見は見事に外れたのである。

その後、サチが繰り返し呪文のようにつぶやくようになる「お父さん《ダディ》は新しいレパートリーを増やそうとしない怠け者の頑固者」という負のフレーズが、じわじわと哲の子供たちの胸に深く刷り込まれていくのだった。

ソロ・リサイタルのパンフレット。

1962年1月31日、ヤマハホール。全曲英語で歌った。

永島達司から MCの依頼を受ける

リサイタル前年の一九六一年（昭和三十六）は、植木等（ハナ肇とクレージー・キャッツ名義）の『スーダラ節』（作詞・青島幸男／作曲・萩原哲晶）が大ヒットした年だ。テレビでは『夢で逢いましょう』（ＮＨＫ）や『シャボン玉ホリデー』（日本テレビ）など、新しい音楽番組がスタートし、ザ・ピーナッツ、坂本九、伊東ゆかり、中尾ミエ、弘田三枝子ら、十代もしくは二十代になったばかりの若いポップス歌手たちが続々とデビューしている。そして洋楽のヒット曲を日本語の歌詞で歌う「カバー・ポップス」が人気を集めるようになっていた。

哲が不運だったのは、さきのジャズ・ブームのときでさえすでに若くはなく、欧米のポップスが日本でようやく一般的になってきたこのころには、すでに五十の坂を越えていたことだ。たとえ時流に合わせて人気ポップスをレパートリーに加えたとしても、ポピュラー歌手としてはもはや旬の年齢をとっくに超えていたのである。

といって、クラシックにこだわるには、哲に決定的に欠けているものがあった。それは学歴だ。芸大や音大出身という学閥が大きな影響力をもつ日本のクラシック界では、カナダの市井の音楽家に学んだ哲が入り込む余地はなかった。

おそらく哲のような私塾で声楽を学んだバリトン歌手がもっとも活躍できるのは、ミュージカルの舞台であろう。しかし、劇団四季や東宝演劇部などによるミュージカルが日本で盛んに上演されるようになるのは、これから先の六〇年代後半から七〇年代以降だ。リサイタルによる目論見が功を奏さなかったこのころ、哲は自分を生かせる仕事の場を完全に失っていた。

そんな東京オリンピックを二年後にひかえた一九六二年（昭和三十七）の十二月、哲に救いの手を差しのべるかのように、進駐軍クラブ時代の知り合いからオファーが入ってきた。黒人霊歌『ドライ・ボーンズ』のヒットで知られる黒人コーラス・グループ、デルタ・リズム・ボーイズ来日公演のMC（司会）をやってもらいたいというものだった。

出演依頼をしてきたのは、敗戦直後のジョンソン基地（入間基地）でクラブ・マネージャーをやっていた永島達司だった。永島は一九五二年（昭和二十七）にジョンソン基地を去り、翌年ジャズ歌手のナンシー梅木や笈田敏夫、さらに後には平尾昌章らをマネージメントする新々プロダクションを立ち上げていた。

その一方でコンサートの企画、制作にも乗り出し、浅草国際劇場での『国際最大のジャズ・ショー』をプロモート、おりからのジャズ・ブームに乗って、十三日間で延べ十万人を動員するという大成功を収めていた。

そのかたわら永島は、基地にミュージシャンを斡旋するSNプロダクションを二人のアメリカ人と共同経営していた。事務所は赤坂の高級ナイトクラブ『ラテン・クォーター』の裏手にあり、その『ラテン・クォーター』にSNプロも関係していた。そこにはビンボー・ダナオなど、フィリピン系の歌手が多く出演していたが、哲や原信夫とシャープス&フラッツ、伊藤素道とリリオ・リズム・エアーズといった日本のミュージシャンたちも多数出演している。ジョンソン基地のときだけでなく、哲はここでも永島と面識があったのである。

そんな永島が初めて海外ミュージシャンを招聘したのは一九五六年（昭和三十一）のことで、三月には『雨に歩けば』のヒットで知られるジョニー・レイ、九月にはマンボの王様ペレス・

プラード楽団のコンサートを主催している。

翌五七年、SNプロは共同経営者の不祥事で活動停止を余儀なくされてしまうが、永島は、ナンシー梅木や笈田敏夫のマネージメントから手を引き、社名を『新々プロダクション』から『和栄プロダクション』に変更し、さらに『協同企画』と変えて、海外ミュージシャンの日本招聘プロモート会社としての揺るぎない地位を確立していくことになる。

海外ミュージシャンのMCに新境地

哲がMC（司会）のオファーを受けるまでに、永島はゴールデン・ゲイト・カルテット、リッキー・ネルソン、トリオ・ロス・パンチョス、キングストン・トリオ、ナット・キング・コール、ボビー・ライデル、ベンチャーズ等々、数多くの海外ミュージシャンの日本公演をプロモートしてきていた。それがなぜ、このときになって初めて哲を起用したのか。

その理由の一端がある新聞に、当時新進の音楽評論家湯川れい子とともに、大きな顔写真入りで紹介されている。哲のスクラップに残されていたものだが、残念ながら記事だけを切り抜いて貼り付けてあるため、新聞名は不明だ。おそらく芸能・スポーツ紙だろう。

〈司会者やーい　芸能界はてんやわんや　大モテ女流評論家　歌手中村哲も　お座敷殺到〉という見出しで、次のように記している。

〈誤訳、珍訳続出のそれまでの司会者とちがって、中村の場合は正確かつていねいな上に、歌手でなければ気のつかないような質問をデルタの一行にして、それを報道陣に報告するというサービスぶり。

一番この中村のムードにほれこんだのはデルタ・リズムの一行で、全コースの司会に中村を指名。司会のあい間にジャズを歌ったり、チャールストンを踊って「これはボクがティーン・エージャー時代に流行した踊りです。あー、シンド！」と場内をわかしたりで、異色のMC登場の印象を強く与えた〉

戦後の復興とともに増えてきた海外ミュージシャンの日本公演は、MCを音楽評論家がつとめるケースが多く、ほとんどが男性だった。顔ぶれはいつも同じで堅苦しく、中には専門知識をひけらかす若手評論家もいて、評判はよくなかった。MCの新しいタレントが求められていたのだ。当時としては珍しい、若い女性音楽評論家だった湯川れい子や、歌手ならびに俳優として活躍してきた哲は、そんな時代の要請に合うタレントだったのである。

三度目の来日だったデルタ・リズム・ボーイズの公演は、十二月五日の東京のフェスティバルホールを皮切りに二十六日の京都会館第一ホールの最終公演まで合計十一回開催され、哲のMCはどこでも好評だった。これをきっかけに哲は協同企画の仕事を中心に、海外ミュージシャン日本公演のMCに新境地を広げていく。

翌一九六三（昭和三十八）年には、二月に協同企画でナット・キング・コール、四月にライオネル・ハンプトン（プロモーター不明）、六月に協同企画でフォア・アミゴス、公演日は不明だが、これも協同企画でロス・エスパニヨレスのMCをおこなっている。

ナット・キング・コールの来日はこれが二度目だが、それはいわくつきのものだった。一九六一年（昭和三十六）の初来日のとき、入場料を八〇〇〇円から三〇〇〇円と、当時としては破格の高値に設定したために客が入らず、興行は大失敗。協同企画は一千万円という巨額の借金を背負ってしまった。

しかし、哲がMCを担当した二回目は、東京・横浜・名古屋・京

「司会者や―い」芸能界はてんやわんや

大モテ女流評論家

歌手中村哲も お座敷殺到

このところ芸能界の司会者不足は深刻だ。なかでも、外来タレントを扱う呼び屋の世界では、このMCの"人づくり"に大わらわ。そんな要望にこたえて、このほど俳優兼歌手の中村哲、軽音楽評論家の湯川れい子が司会者の仲間入りをした。司会者不足に右往左往する芸能界の裏側をさぐってみると――。

◇…湯川れい子…◇

◇…中村　哲…◇

1962年12月26日の新聞記事、掲載紙不明。司会者として引っ張りだこ。

『ライオネル・ハンプトン』コンサート、1963年4月。下はプライベートでのスナップ。

都の公演会場はどこも連日超満員となった。このころナット・キング・コールが歌った『ランブリング・ローズ』が世界中で大ヒットしていたのである。横浜体育館でおこなわれた首都圏での最終公演では、〈場内を埋めつくした二千人もの観客がアンコールナンバーの『ランブリング・ローズ』を大合唱し、その反響で体育館の大屋根が揺れたほど〉であったという(2)。

実は二度目の日本公演が成功した裏には、もうひとつ隠れた理由があった。入場料を最高一八〇〇円と、前回よりも大幅に下げたのが功を奏したのだ。それが可能だったのは、ナット・キング・コールの出演料が前回の半分だったからだ。それはナット・キング・コール自身からの申し出だった。

前回、客が不入りなことは、舞台に立っていた彼自身がいちばんわかっていた。興行が失敗に終わったそんな場合、多くのプロモーターは出演料を値切ってくるのが通例だ。踏み倒して姿をくらます輩すらいる。それが興行という世界だ。しかし協同企画の永島達司は、そういった従来のプロモーターたちとはまったく別の人種だった。大赤字にもかかわらず必死に金を集め、契約通りビタ一文変わらぬ出演料をナット・キング・コールに支払ったのである。

これにナット・キング・コールが感動した。意気に感じたのだ。そして「タツ（永島の愛称）が背負った借金は俺の力で返してやる」とばかりに、自ら申し出て出演料を半額にして二度目の日本公演に臨んだのだった。

「呼び屋」を近代的ビジネスにした永島達司

永島達司と、そして進駐軍クラブ時代からの顔見知りだった嵐田三郎とともに、協同企画を現在のキョードー東京にまで発展させた三本柱の一人である内野二朗が述懐している。

〈ナット・キング・コールの初来日で赤字を出した時、〈協同企画もこれで倒産〉と見るむきもあった。だが、東奔西走して金を作り、ナット・キング・コール側に一切迷惑をかけなかった永島さんを見て、エージェントのほうから二度目の来日公演の話をもちかけてくれたのだ。もしもあの時、永島さんがギャラの踏み倒しや値下げ交渉といった裏切り行為に出ていたら、キング・コールの再来日公演で私達が大きな利益を上げることはなかっただろう(3)〉

また、バンドマンとして進駐軍クラブに出演していた時代から永島と親交のあったホリプロ創立者の堀威夫は、湯川れい子に「堀さんのモットーというか、理想とする生き方は」と問われ、次のように答えている。

〈これは達ちゃんから学んだことなんだけど、自分の立場、相手の立場がどう変化しても、同じ付き合い方ができるかどうかということね。相手が落ち目であろうと、上り坂であろうと、達ちゃんはいつだって同じように頭をさげて、面倒見てたでしょ。うちらの業界はもちろんだけど、世の中にああいう人はなかなかいないですよ〉(4)

永島のビジネスパートナーだった内野二朗は〈私達のビジネス・スタイルを指して、〈キョードーのお坊ちゃん気質〉と評する人もいた〉とも〈お坊ちゃん気質は短所にもなるが、同時に長所にもなる〉とも述べている(5)。

良くも悪くも永島の人柄が社風となっていたわけで、その長所が絶大な信用となって海外にも知れ渡り、永島がオファーしていないにもかかわらず、ビートルズ側のエージェントから日本公演の依頼をもちかけられることになる。

この時代、海外のミュージシャンやタレントを日本に招聘する永島のようなプロモーターは「呼び屋」といういささか差別的な呼称を与えられており、永島以外にもマスコミを賑わせた「呼び屋」が何人もいた。作家の有吉佐和子と結婚して話題となったアート・フレンド・アソシエーションの神彰《じんあきら》や、その下で興行の何たるかを学んだ康《こう》芳夫、スワン・プロモーションの樋口久人などがその代表である。

彼らはいずれもボリショイサーカスや大西部サーカス、アラビア大魔法団、リンボーダンスといった、派手で奇抜でケレン味たっぷり、一発当てれば大儲けだが、コケたら惨敗という博打的な興行をくり返した末に、いつしか「呼び屋」の世界から姿を消していくのだが、そんな中でただ一人、「お坊ちゃん気質」の永島だけが、生き馬の目を抜く芸能界で「呼び屋」として長く生き残っていくことになる。

永島から初めて依頼されたMCの仕事は、哲にとって意外と楽しいものだったろう。自分が主役ではなかったが、舞台で感じる観客の熱い反応は、いまさらながら哲の心を鼓舞し興奮させたに違いない。海外の一流ミュージシャンと同じ舞台に立っていると、進駐軍クラブやジャズ・ブームの時代に連日のように大勢の聴衆の前で歌っていたあのころの充実感が、哲の胸に熱く甦ってきたのではないだろうか。その想いが、のちに哲に大きな決断をさせることになる。

三船の『五十万人の遺産』でまたもや「謎の男」

ナット・キング・コールの日本公演が終わった直後、哲は三船プロから、同プロが製作する映画第一作への出演依頼を受けた。『五十万人の遺産』である。

前述したように、このころの日本の年間映画観客数はピーク時の半分に落ち込み、「電気紙芝居」と呼んで映画人の多くが馬鹿にしていたテレビに完全敗北を喫していた。映画各社の収益は悪化の一途をたどり、製作費の削減や人員整理など、広範なリストラが始まっていた。東宝を代表する超大物俳優、世界のミフネでさえ、その例外ではなかった。

三船はこの前年、東宝から撮影所の閉鎖を告げられ、今後は自分のプロダクションを設立して、自分で映画を作ってくれと厳しい宣告を下されたという。三船は熟慮の末にこれを承諾、

三船プロを設立して自ら映画製作に乗り出してきたのだった。(6)

三船の独立をきっかけに、大映、日活、東映各社を代表する勝新太郎、石原裕次郎、中村錦之助らも次々と独立、自らのプロダクションを立ち上げていくが、その先鞭をつけた三船プロの第一作がこの『五十万人の遺産』で、三船自身が監督をつとめた。

物語は、第二次世界大戦中に山下奉文将軍がフィリピンの山奥に秘匿したという巨額の軍資金を巡る争奪戦で、埋蔵金の噂にとり憑かれた兄弟を仲代達矢と三橋達也が、金のありかを知る元日本軍少佐を三船が演じている。

しかし、『五十万人の遺産』は三船の魅力を存分に引き出しているとは言えない作品となった。スクリーン上では豪快で野性的なイメージの三船だが、実像は情に厚い気配りの人で、監督の三船が他の出演者を気遣うあまり、自分のアップを極力少なくしたなどの結果だった。

それでも黒澤明が編集に協力するなど、三船の初監督作品として話題を呼んで、この年の興行収入第七位となるヒット作となった。その後三船は成城学園に二千坪の土地を購入し、自社の撮影所を建設、精力的に映画製作に邁進していくことになる。しかし、映画界が斜陽化してきた中で多くのスタッフを抱え、また、内紛から所属俳優が離れていったこともあって、三船プロはやがて経営難に陥り、三船は巨額の借金を背負うことになる。

気疲れする監督業に懲りた三船は、その後、二度とメガホンを握ることはなかったが、この『五十万人の遺産』は哲にとっても不満の残るものとなった。というのも、この作品でも哲は隠し金を横取りする「正体不明で怪しげな東洋人」という、これまで何度も演じてきたワンパターンの役だったのだ。

おまけに、長期フィリピン・ロケで撮影がおこなわれたこの作品では、現地スタッフを大勢雇うため映画製作に通じた通訳が必要で、哲がそれを兼ねていた。それが三船が哲を起用したもう一つの理由だった。撮影完了（クランク・アップ）して出演者、スタッフが帰国した後も、哲は三船に請われて現地に残り、三船敏郎と三橋達也とともに、マニラで開催された『椿三十郎』の慈善試写会に出席、通訳をつとめた。「正体不明で怪しげな東洋人」役と現場通訳という中途半端なかねあいが、哲に居心地の悪さを強く感じさせる結果となった。

『五十万人の遺産』（1963年、宝塚映画・三船プロ、三船敏郎監督主演）のフィリピンロケ中のスナップ。三船と、アロハの背中が哲、左端に野上照代スクリプター。

フランク・シナトラの『勇者のみ』で英語指導

そしてその居心地の悪さは、翌一九六四年（昭和三十九）にオファーがきた次の作品『勇者のみ』で決定的となった。依頼してきたのは東宝関連で長くプロデューサーをつとめてきた奥田喜久丸。日米合作映画だった。しかし、驚いたことに哲の役はなく、日本人俳優の英語の台詞指導（ダイアローグ・コーチ）というものだったのだ。

奥田はかつてフランキー堺とシティ・スリッカーズや黒田美治のマネージャーだったことがあり、哲はそのころから面識があった。いわば旧知の仲だったが、英語の台詞指導だけというのでは、さすがに気が進まない。この仕事は断ろうと思ったが、しかし、またまた監督の名前を聞いて、オファーを受けることにした。主演&監督がフランク・シナトラだったのである。

奥田自身が原案の『勇者のみ』はシナトラが気に入って権利を買い取り、シナトラの一〇〇パーセント出資で製作されたもので、当初、監督は『バクダッドの盗賊』（一九二四年）やジョン・ウェインのデビュー作『ビッグ・トレイル』（一九三〇年）を撮ったベテランのラオール・ウォルシュに決まっていた。しかし、クランク・イン直前になって突如降板、やむなくシナトラ自身が、生涯一度だけの監督をつとめることになったのだ。

映画は太平洋戦争中の南の孤島を舞台に、島の守備隊の日本兵たちと、そこに不時着した米軍機に乗っていた米兵たちとの間で起こる対立と友情を描いたものである。米軍の下士官をフランク・シナトラが、空軍大尉をクリント・ウォーカーがそれぞれ演じ、日本軍の陸軍中尉を三橋達也、軍曹を加藤武、兵長を勝呂誉、伍長を佐原健二が演じている。

撮影の大半はハワイのカウアイ島でおこなわれたが、休日に大事件が起こった。シナトラが海で溺れて病院に運び込まれたのだ。哲がその第一報を聞いたのは、カーラジオのニュースからだった。三橋達也と二人で郊外のレストランで食事をしたあと、彼の運転で宿泊先のホテルに帰る途中のことだった。

シナトラは彼と一緒に泳いでいた、この映画のプロデューサー夫人が潮に流されたのを助けようとして、自分も溺れてしまい、さらに出演者のひとりで『荒野の七人』などの名脇役として知られるブラッド・デクスターも、二人を助けようとして波に呑まれた。地元のライフセイバーたちが異変に気づいて次々とカヌーを漕ぎだし、溺れる三人を救助したのである。

シナトラはしこたま海水を飲んだが、一命をとりとめて入院、撮影はしばらく中止となった。

誤った日本趣味を訂正する

シナトラが入院したと聞き、三橋と二人で見舞いの花を贈ろうということになった。花束にそえるカードに、哲が英文でコメントを書くことにしたが、なかなか良い文章が浮かばない。

結局、三橋が考えた「あなたは我々の希望の星である。軽挙妄動はしないでいただきたい」という言葉を哲が英文にして、花束と一緒にシナトラに贈った。

後日、退院したシナトラが、再開された撮影現場に専用ヘリコプターで降り立った。大勢の出演者、スタッフが迎える中、シナトラは三橋の顔を見つけると近づいて肩を抱き、

「キレイな花をありがとう。おまえからの花がいちばん最初に来たんだ」

とうれしそうに礼を言うと、

「いいもんがあるんだ」

と、胸ポケットから一枚の紙片を取り出して三橋に見せた。それはシナトラ一家のひとり、盟友ディーン・マーティンから送られた見舞いの電報で、こう打たれていた。

〈YOU MAY DRINK BUT NOT SALT WATER（酒は　飲んでもかまわないが　塩水は　飲むんじゃない）〉

ジョークまじりの洒落た言葉に、三橋は思わず「やられた！」という表情で哲と顔を見合わせたと述懐している。

『勇者のみ』は翌一九六五年（昭和四十）一月十五日、全国東宝系で公開された。日本での評判は良く、〈日米合作映画史上初の佳作〉とか〈合作映画の可能性をためしたものとして『勇者のみ』の経験は今後の国際合作映画にとって貴重であった〉[7]などと高い評価を受けた。

しかし、撮影中には、これまでの合作映画にありがちな異国趣味の奇妙な日本が描かれそう

になる危険が何度もあった。アメリカ側がジャングルの中に朱色の鳥居を建てようとしたり、日本兵が入浴する場面では、孤島の戦地という設定にもかかわらず檜の風呂にしようとした。日本側は納得がいかず、そのようなことはあり得ないのだということを、アメリカ側との交渉役通訳として参加していた米良昭がタイプに打って、そのつど先方に粘り強く伝えた。

幸運だったのはシナトラが親日家だったことである。アメリカでは日本と違い、監督よりもプロデューサーが力をもっているが、この映画ではシナトラ自身が出資者であり、原案の著作権所有者でもあった。そして何よりシナトラは、アメリカの国民的大スターであり、並の監督、俳優とはレベルの違う超大物だった。日本側の要求を理解して快く受け入れるシナトラに意見を言えるアメリカ側のスタッフは、プロデューサーはもとよりただの一人もいなかった。その結果、日本軍の描写はリアルなものとなり、日本人の誰が観ても違和感のない歴史的な合作映画となったのである。

シナトラは後日、救助してくれた地元のライフセイバー隊に御礼として、最新鋭の大型クルーザーを贈ったが、それをマスコミに発表することはなかった。

シナトラはかつて三橋にこう語ったという。

「俺は子供のころ、ニューヨークで新聞売りをやってたんだ。そのころの新聞売り仲間がマフィアの親分になったからといって、知らん顔しているわけにはいかないだろう」

シナトラは世界を魅了するアメリカの国民的大スターという、眩いばかりの輝きと背中合わせに、汚濁に満ちた悪評が終生つきまとっていた。しかし三橋は、シナトラの本性は義俠心に溢れた恩義に厚い男だと思ったと語っている。

男一四、決心しなきゃならないときもある

哲にとって『勇者のみ』の仕事はフランク・シナトラと直に接することができただけでも収穫だったとはいえ、やはりひどく居心地が悪かった。俳優である自分に何の役もなく、与えられた仕事が英語指導（ダイアローグ・コーチ）だけというのは、決して満足できるものではなかった。

不完全燃焼のままロサンゼルスでの撮影は終了したが、小洒落たナイトクラブでおこなわれた日米合同のお別れ会のときに、哲の心を揺さぶる出来事が起こった。アメリカ側のスタッフから何か歌えと指名されて困っていた三橋に代わって、哲が『オールマン・リバー』を歌うと、割れんばかりの拍手が起こり、「サリー！」「サリー！」と大喝采を受けたのである。

好悪の感情を率直に表すアメリカ人から受けた大拍手。予想外だっただけに、哲は感動した。そして思ったに違いない。自分の歌には人を魅了する力がまだあるのだと。シナトラが仕事の都合で不在だったのは残念だったが、おそらくはまさにこのとき、哲の胸にある想いが、強く湧き上ってきたのではないだろうか。自分が生きる場所はやはり、歌の世界なんだ、と。

すでに日本の映画界は衰退の一途をたどり始めていて、世界のミフネさえも独立を余儀なく

された。いずれ東宝をはじめとする映画各社が、自社で俳優を抱え込む専属制を廃止することは明らかだった。東宝の中での自分のポジションも考慮して、哲は大博打ともいえる人生最大の決心をしたのである。一九四二年（昭和十七）以来、二十二年間継続してきた東宝との専属契約を自ら破棄、バンクーバーを発つときに夢見ていた歌一本にかけることにしたのだ。

しかし、哲のその重大決心を妻のサチが知ったのは、しばらく経ってからのことだった。二年前に大幅にダウンさせられた専属料を、去年の更新時には、駆け引き下手の夫の尻を叩いて交渉させた結果、ほぼ以前の水準に戻すことができていた。今年も撮影所から所長名義で、八月の契約更新時には継続したい旨の書類が届いていたのでサチは安心していたが、いつまでたっても夫は専属料のことを話そうとしない。モメているのかと思って哲を問い詰めたところ、何と契約を破棄してきたと言うではないか。まさに青天の霹靂で、サチは卒倒しそうになった。

仕事が少なくなってきたいま、たとえわずかなものでも月々に決まって入ってくる専属料は、中村家の家計にはなくてはならないものだった。サチは嫌がる哲を強引に急き立てて東宝に乗り込んでいった。何とか契約を継続してもらえないかと頼み込んだのである。しかし、応対に出た撮影所の俳優課長は、皮肉交じりにこう言った。

「奥さん、ご主人は何とおっしゃったと思います？　男一匹、決心しなきゃならないときがあるから辞めさせてくれと、そうおっしゃったんですよ」

サチは返す言葉がなかった。書類もすでに本社まで回っているということで、どうすることもできない。ひどく暑い夏の日、サチは黙して語らぬ夫とともに、タクシーを拾って何とか家まで帰ってくるのがやっとだった。

歌一本に懸け、石井音楽事務所に所属を移す

事前に相談したらサチは絶対に反対する。哲はそれが分かっていて黙っていたのだ。しかし、説明不足ではあった。大陸的で呑気な哲も、まったくあてもなく東宝を辞めたわけではなく、歌一本に懸ける道筋を、哲なりにつけてはいたのだ。

哲には終戦直後に世話になっていた小谷プロを離れて以来、音楽の仕事に関して良いマネージャーに恵まれなかったという思いが強くあった。歌には自信があるのだ、きちんとしたマネージャーがついていてくれさえすれば、音楽関連の仕事はきっと来る。かつてのあの舞台の熱狂を、観客と一体となる瞬間のあの感動をもう一度全身で浴びることができる。哲はそう信じていた。

そんな哲の熱い想いを受け止めてくれたのが、意外にもシャンソン歌手の石井好子だった。三年前の一九六一年（昭和三十六）に自身が主宰となって立ち上げた石井音楽事務所が、哲を預かってくれることに話がついていたのである。

一九二二年（大正十一）生まれの石井は哲より十四歳も若く、また同じ歌手といっても、シャンソンの石井とクラシック&ポップス系の哲とでは住む場所がずいぶん違う。それでも哲が石井を頼ったのには理由があった。

石井好子の父、光次郎は法務大臣や運輸大臣、参議院議長などを歴任した政治家で、祖父も元逓信大臣で日本鉱業の創業者だった。石井好子はいわばお嬢様ではあったが、揺るぎない信念と並外れた行動力に溢れた強い女性でもあった。戦前に若くして結婚した夫と離婚した後の二十九歳のときに、ジャズの勉強をしようとサンフランシスコに単身留学。日本人にとって海外旅行は夢のまた夢の時代である。そしてそこで観たジョセフィン・ベーカーの公演に感動し連日のように通っていたことからベイカーに会えることになり、彼女からの勧めでパリに留学、日本シャンソン界の第一人者となる道を歩み出したという経歴の持ち主だった。

お嬢様というと、一般的にはワガママなクセに打たれ弱いというマイナス・イメージがあるが、正真正銘のお嬢様というのは、おそらくそれとはまったく逆だ。どのような苦境にも決して挫けない強い女性である。

ジョン・レノンの妻オノ・ヨーコの祖父、小野英二郎は日本興業銀行の総裁で、母親は安田財閥の祖、安田善次郎の孫娘である。オノ・ヨーコは、自分の前衛芸術がまったく理解されないときも、ビートルズ解散にまつわる世界中からの非難の嵐の中でも、決して挫けることはなかった。

敗戦直後に米兵と日本人女性の間に生まれた多くの混血孤児たちを守り、エリザベス・サンダースホームを設立、進駐軍や日本政府からの迫害を受けながらも孤児たちを心血を注いで育てた沢田美喜は、三菱財閥の創業者・岩崎弥太郎の孫娘で夫は外交官である。

キョードー東京の創業者永島達司や、ＧＨＱ（連合国軍総司令部）に屈しない唯一の日本人といわれた白洲次郎がそうであったように、筋金入りのお坊ちゃまやお嬢様は絶対にブレない揺るぎない信念と行動力、そして差別感のない博愛の精神を兼ね備えていることが往々にしてあり、石井好子はまさにそういう女性だった。

哲が石井を頼ったのは、そんな彼女の性格をよく知っていたからである。というのも二人は終戦直後の進駐軍クラブ時代からの顔見知りだったのだ。

石井は終戦直後には、森山久（フォーク歌手・森山良子の父）やティーブ・釜萢（ムッシュかまやつの父）が所属していた人気ジャズ・バンド、ニュー・パシフィックや渡辺弘とスターダスターズなどの専属歌手として、進駐軍クラブのステージに立っていた。石井もまた、当時将校クラブの売れっ子シンガーだった哲のことは、そのときからよく知っていたのである。

また、それに加えて、石井の当時の夫、日向正三がニュー・パシフィックのマネージャーで、彼もまた哲とはそれ以前からの知り合いだった。日向は戦前台湾にあった製糖会社経営者の御曹司で、アメリカの大学を卒業して英語が堪能だったために、戦時中は、対敵謀略放送の『ゼロ・アワー』にスタッフのひとりとして参加していた。哲や森山とはここで知り合っていた。

石井は父親の勧めで若くして日向と結婚したのだが、同じお坊ちゃんでも、おそらく甘えん坊でさして筋金入りではなかった日向は、終戦直後の生き馬の目を抜く時代になると、安易に騙されては巨額の金を失うことも度々で、いつしか酒浸りになっていった。そしてひどく嫉妬

●ショー・ビジネス

西洋寄席のたのしさ　これがミュージック・ホールだ

上・石井好子と歌う中村哲。下右・石井好子プロデュースのコンサート（1965年12月18日・20日厚生年金会館大ホール）のプログラム。下左・紹介記事、掲載紙不明。

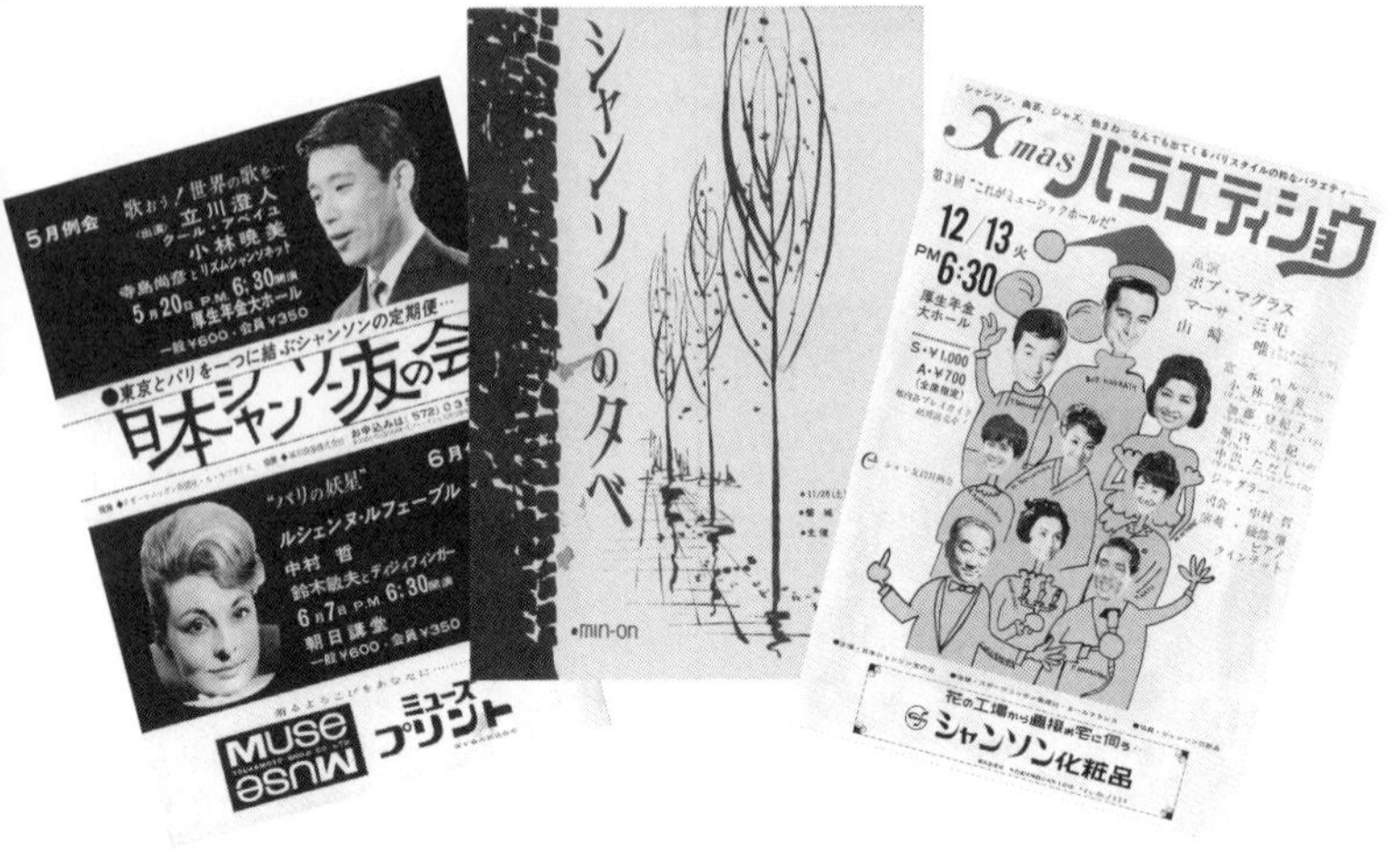

石井音楽事務所での仕事。パンフレットやチラシ類。

深い男でもあった。

そんな日向に哲はかつてラジオ局で殴られたことがあった。石井がそのときのことを、次のように書き残している。

〈歌手として少しは名が出ていたから、NHKで放送することになった。私はそのころ独学で歌い始めていたシャンソン『聞かせてよ愛の言葉を』を歌うことにした。同じプログラムでカナダ出身のオペラ歌手中村哲さんが歌うので、二人でスタジオに入っていた。

そのころのラジオは録音ではなく生放送だったが、私が『聞かせてよ愛の言葉を』と歌い始めたとたん、べろべろに酔った日向が入ってくるなり中村さんになぐりかかった。

私は歌をやめるわけにゆかず、横目でその姿をはらはらして見ながら歌うほかなかった。局の人がやっと日向をつれ出した。すぐ次が中村さん。なぐられたあとなのに中村さんは〈スワニー、ハウアイラブユー、ハウアイラブユー〉とたのしそうに歌ってくれた。[8]〉

石井は生涯に何冊もの自伝を書いているが、そのほとんどに哲と日向のこのエピソードを記している。よほど記憶に残る出来事だったに違いない。

労音、民音の組織力が頼り

しかし、石井が自身の事務所に哲を受け入れたのは、この出来事に恩義を感じていたからではない。石井には石井の勝算があったのだ。シャンソンの石井とクラシック&ポップス系の哲をワンパッケージにして、「労音」や「民音」といった音楽鑑賞団体の定例コンサートで全国ツアーを展開すれば、十分ビジネスになると踏んでいたのである。

石井はその戦略に則って、哲と契約後、精力的にプロモーションを展開していった。しかし、結果は予想外のものとなった。石井の音楽事務所社長としての読みはもろくも崩れ去ったのである。

哲が東宝を離れ、石井音楽事務所入りした一九六四年（昭和三十九）前後、アメリカでは近代西欧文明に背を向けて愛と平和を謳うヒッピーが生まれ、それから数年を待たずして日本では、学園紛争の嵐が吹き荒れようとしていた。

ビートルズ、グループサウンズ、フォーク——これまでになかった新しい音楽が時代の潮流となっていた。時代が、人々の価値観が、大きく変わろうとしていた。石井の戦略はその時代の変化についていけなかったのだ。

石井が哲とのジョイントツアーを考えていた音楽鑑賞団体のひとつである労音が、大阪で誕生したのは一九四九年（昭和二十四）十一月。発足当初の名称は関西音楽協議会、後に改称して大阪勤労者音楽協議会（一九七四年からは大阪新音楽協会）、略して「労音」となった。その設立理念は、「健全な音楽文化の擁護と発展」を目標に、「勤労者に安くて良い音楽を！」というものだった。会員の多くは高卒のホワイトカラーで、事務局自らが企画、主催する音楽会は、発足当初はクラシックだけだったが、ポップスやジャズにまで広げていくようになると、会員数はみるみるふくれあがっていった。

大阪労音の成功はたちまち全国に広がり、翌一九五〇年には京都労音と神戸労音、五二年には和歌山労音と横浜労音、五三年には東京労音が発足するなど、各地に次々と労音が結成されていった。一九六三年（昭和三十八）には、大阪労音だけで会員数十五万人にまで増加し、巨大な音楽市場を形成していくことになる。

石井はこれまでシャンソン歌手として労音の仕事を数多くこなしてきていた。東京労音の第一回ポピュラー例会は、石井のシャンソンリサイタルだったが、それを全会員に聴かせるためには一ヵ月の間に二十五回のコンサートをしなくてはならず、〈大阪に至っては一ヵ月のうちに三十回歌っても全会員はきき終わらず、ある日曜日は一時─三時、四時─六時、七時─九時と一日に三回公演を行ったこともあった〉という。[9] 大盛況だったのである。

哲と組んでのツアーがビジネスになると石井が考えたのには、このような自身の成功体験による裏づけがあったからだ。実際、九月に哲を事務所に迎え入れてから、石井は精力的に二人のプロモーションを展開していった。

『ホテル日航ミュージックサロン』十月三日（共演・大木康子／山崎肇）
『シャンソンとジャズの夕べ』民音十一月（共演・石井好子／藤村有弘・鈴木敏夫とディジー・フィンガーズ）
『小樽労音』十二月例会A（共演・西条慶子／鈴木敏夫とディジー・フィンガーズ）
『函館労音』十二月例会（同右）
『旭川労音』十二月例会B（同右）
『釧路労音』十二月例会B（同右）
『徳島労音』十二月例会A（共演・石井好子）
『これがミュージックホールだ』十二月十九日・日比谷公会堂（共演・石井好子／岸洋子／小林暁美ほか）
『静岡楽友会』十二月例会B（共演・石井好子）

『エメラルド』十二月二十四日（共演・沢たまき・中村はMCも担当）

右記の公演記録の中のAはクラシック音楽、Bはポピュラーを意味する。創価学会の池田大作が設立した民音（民主音楽協会）の『シャンソンとジャズの夕べ』もふくめて、すべて石井音楽事務所の仕事である。石井がいかに哲に期待し、力を入れていたのかが分かろうというものだ。

しかし、そんな石井の多大な期待とは裏腹に、客足はまったく伸びなかった。当初の精力的な展開も、やがて時間を経ずして尻すぼみとなっていったのである。

みんなフォークが押し流していった

いつもの論理で、妻のサチが責めた。石井さんがあんなに頑張ってくれていたのに歌の仕事が減っていくのは、マネージャーに問題があるんじゃない、「新しいレパートリーを増やそうとしない怠け者で頑固者の哲（ダディ）がいけないんだ」と。分別がつく年齢になっていた三人の子供たちも、母親に同調するかのように声を合わせて父親を非難した。

しかし、それは冤罪にも近い弾劾だった。そうなったのには、哲に問題があったわけではなかったのだ。筆者の取材に答えた石井は「あのころから十年間は冷や飯を食わされた」とため息をつくようにしみじみと言い、次のように語っている。

「労音だとか民音だとか音協だとかっていう鑑賞団体にポピュラーが取り入れられて、私なんかも年間六〇回くらいコンサートをしていたんです。非常に盛んで、私たちもそれがずっと続くと思っていたんです。ああいう音楽会では私たちみたいな真面目なものが喜ばれるので、中村さんにもそういうお仕事をお世話できると思ったんです。

ところがそれがなくなっちゃったんですから。ポピュラーもシャンソンもタンゴもラテンも、みんなフォークに横に押しやられてしまって。毎日毎日、練習してたって年に一度か二度だけ歌うために苦しんでいるのはもう嫌だって言って田舎に帰ってしまったベテランのシャンソン歌手もいたんです。うちの音楽事務所が息も絶え絶えにやってこられたのは、岸洋子というスターが出たのと、フォークの加藤登紀子がいたからです。あの時代は、キツい時代でしたね」

当時急速に台頭してきたフォーク・ソングという新しい音楽が、クラシックやシャンソン、ポピュラー畑の哲や彼女たちの仕事場を奪ったのだと、石井は証言しているわけだ。

労音は衰え「時代は変わる」

しかし、それは一面の真実ではあるが、「あのころから十年間は冷や飯を食わされた」理由はもうひとつあった。若きボブ・ディランが『時代は変わる』と独特の嗄れ声で歌ったように、社会に君臨しているありとあらゆる権威をなし崩しにするような、これまでとはまったく違う価値観を持った若者たちの新しい時代が到来していたのだ。

そしてこのもう一つの理由のほうが、はるかに深く巨大なものだったと言えるだろう。というのも、フォークに押しやられたという以前に、石井たちが依拠していた「真面目なものが喜ばれる」労音自体が、存亡の危機を迎えようとしていたのである。

大阪労音は時代の波に翻弄されていた。一九六四年（昭和三十九）をピークに、急激に会員を減らしはじめ、三年後の一九六七年には半減するに至った。労音は〈組織を上げて状況を分析し全力を結集して凋落傾向に歯止めをかけようとしたが、回復基調は作り出せないでいた〉[10]。

当時の労音事務局の原因分析では、映画が衰退したのと同様に、無料で見られるテレビの普及が労音の会員を奪ったという説があったようだが、それとは異なる視点から、テレビ以外に労音衰退の原因を見出そうとする論考がある。一九六五年（昭和四十）前後に、大学の進学率が一六パーセント程度に達した時期から、労音の会員数が激減していく事実を指摘して、桃山学院大学の准教授、長崎励朗《れお》は次のように指摘している。

テレビの影響で労音の会員数が減ったのなら、音楽会への入場者全体も減ってよいはずだが、この時期、音楽会への入場者数自体は逆に増加していることを長崎は指摘、労音自体に原因があったとし、「疑似大学文化としての労音」を問題にする。

〈労音における動員力の源は、二〇代の青年ホワイトカラーたちが持っていた教養への憧れであった。しかし、竹内洋が『教養主義の没落』で指摘したように、一九六〇年代における大学進学率の上昇は教養の価値を大きく減少させた。加えて、もともと中卒高卒のホワイトカラーを主な担い手としてきた労音にとって、進学率の上昇は、会員確保の基盤を掘り崩す現象でもあったと言える。
（中略）教養を頂点とすることで成立していた文化の階層性が崩壊した結果、どこに背伸びしてよいのか分からない、あるいは背伸びする価値のない状況が立ち現れてくる。つまり、教養の価値、ひいては大学の価値が低くなったことが労音衰退の根本原因の一つであったと考えられるのである(11)〉

教養の価値も大学の価値も低下し、絶対的なものが急速に力を失っていった。一九五〇年代のビートニクあたりから地ならしが始まり、一九六〇年代に花開いた、高度に管理化された西欧文明に背を向けるアメリカのヒッピー文化が象徴するように、既成の権威とか絶対的なものに対する疑義や嫌悪感が広く社会に広がり始めていたのだ。

これまで高級とされてきたものと、俗悪と馬鹿にされてきたものと、いったい何が違うのか？　正義と悪は、背中合わせの同じものではないのか？　シーザーやナポレオン、織田信長や坂本龍馬といった名だたる英雄たちだけではなく、名もなき市井の人々だって歴史の主人公ではないのかといった、すべてのものを等価とする価値の相対化が説得力を持つ時代になったのである。

劇作家、演出家の宮沢章夫はこう記している。

〈サブカルチャーやカウンターカルチャーのことを考えるときには、この「上位／下位」という視座を逆手にとることが重要です。世界的に見ればむしろこっちのほうが豊かなのではないか、数も上位にあるものより下位にあるもののほうが多いぞと。そこから、さまざまな声が生まれ、発見されていくのです[12]〉

現在では当たり前になっているが、六〇年代から七〇年代にかけてのこのころから、クラシックも歌謡曲も演歌も同じ音楽だろう、楽しく聴けたり感動できれば何だっていいじゃないかといった、分野の壁を取り払った、後のクロスオーバーやフュージョン、一九九〇年代以降に人気となるクラシカル・クロスオーバーにつながるようなボーダレスな感覚が生まれてきたのである。

労音の設立理念である「健全な音楽文化の擁護と発展」「勤労者に安くて良い音楽を！」と言うときの「健全」とか「良い」とかといった、他のものと差別化して高位の価値を規定するような、権威主義的かつ啓蒙主義的な考え方が、古臭く魅力のないものになってしまったのだ。加えて高度経済成長時代を迎えて日本が豊かになってくると、娯楽も多様化、観客は主体的になり、石井好子が言う「真面目なもの」を取りそろえたお仕着せの公演（プログラム）をありがたがる教養主義的な価値観を持った人たちが、急速に姿を消していったのだと想像される。

労音の本家本元である大阪労音は、台頭してきたフォーク路線にシフトして無名のフォークシンガーの発掘や支援に大きな成果を残すものの、長期凋落傾向に歯止めをかけることはできず、組織の改編などを繰り返しながら一九七四年（昭和四十九）に大阪新音楽協会と名称変更して生まれ変わることとなる。

家計のために、サチがミセス・モデルに

十年間冷や飯を食わされたと嘆いた石井は、それでも哲が事務所に入る前年の一九六三年（昭和三十八）に、現在も毎年続けられているパリ祭を初開催。事務所は七七年（昭和五十二）に閉じることになるが、一九九〇年（平成二）には、パリのオランピア劇場で日本人として初のリサイタルを開催、九一年（平成三）には日本シャンソン協会を設立して、初代会長に就任し、翌年にはフランス政府から芸術文化勲章を受けるなど、二〇一〇年（平成二十二）に八十七歳で世を去るまで、生涯をシャンソンの普及と発展に力を注いでいくことになる。

しかし、一大決心をして東宝を離れたものの大失敗に終わり、歌う場を失くした哲は、徒手空拳でなす術がなかった。収入は激減、家計は一気に苦しくなった。

思わぬ苦境に追いこまれ、言葉にできないほど辛かったはずだが、家族からは慰められるどころか逆に、新しいレパートリーを増やす努力をしようともせず、十年一日のごとく同じ歌を歌っている怠け者だからこういうことになるのだと非難され、哲は四面楚歌となった。すべ

てはダディのせいだ、みんなダディが悪いんだと家族そろっての大合唱が、呪文のように繰り返されるようになっていった。このときシャンソンの女王、石井好子でさえ、新しい時代の嵐の中で長い苦境に陥っていたのだということを、妻も子供たちも何ひとつ知らなかった。

この間、三橋達也主演の映画『国際秘密警察』シリーズやハナ肇とクレージー・キャッツ結成十周年記念映画『大冒険』（古沢憲吾監督／円谷英二特技監督・一九六五年＝昭和四十年）、植木等主演の『日本一のゴリガン男』（古沢憲吾監督・一九六六年＝昭和四十一年）など、専属を離れた東宝からの仕事も引きつづきあったが、苦しい家計の助けとなったのが、ときおり入ってくる妻の仕事だった。二年前からモデルの仕事を始めていたのである。

きっかけは、何か少しでも収入を得ることはできないだろうかと思い、ダメ元で応募した婦人服飾雑誌『装苑』の第四回モデル募集のミセスの部に入選したことだった。

カナダ生まれで同年代の日本人男性にはない、お洒落な雰囲気を持った哲同様、サチもまた顔立ちが洋風で、幼いころからアメリカ映画に魅了されて育ったこともあって、四十七歳ながら同年代の日本人女性にはない洗練されたお洒落で都会的な雰囲気を持っていた。いわばミセスの読者モデルであり、『装苑』での一年間専属という約束の期間が満期終了した後も、モデル専用のプロダクションに所属して、ときおり雑誌などのＣＭに出演するようになっていく。

哲のまったく知らなかった世界的人気バンド

そんなとき、海外ミュージシャン日本公演のMCのオファーが、永島達司の協同企画エージェンシーから、ひさびさに入ってきた。

ひとつは前年にも初来日していたパティ・ペイジ。江利チエミがカバーした『テネシー・ワルツ』の大ヒットで知られるアメリカの女性歌手で、公演は十一月の予定だった。もうひと組の公演予定は翌年の一月だったが、哲のまったく知らない男二人と女一人のトリオで、ユニット名は三人の名前をそのままつなげた「ピーター・ポール＆マリー」（以下ＰＰＭ）といった。

哲は、高校生になっていた私（筆者）に、ピーター・ポール＆マリーを知っているかと訊いてきた。というのも私は中学生になったころから欧米のポップスをよく聴くようになっていて、最新の洋楽事情に通じていたからである。

「知ってるなんてもんじゃないよ、世界的に大人気のフォーク・バンドさ！」

私は、自分の部屋から何枚ものＬＰやシングル盤を持ってきて父に見せた。どれもＰＰＭのレコードだった。私は、もう何年も前から彼らの大ファンで、哲が仕事で家を留守にしているときには応接間にあるプレイヤーで、毎日擦り切れるほどレコードをかけて聴いていたのだ。

このころアメリカで「フォーク・リバイバル」もしくは「モダン・フォーク・ムーブメント」と呼ばれる新しい音楽の波が起こっていた。古くからの伝承歌を現代風にアレンジしたり、あるいはそのテイストで現代に生きる自分たちの心情や社会批判などを歌詞に込めて作った新しいオリジナル曲を、ギターを手にして歌うというものだが、まさか自分の息子までが夢中になるほど日本でも流行っているとは知らなかった。

前述のように、石井好子はフォークに仕事を奪われて十年冷や飯を食わされたと述懐しているが、このＰＰＭこそが、日本にそのフォークを広めた張本人だった。彼らはそれまで日本に存在していなかったフォークという新しい音楽の存在と魅力を広く若者に知らしめ、その後の日本のミュージック・シーンに巨大な影響と足跡を残すことになる歴史的フォーク・バンドだ。皮肉にも哲は、そうとは知らずに彼らの日本公演のＭＣを担当することになったのである。

私は当時ＰＰＭに夢中だった

まさか自分の父親が大好きなＰＰＭと一緒に仕事をすることになるとは！　実は、ＰＰＭは二年前に初来日していて、私はそのとき彼らのコンサートに行っていたのである。

東京オリンピックを四ヵ月後に控えた一九六四年（昭和三十九）六月十六日のその日、死者二六名、家屋全壊一九六〇棟という大災害となった新潟地震が発生した。私は朝から体調が悪かったこともあり、授業が終わるといったん家で休み、体調を整えてから、会場のサンケイホールへ出かけていった。公演はすでに始まっていて、ガイド嬢の懐中電灯を頼りに席についた。生で聴くＰＰＭの演奏は、レコードで聴く以上に素晴らしかった。

最後は舞台と客席が一体となって、ヒット曲『パフ』の大合唱となった。周りの観客たちの英語の発音がやたらうまいことに私は驚いたが、公演が終わって場内が明るくなると、観客たちの顔が見えた。席を占めている観客の多くが外国人だった。初来日のこのころPPMは、日本人の間ではまだほとんど知られていない「マイナー」なフォーク・バンドだったのである。

小室等はLP三枚すり潰してPPMをコピーした

しかし、同じこの会場に、私と同じPPMフリークの日本人が少なくともあと二人いた。多摩美術大学の学生だった小室等と高校時代からの友人小林雄二である。

小室はこのPPM初来日のとき、すでに女性ヴォーカルを加えたPPMのコピーバンド、「PPMフォロワーズ」を小林らと結成していた。LPレコード三枚を磨り潰すほど聴きまくり、完璧に耳コピしたが、それでもどうやって二台のギターで弾いているのかがどうしても分からない不可解な音がいくつもあった。それを確認するために東京公演全三回のチケットを購入、最前席に陣取って、この曲ではピーターがカタポスト（ギターに取りつけて曲のキーを変えるための器具）を何フレット目につけているとか、この曲のこの部分ではポールが小指で何弦を弾いたといった演奏の細部を事細かにノートにメモしていったのである。このときの小室と小林の偏執的とも思えるほどの異常な情熱が結実し、朝日ソノラマから『Ｐｅｔｅｒ　ｐａｕｌ＆Ｍａｒｙ　Ｓｔｙｌｅ　フォーク・ギター研究』（構成・小室等・小林雄二　演奏・PPMフォロワーズ）が発売されたのは、二年後の一九六六年（昭和四十一）のことだった。

『時代は変わる』『朝の雨』『ドント・シンク・トゥワイス・イッツ・オール・ライト』『風に吹かれて』『悲惨な戦争』等々、ＰＰＭの代表曲を完全にコピーした、いってみれば日本で最初の本格的なギター教則本で、詳細なギター譜（ＴＡＢ譜）が掲載されていた。

全曲とも１ｓｔギター、２ｎｄギターの正確な譜面が書かれていて、この音はどの指で弾いたらいいのかという記号も記入されていた。そしてその実演見本として、ソノシートと呼ばれるやわらかくて薄っぺらなレコード盤が五枚入っていて、全十二曲をＰＰＭフォロワーズが完璧に再現していた。ソノシートを手本にしてこの譜面通りに演奏すれば、まがりなりにも難しいＰＰＭの演奏をコピーすることができるという画期的なもので、この本が出版されるや、反響は大きかった。音楽本としては異例の売れ行きで、ＰＰＭファンはもちろんのこと、フォークという新しい音楽に目覚めた日本中の中学生、高校生、大学生たちがこぞってこの教則本を購入し、ギター片手にスリー・フィンガー奏法などを必死に練習し始めたのである。

そして、これまで世の中に流通していた歌がすべて、プロの作詞家が詞を書き、プロの作曲家が曲をつけ、プロの演奏家が演奏し、プロの歌手が歌うという商業システムの中で作られていたのに対して、アマチュアの自分たちが詞を書き、アマチュアの自分たちが曲をつけ、アマチュアの自分たちが演奏し、アマチュアの自分たちが歌ってもいいのだという、これまで日本になかった、新しい音楽のありかたに夢中になっていったのである。

音楽をクリエイトして楽しむのにプロもアマもない。フォークこそ、まさに価値の相対化を体現している、この時代にピッタリの音楽だったのだ。小室たちが著した教則本が、その後の日本のミュージック・シーンに与えた影響には、測り知れないものがあったといえるだろう。

ＰＰＭから直々にサインをもらった

小室はその後、日本語のオリジナル曲を歌う『六文銭』を結成、一九七一年（昭和四十六）には上條恒彦をヴォーカルに据えた『出発の歌』が第二回世界歌謡祭でグランプリを獲得して大ヒット、七五年（昭和五十）には、吉田拓郎、井上陽水、泉谷しげるらと、日本初のミュージシャン主導のフォーライフ・レコードを設立、小室は初代社長となって日本フォーク界に大きな足跡を残していくことになる。

ベンチャーズがエレキギターを広め、ビートルズがグループサウンズを生み、ボブ・ディランとＰＰＭが弾き語りとフォークの魅力を世に知らしめた結果、新しい時代の新しいミュージシャンたちが続々と誕生し、ニューミュージックからＪ－ＰＯＰへとつづく現在の日本の音楽シーンの源が、このころ形作られ、一大潮流となって流れ始めていったのである。

哲がＰＰＭのＭＣを担当した一九六七年（昭和四十二）には、初来日のときとはガラリと状況が様変わりしていて、フォーク・ブームが日本中を席巻していた。その頂点に立っていたＰＰＭの公演はどこでも連日超満員となった。哲の子供たち三人は父親の顔パスで楽屋を訪ね、私は持っていた何枚もの彼らのアルバムを持参して、直々にサインをもらった。

このときの公演は、四ヵ月後の五月に『デラックス・ピーター・ポール&マリー・イン・ジャパン』というタイトルでライブ盤のLPとして発売され、哲の曲説明も収録されている。

しかし、冒頭でも記したように、さまざまなミュージシャンたちの昔の名盤が続々とCD化されるような時代になっても、このアルバムが復刻されることはなかった。ようやく陽の目を見るのはPPMのデビュー五十周年にあたる二〇一二年（平成二十四）のことで、アルバム十一作品が紙ジャケットで再発売された後、新たに発見された一九六七年の京都公演の音源を加えた二枚組アルバム『ライブ・イン・ジャパン　1967』がCD発売されている。

これにも哲のMCが収録されているが、ともすれば熱心なファンからは邪魔者扱いされる曲説明も、哲の声がバリトンで低いということもあってか、おおむね好評価のようだ。

早川雪洲と間違えられているカローラのCM

哲はこの年、一月のPPM公演の後も、協同企画エージェンシーの仕事として数多くの海外ミュージシャン日本公演の舞台に立っている。
二月　バック・オーウェンスとパッカーズ
三月　エラ・フィッツジェラルド／オスカー・ピーターソン・トリオ
四月　ハーブ・アルパート&ティファナ・ブラス

五月　オデッタ
九月　キッド・シーク&ニューオーリンズ・ジャズ・オールスターズ
十月　クリフ・リチャード（記者会見）

この間、東宝の『国際秘密警察　絶体絶命』（谷口千吉監督）や手塚治虫原作のテレビドラマ『バンパイア』（フジテレビ）などにも出演しているが、全盛期の仕事量と比べると出演依頼は、悲しいほど少なくなっていた。そんなとき、これまでになかった思いがけない仕事が入ってきた。新しい広告媒体として活気を帯びてきていたテレビCMである。

スポンサーはトヨタ自動車。初代カローラ1100のCM「ウイリアム・テル編」で、射手の哲が勢いよく放った矢よりも一瞬速く、竜雷太が発進させたカローラのほうが向こうの木まで到達し、飛んできた矢が射貫くよりも先に、枝にブラ下がっているリンゴを取ってしまうというものだった。

クルマの加速性能を巧みに表現したアイデアが秀逸だったことに加え、リンゴを取られて悔しがる哲のオーバーな表情が面白く、視聴者の印象に残るCMとなった。制作は「リッチでないのにリッチな世界などわかりません」と書き遺して自裁するCM界の鬼才、杉山登志が在籍していた日本天然色映画。

演出は杉山より一期後輩のライバルだった葛上周次で、翌年の第八回ACC（全日本CM協議会＝一九九七年に全日本シーエム放送連盟と改称）CMフェスティバルの金賞を受賞している。

『オデッタ』『エラ・フィッツジェラルド』など、外タレ出演コンサートのチラシ。

後年『懐かしのCM大特集』といったテレビの特番などでは必ずといっていいくらい取り上げられることになる名作となった。

それから哲は、日本天然色映画制作のCMにたびたび起用されるようになり、杉山登志とも知己となった。同社の劇場用CMのシンボル・マークである日本天然色映画の「社長の似顔絵」を描くなど、画才のあった杉山に描いてもらった、お洒落な似顔絵のイラスト（目次扉を参照）が気に入った哲は、それを彫り込んだスタンプを作り、新しく購入した本の中表紙などに捺しては悦に入っていた。

ちなみに、トヨタカローラのこのCMはインターネットで検索するといくつもヒットするが、そのほとんどすべてが出演者を竜雷太と早川雪洲としている。これは完全な誤りで、バイリンガルの早川は哲と重なる部分があり、

初代カローラ1100のテレビCM。竜雷太と哲。
哲の放った矢とカローラの競争。

ジーン・バリーと。1966年。

クリフ・リチャードと記者会見で。1967年10月17日ヒルトンホテル。

ロバート・ワグナーと。『Stop over Tokyo』、1957年、日本未公開、二十世紀フォックス。

海外のスターたちとともに

リチャード・ウィドマークと。『あしやからの飛行』、1964年、日米合作(ユナイトと大映)。

クリント・ウォーカーと。『勇者のみ』で。

ネヴィル・ブランドと。米テレビシリーズ『サーチャーズ』で。

また雰囲気も似ているためにいつしか混同されて、早川雪洲と誤認されるようになったようだ。

また、一九六七年（昭和四十二）に放送されたこのCMは白黒（モノクロ）である。一般的には一九六四年の東京オリンピックでカラーテレビが一気に普及したとされているが、これも誤りだ。NHK・日本民間放送連盟の調査によると、この年、カラー放送時間は一日平均わずかに五時間十二分。しかもそれはNHK、NHK教育、日本テレビ、TBSの四局合計の数字である。フジテレビはカラーの実験放送を始めたばかりで、NETテレビ（テレビ朝日）、東京12チャンネル（テレビ東京）の二局にいたってはカラー放送そのものがない。

翌六八年になってもNHKのカラー受信契約数は約一七〇万件（日本放送協会『放送受信契約数統計要覧』）で、前年の一九六七年に受信契約数二〇〇〇万件を突破した白黒テレビには遠く及ばない。現在《いま》でもときおり再放送される、東京オリンピックで東洋の魔女が優勝を決めた場面も、一九六六年（昭和四十一）にビートルズが日本航空のハッピを着て羽田空港に降りたった映像も、一九六八年（昭和四十三）に発生した三億円事件を伝えるニュース映像も、すべて白黒（モノクロ）である。カラーテレビが一般的になるのは一九七〇年の大阪国際万国博覧会のころからで、その翌年の七一年になってようやくNHK総合テレビが全時間カラー化され、白黒テレビとカラーテレビの受信契約数がそれぞれ約一二〇〇万件とほぼ同数になる。

カラー放送それ自体がほとんどない東京オリンピックの年に、カラーテレビが一気に普及したというもっともらしい物語は、高度経済成長時代を飾る都市伝説に過ぎない。

哲がPPMの二度目の来日公演の舞台に立った一九六七年（昭和四十二）は、その他の海外ミュージシャン日本公演のMCや、映画、テレビドラマ、CM出演に加え、ときには妻サチのシニア・モデルの収入もあった。それでも哲のスケジュールが、かつてのように毎日埋まっているわけではなく、中村家の台所はいつしか火の車となっていた。

バンクーバーから日本にやってきて以来、哲は幾多の試練を乗り越えてきたが、今度こそ、正真正銘の崖っぷちに立たされたのである。

娘二人はすでに社会人になっていたが、長男の私は大学進学を翌年にひかえ、卒業後の進路について担任を交えた三者面談が始まろうとしていた。そんな夏休みも終わったある日、後に振り返ってみても誰ひとり合理的に説明することができないような、ひどく不可解なことが起こった。中村一家をリセット不能の泥沼に引きずり込むことになる、悪魔のような囁きが発せられたのである。

——みんなで、カナダに帰ろう。

そう言ったのは哲ではなく、妻のサチだった。

（1）『ザ・バンクーバー・サン』1958年11月24日付
（2）野地秩嘉『ビートルズを呼んだ男　伝説の呼び屋・永島達司の生涯』幻冬社　2001年
（3）内野二朗『夢のワルツ』講談社　1997年
（4）湯川れい子『ビートルズから浜崎あゆみまで、音楽業界を創ったスーパースター列伝　熱狂の仕掛け人』小学館　2003年
（5）（3）と同じ
（6）松田美智子『サムライ　評伝三船敏郎』文藝春秋　2014年
（7）『朝日ジャーナル』1965年2月21日号
（8）石井好子『限りない想いを歌に　私の履歴書』日本経済新聞社　1991年
（9）同右
（10）村元武『プレイガイドジャーナルへの道　1968－1973　大阪労音－フォークリポート・プレイガイドジャーナル』東方出版　2016年
（11）長崎励朗『「つながり」の戦後文化誌　労音、そして宝塚、万博』河出書房新社　2013年
（12）宮沢章夫『NHKニッポン戦後サブカルチャー史』NHK出版　2014年

第五章
日本人として生きる

『レッド・サン』（1971年、仏伊スペイン合作、テレンス・ヤング監督、三船敏郎、アラン・ドロン、チャールズ・ブロンソン）での中村哲、左ドロン、中ブロンソン。

ピーター・ポール&マリーの
ポール・ストゥーキーと筆者（中央）と哲（右端）

年金制度のあるカナダへ行けば、もう大丈夫と思い込む

一九六八年（昭和四十三）の初春、当時乃木坂にあった写真家・大竹省二の事務所に、哲が突然訪ねてきた。そして「これ、お返しします」と言って一本のコーンパイプを差し出した。それはかなり以前に大竹がパイプ好きの哲にプレゼントしたものだった。

大竹は戦時中、哲の長女ジュンの誕生写真を撮って以来、敗戦直後の混乱の中で、哲とは音信不通になっていたが、思わぬところで再会していた。アーニー・パイル劇場だ。大竹は一時期アーニー・パイル劇場の専属カメラマンとなっていたことがあり、そこに出演していた哲と再び出会ったというわけだ。それ以来、二人は長く親交を重ねてきたのだった。

大竹がなぜ返すのかと訊くと、家族を連れてカナダに帰ることになったと哲が答えた。一度プレゼントしたものなのだから返す必要はないと言うと、哲は困ったような顔をして「けじめだから……」と机の上にパイプを置いて、多くを語らないまま帰っていった。

喧嘩したわけでもないのに、変なことをする人だなと大竹は思った。しかし、哲が芸能人としては珍しいくらい真面目な人物だということもよく知っていた。よほどの覚悟でカナダに帰ることを決めたんだなと、そう大竹は思ったという。

カナダへ行けば、年金（ペンション）がもらえる――妻のサチがカナダ行きを決心した唯一にして最大の理由がそれだった。福祉制度が発達しているカナダでは、リタイアしたら誰にで

も手厚い年金が支給される——そんな夢のような話をサチがどこで知ったのかは分からない。しかし、カナダに行きさえすれば月々決まったお金が入ってくる、そうすれば不安定な哲の収入と自分のわずかなモデル代だけといういまの不安な生活から脱出できる、中村家に明るい未来がやって来るのだと、サチが固く思い込んでいたことだけは確かである。

年金とは振れば大判小判がいくらでも飛び出してくる打ち出の小槌のようなものだ、それが当時のサチの年金に対するイメージだったと思われる。そしてそのイメージは、経済的に苦しくなり不安に満ちたサチの心を躍らせるには十分だった。たとえ福祉先進国のカナダでも、年金を得るには長い年月にわたって積み立てをしていなければならないということを、サチはまったく知らなかったのである。

少し頭を冷やして考えれば、タダでお金が入るそんなうまい話があろうはずはないと思うのが普通だろう。しかし、サチは一度こうと思い込んだら、それが絶対的に正しいことであり、どのような否定的意見があろうと聞く耳を持たず、修正の余地はまったくなかった。サチの極端で断定的な物言いに、反論する側はやがて疲れ切って口をつぐんでしまうのが常だった。

家族会議が何度も開かれたが、結論はいつも同じだった。カナダ行きにもっとも強く反対したのが長女のジュンだ。すでに社会人になっていて、当時でいう適齢期を迎えていたジュンは、ひとりでも生活していけるから日本に残ると主張した。

しかし、サチは、家族がバラバラになるようなことをしていいと思っているのかと、言下にジュンの意見を退けた。この物言いにもまたサチの偏狭さが表れていた。子供はいつか親の庇護から離れ、自分の力で羽ばたいていくものだという視点がすっぽり抜け落ちているのだ。自分の子供は何歳になっても子供だという感覚は多くの母親が共通して抱いている感情ではあるだろうが、サチの場合はそれが異常なほど極端だった。

両親が不仲だった家庭に育ち、小さなころから悩み苦しんできたサチにとって、思い描く理想の家族は絶対に一体でなければならず、子供たちはたとえ何歳になろうと母親の自分が守るのだという、強迫観念にも似た強い想いがあった。次女のエミもすでに社会人で、末っ子の修（私）も高校三年生、あとわずか四年で大学を卒業して社会人になる。しかし、子供たちがほどなく自立していくことなど、サチの眼中にはまったくなかったのだ。

一家そろってカナダへ移住を決断

そんなサチからの思いもよらぬ提案を、哲はどう受け止めたのだろうか。

現在でこそ、老後の資金計画や年金の運用法などに多くの関心が集まるが、国民年金制度は六年前の一九六一年（昭和三十六）に始まったばかりで、大半の人々は、遠い先の老後のことなど心配する余裕などなく、年金に対する関心は薄かった。ましてや哲のように会社組織に属さず、フリーの立場で生計を立ててきた者にとって、年金には関心がないどころか、まったくの無知だった。サチの話を鵜呑みにしてしまったのも、あながち無理はないのかもしれない。

加えて、このころ海外ミュージシャン日本公演のMCの仕事は多くあったものの、俳優としては映画産業自体がすでに斜陽であり、おまけに歌手として音楽ひと筋にかけた二十一年ぶりのリサイタルは結果が出ず、さらには石井音楽事務所への移籍も頓挫していて、哲が精神的にかなり追い込まれていたであろうことは十分に想像できる。後に哲はこのときのことを振り返って、〈10年ばかり前、私は妻と3人の子供達（当時23歳と21歳の娘、18歳の長男）を連れ、生まれ故郷のバンクーバーへ帰りました。私自身、60歳を越え、望郷の念に駆られ始めていた時でした〉[1]と記している。

日本での仕事が行き詰まり、望郷の念も強くなってきていた哲が、唐突な提案ではあったものの、サチの言う通り懐かしいカナダに帰って、のんびり年金暮らしできるなら、それもいいだろうと思ったことは間違いない。

いずれにせよ、組織人でない哲もまた、サチ同様に老後の生活を保障する年金の何たるかなど、社会制度に対する基本的常識をまったくといっていいほど持ち合わせていなかったことだけは確かだ。

信じがたいことだが、こうして哲一家のカナダへの移住が決定してしまった。

哲にとってはカナダへ「帰る」という感覚だったが、日本で生まれ育ち、英語もろくに話せないサチや三人の子供たちにとっては、まさに「移住」にほかならない。しかし、いったん思い込んでしまったサチの心は未来に向かってキラキラと輝いていた。

出発は翌一九六八年（昭和四十三）の六月十二日と決まり、その年に入ったころには仕事も整理し、関係各所への挨拶も済ませた。誰もが哲の帰郷を祝ってくれた。

私の作った歌が『あなたのメロディー』に入賞

江古田の家の売買契約も成立、家中の片づけや引っ越しの荷造りに追われていたある日、NHKからテレビ出演の依頼が届いた。哲にではなく、私へのものだった。番組名は『あなたのメロディー』。視聴者が作った曲をプロの編曲家がアレンジしてプロの歌手が歌うという、アマチュアの音楽ファンにとっては夢のような番組で、私が投稿した自作曲が採用されたのだ。

この『あなたのメロディー』の放送が始まったのは、一九六三年（昭和三十八）三月のことである。やがてNHKの人気番組のひとつとなって八五年（昭和六十）三月に終了するまで二十二年間続く長寿番組に成長することになる。

〈週平均五百から六百のメロディーが全国から寄せられ(2)〉、のちにこの番組からはトワ・エ・モワの『空よ』（難波寛臣・作詞作曲）や北島三郎の『与作』（伊藤良一・作詞作曲）などのヒット曲が生まれている。

実は私の自作曲が『あなたのメロディー』に採用されたのは、これが初めてのことではなかった。四年前（一九六四年）の中学三年生になったばかりのときにも、一度この番組に出演したことがあったのだ。小さいころからマンガ大好き少年でマンガ家になりたいと夢見ていたのと同じくらい音楽が好きだった私が、そのとき曲作りに使ったのは、音楽の授業で使うリコーダー（縦笛）だった。

曲名は『君と会っても』。歌ったのは克美しげる。後に人気が低迷して殺人事件を引き起こし、歌の表舞台から消えていくのだが、このころは『霧の中のジョニー』やテレビアニメ『エイトマン』の主題歌などのヒット曲で知られる、ロカビリー系の人気歌手だった。

私が二度目の出演をしたときの作曲に使った楽器はリコーダーからギターに変わっていた。PPMの影響を受けてギターを弾くようになり、小室等のPPM教則本で練習していたのだ。

出来上がった曲もむろんフォーク調で、番組の中で歌った歌手も『花と小父さん』（浜口庫之助・作詞作曲）というフォーク調の曲をヒットさせていた伊東きよ子だった。

カナダ行きの餞別は森山良子の歌

収録は三月五日のNHKホール。放送は十七日の日曜日午前十時からだった。引っ越し荷物の片づけが少しずつ始まっていて散らかり放題だった応接間のテレビで、一家そろって観ていたそのとき、私がふと思い出したことがあった。半年ほど前、今日と同じように一家でテレビの音楽番組を観ていたとき、ギターの弾き語りというフォーク・スタイルで歌っていた、澄んだ美しい声の若い新人女性歌手を見て、哲がサチにこう言ったのだ。

「この歌のうまいお嬢さんは、森山君の娘さんなんだよ」

テレビの中で歌っていた新人歌手の名前は森山良子。戦時中に哲が関わっていた『ゼロ・アワー』に同じミュージシャンとして参加し、戦後の東京ローズ裁判のときには証人としてともにサンフランシスコまで行った日系アメリカ人二世、森山久の娘だったのだ。このとき歌っていた曲は『この広い野原いっぱい』で、作詞は小薗江圭子だが、作曲は彼女自身だった。

歌手自身が曲を作って自ら歌うという例は、平尾昌章の『ミヨちゃん』（一九六〇年＝昭和三十五）があったが、これには戦前に旧制中学生の間で歌われていた作者不詳の元歌があったといわれている。純粋に歌手自身が作ったオリジナル曲の最初は、一九六五年（昭和四十）に発表された加山雄三の『恋は紅いバラ』とそれにつづく『君といつまでも』（作詞はともに岩谷時子）で、六六年には同じ俳優の荒木一郎が、自身の作詞作曲による『空に星があるように』でデビューしている。

この年にはマイク眞木がギターを手にして歌う、フォーク調の『バラが咲いた』が大ヒットしているが、この曲は『僕は泣いちっち』（歌・守屋浩）や『星のフラメンコ』（歌・西郷輝彦）、『夜霧よ今夜も有難う』（歌・石原裕次郎）等々、数多くのヒット曲のある職業音楽家、浜口庫之助の作詞作曲によるものだった。

森山良子がその翌年の六七年一月に『この広い野原いっぱい』でデビューしたのは、彼女がまだ高校生のときだった。加山雄三と荒木一郎は、歌手デビューしたときにはすでに俳優という芸能人で、昨日まで素人同然だった新人がギターを手にして自作自演の曲を披露するという、森山良子こそまさにこれぞ和製フォーク・シンガーの第一号と言えるだろう。

　その森山良子の父親が哲と昔からの知り合いなのだという。自分が出演している『あなたのメロディー』を観ているうちにそのことを思い出した私は、恐る恐る父に訊いてみた。

「ボクのこの歌、森山良子さんに歌ってもらえないかな？」

　哲はすぐに森山久に連絡を取り、とりあえず楽譜と歌詞を送ることになった。十数日後、ようやく返事が来た。私には夢のような、ＯＫという答えだった。

　放送されたのはカナダへ発つわずか数日前の午後十時二十分。番組名は『キョーリン・フォークカプセル』（ラジオ関東＝現在のアール・エフ・ラジオ日本）。引っ越し荷物はすべて搬出済みで、家具なども一切なくなってガランと広くなった応接間の床の上に置かれたトランジスタラジオから、テーマソングの『この広い野原いっぱい』とともに、森山良子の澄んだ声が聴こえてきた。

「フォーク・ファンのみなさん、今晩は。いつもの森山良子です。よく晴れ上がったちょっと暑いかなって感じるぐらいの日、大学のキャンパスにはフォーク・ギターを抱えた若い人たちが何人か集まって、フォーク・ソングを歌っています。それぞれ思い思いの色んな服、グリーンのセーターを着た人も、真っ赤なシャツを着た人もいます。おそろいなのはみんなすごく張り切った、嬉しそうな生き生きした表情をしてるってこと。そばによってこっそり聴いてみたら、こんな歌を歌っていました。〈小さな願い〉」

透き通るような美しい声で歌う森山良子の弾き語りを、哲も、サチも、長女ジュンも、次女エミも、そしてもちろん曲を書いた私自身も、ただじっと黙って聴いていた。そしてこれが十七年間暮らした、サンタクロースの家と間違えられたカナダ風の中村邸で過ごす、一家そろっての最後の想い出となった。

慌ただしい引っ越しの中、すでに電話も取り外されていて、息子が作った曲を歌ってくれたお礼を森山家に伝える暇もなく、出発の日がやって来た。

一九六八年（昭和四十三）六月十二日水曜日、サチの兄姉家族と近くのホテルで送別の昼食をとったあとの午後四時、中村一家の乗った客船アイベリア号が、バンクーバーに向かって横浜港を出港した。埠頭には大勢の見送り人がいて、その中には三人の子供の友人たちの姿もあった。幾条もの七色の紙テープが、さよならと手を振るように潮風に吹かれて舞っていた。

オーストラリア船籍のアイベリア号は総重量三万トン、定員は乗員乗客合計二千名。甲板にはプール、船内にはレストランや医務室、診療所はもとより、美容・理容室から銀行業務室まであり、エンターテインメント・ショーや各種アトラクションも数多く用意されていて、ホノルル、ロサンゼルス、サンフランシスコを経由して二十八日午前七時にバンクーバーに到着予定という、まさに絵に描いたような豪華客船である。

これは、どう考えてもおかしい。日本で食いつめた一家が移住するための渡航手段としてはちぐはぐ極まりない、現実感覚がどうかしているとしか思えない選択だった。

このとき哲はもちろんのこと、家族一同の誰ひとり、まさか自分たちが半年もしないうちに、ふたたび日本に戻ってくることになるとは考えてもいなかった。

昔のバンクーバーはもう跡形もなかった

「マミは、死んじゃいたい」

サチがこうつぶやいてふさぎ込むようになったのは、バンクーバーで暮らし始め、ほどなくしてからのことで、原因は明らかだった。あれだけ頼りにしていた年金が、まるで逃げ水のようにサチの眼の前から消え失せてしまったからである。年金を受け取れるようになるには、長い年月にわたってお金を納付してこなければならないという、動かしようのない現実を、サチはここにきて初めて知らされたのだった。

年金をもらえないと知ったとき、サチの全身からドッと血の気が引いていったに違いない。それはサチにとって、一家そろってカナダに移住してきた唯一最大の理由が、あっけなく崩壊したことを意味していた。それだけではない。あのまま日本にいれば、減ってきていたとはいえ、哲にもサチにもまだ仕事はあった。だが、ここではまったくの無職、無収入だ。不安を解消するためにやって来たカナダで、サチのその不安が一気に、無限大に膨張していく。

むろん哲にとってもショックは大きかっただろう。サチの熱気に引きずられるまま、故郷で安定した生活を送れるのだと、よく確かめもせずに信じた自分が情けなかったはずだ。しかし、同時に哲には、もうひとつ予想外のことがあった。日本では望郷の念にかられていた自分だったが、いざバンクーバーに来てみると、まるで異郷にいるような気分になっていたのである。戦前に日本人街と呼ばれていた場所は、戦時中の日系人強制収容と戦後の日本への送還もしくはロッキー山脈以東への移住政策によって、昔の面影は跡形もなくなっていた。青春時代に野球に打ち込み、差別に苦しむ日系人たちを勇気づけた想い出のパウエル球場も、オッペンハイマー公園と名称が変わり、アル中のホームレスがうろつく治安の悪い地域に様変わりしていた。この数年後には、バンクーバー市地域改善計画や日系人によるパウエル祭の開催などによって甦ることになるが、このころは、昔の懐かしい風景も、懐かしい人々も、遠い時間の彼方にすっかり消え失せていたのである。哲の衝撃は大きかった。

もちろんこういった情報は、東部に住んでいる兄妹たちから聞いてはいたが、日本にいる哲にはもうひとつピンとこなかった。しかし、実際にバンクーバーに来てみると、昔住んでいたころとの違いを肌で実感し、自分がまるで浦島太郎になったような気分になってきたのである。日本での成功をすべて投げ捨ててバンクーバーに帰ってきたことは間違いだったのか？　そんな疑念が何度も脳裏に浮かんだが、とりあえずは日々の生活費を得なければならない。

哲ができることといえば、エンターテインメントの世界で仕事を見つけることだけだった。しかし、バンクーバーは現在でこそ「ハリウッド・ノース」と呼ばれるほどに、ロサンゼルス、ニューヨークに次ぐ北米第三の映画産業都市となっているが、当時は映画の製作などほとんど無きに等しかった。また、テレビの制作プロダクションに売り込みに行っても、日本での長いキャリアは歯牙にもかけてもらえなかった。後に哲はロサンゼルス在住の親友ロイド・キノシタに、次のような手紙を綴っている。

〈私はカナダではエンターテインメントの仕事をしないつもりでしたが、テレビコマーシャルを一つ、そしてアメリカ映画を一つやりました。そのアメリカ映画ではエキストラの仕事だったので、とても惨めでした。本当に惨めでした。私は映画の世界での経験が長いおかげで監督の目についたらしく、私がもらうはずの出演料の倍額をもらうことができました〉

（一九六九年五月十七日付・原文は英文）

カナダでできることは何もない

いっぽうサチも挫けそうになる気持ちを何とか鼓舞して、仕事を見つけようとした。欧米の人は裁縫が下手だと聞いて、若いころに杉野芳子のドレスメーカー学院に通って身につけた洋裁を生かそうと、日系人の伝手を頼って服飾会社へ面接に行った。

だが、そこはサチがイメージしていた仕立て屋ではなく、だだっ広い倉庫のような裁縫工場だった。百台ほどのミシンがズラリと並べられていて、ヨーロッパから移民してきた家族の主婦と思われる女性たちが、黙々と洋服を縫っていた。サチには『女工哀史』に描かれた大正時代の製糸工場のように思え、ここで頑張れる自信が持てなかった。

長女のジュンは、鹿が遊びに来るような広い庭のあるお金持ちの屋敷の住み込み家政婦になった。自分たちのせいで娘を女中奉公に出すことになったと、哲もサチも心を痛めたが、ジュンはそれほど深刻に考えてはいなかった。カナダ人の家族と一緒に暮らしていれば、英語を覚えるのも早いものよと明るく笑っていた。

二女のエミは、日本から取り寄せた雑貨を売る洒落た店を開こうと考え、カナダへ来る前から資料を集めて、貿易に関する勉強もしてきた。しかし、そのころの世界はまだ日本そのものに関心がなく、日本製品のクオリティに対する国際的な信用もなかった。店を開いてもジャンク・ショップとしか思われない、誰も見向きもしないと、知り合った日系人からシビアに言われて、諦めざるを得なかった。

バンクーバーでの大学進学を目指していた私は、とにかく早く英語が話せるようになるためにと、ひとり家族から離れて、ダウンタウンにあった下宿屋に入った。そこには私の他に男女合わせて四人が住んでいて、そのうちの二人は東部出身の大学生だった。

あるとき二人が、東部の公用語であるフランス語で話をしていると、下宿屋のドイツ系の女主人が、この家では私が理解できない言葉で話さないでと注意した。その数日後、またこの二人がフランス語で話をしていた。その会話の中に、「ナチス」とか「ヒトラー」という言葉があった。この前日、プラハの春と呼ばれた自由化を進めるチェコスロバキアに、ソ連軍の戦車を先頭とするワルシャワ条約機構軍が侵攻する歴史的大事件が起きていた。下宿屋の二人の学生は、そのことを話しているうちに、いつしか第二次世界大戦のことにも話題がおよび、「ナチス」とか「ヒトラー」という言葉が口をついて出たのだろう。

それを耳にしたとたん、ドイツ系の女主人は激怒し、二人の学生をその日のうちに下宿から追い出してしまった。なぜ彼女が怒ったのか、その理由は分からないが、日本とはまったく違う、モザイクと形容されるカナダという国の種々雑多な民族構成とその複雑な事情を、肌で感じた出来事だった。

そんな生活を送りながら、私は昼間はバンクーバー市が開設している、移民の子女向けの英会話講座に通っていた。私と同年代のギリシャ移民の女の子が二人いたが、ほとんど英語ができなかった。私が先生に指名され、答えを無意識に筆記体で黒板に書くと、生徒たちの間から驚きの声が上がった。英会話がうまくできないレベルなのに、なぜ筆記体でスラスラ書けるのかと先生に訊かれたが、これが日本で受けてきた英語教育だと説明するしかなかった。

そんなある日、音楽の時間があった。英語を楽しく覚えるための授業のひとつで、この日に取り上げられた歌は『ケ・セラ・セラ』。アルフレッド・ヒッチコック監督の名作『知りすぎていた男』（一九五六年＝昭和三十一）の主題歌で、映画の中では主演のドリス・デイが歌って大ヒットしたが、日本でもペギー葉山のカバー曲として広く知られている。

私が　まだ　幼い少女だったころ
私は　ママに　聞きました
これから　私は　どうなるのかしら
可愛くなれる？　お金持ちになれる？
すると　ママは　こう言いました
ケ・セラ・セラ
なるようになるのよ
未来のことなんか　わからないわ
ケ・セラ・セラ
なるようになるのよ

「未来のことなんか　わからないわ　なるように　なるのよ」という歌詞（英詞を直訳）は、まさに中村家が置かれている状況そのものだった。ギリシャ移民の女の子たちは音楽の時間となるとがぜん張り切ったが、私はひどく憂鬱になった。現実はケ・セラ・セラと気楽に構えているわけにはいかなかったのである。サチの落ち込みが日ごとに激しくなるばかりだったのだ。

いまから言葉を覚えたって、しょうがない

そんなとき見知らぬ日本人の青年が二人、中村家が住んでいた借家を訪ねてきた。以前ここに住んでいた日本人と知り合いで、引っ越したのを知らずに会いに来たのだった。せっかくだからと部屋の中に招き、コーヒーを出してバンクーバーの日本人事情や仕事についてしばし話をした。二人はアルバイトをしながらバンクーバーで暮らしていて、いずれ日本に帰るつもりだという。

それ以来、二人の青年のうちの一人で、日系人が経営する洗濯工場の配達をやっていた中村行男が、しばしば中村家を訪ねて来るようになった。行男はこのときジュンと同じ二十四歳。日大の商学部を卒業したものの、そのまま就職するのも面白くないと、放浪気分でカナダにやって来ていたのだ。

行男はやがて、サチに仕事として洗濯物の繕いを頼んだり、ときにはクルマで中村一家を近郊のドライブに連れていってくれるようになった。名字こそ中村と同じだが、縁もゆかりもない行男がなぜそんなに親切にしてくれたのか。それには彼の個人的な理由があった。落ち込んでいる様子のサチの姿が、亡くなった叔母の姿に重なって見えたのである。

行男の叔母は、恰幅の良い体格通りの豪放磊落な性格で、行男は大好きだった。しかし、夫の仕事に合わせ二人の子供を連れてロサンゼルスへ移住したところ、しばらくして激しいホー

ムシックにかかってしまった。日増しにノイローゼがひどくなってきたために、家族を残して日本の実家に一時帰国することになったが、叔母の症状は一向に改善することがなく、それどころか最期はついに自ら命を絶つという、悲しい結末となってしまった。豪放磊落な性格の叔母だっただけに、行男には大きなショックだった。

かつて身近にそういった辛い経験があった行男は、中村家の何とも言えない暗く沈んだ空気の中でひどく落ち込んでいるサチの姿を見て、叔母を思い出したのだ。このままにしておいたらきっと大変なことが起こると思い、放っておけずに中村家を訪ねるようになったのである。

ある日、いつものように行男が中村家に顔を出したとき、サチとエミは外出していて、哲がひとりで留守をしていた。しばし雑談をしていたが、行男には哲もまたひどく意気消沈しているように見えた。その表情を見て行男は、この機会に自分の想いをはっきり言っておくべきだと腹を決めた。このときのことを行男は次のように語っている。

「正直言って、非常に寂しい家でしたよね、行くと感じるじゃないですか、家ン中がもうドヨ～ンとしてて、お母さんはかなり重症だった。だけど中村さんは、日本を離れるときには仕事先に挨拶もしてきたからおいそれとは帰れない、みっともないって。だから、そんな見栄や外聞じゃないよって。息子さんたちにしたって、いまから言葉を覚えたってロクな仕事に就けないよ、早く日本へ帰れ帰れって言っちゃったんです。中村さんは黙って聞いていたけど、心の中では、ずいぶん迷っていたと思いますよ、このままカナダにいるのが家族のためなのかそうじゃないのかって……」

そして、行男は移民の一般論として、次のようにも言う。

「中村さんの家族は、日本から来るまではまああの生活をしていたわけじゃないですか、日本でそういう人が、外国へ行って成功するわけがないんですよ。向こうで成功する人間っていうのは、日本でこれ以上頑張っても社会の中での生活レベルが決まっちゃってる、だから何かひとつ賭けて外国でやってやろうってくらいの気持ちで行ってる人間だけです。それ以外は、向こうへ行っても成功したりしませんよ」

行男は、このさい言っておくべきだと思ったことだけを哲に告げると、返事を聞かずにそのまま帰っていった。哲の胸に、自分の娘と同年齢の行男の言葉が、ズシリと重く残ったはずだ。しかし、それでも哲は帰国を決断することはできなかった。芸能界に戻れる保証もないのだ。

甥の言葉が帰国を決断させた

だが、サチのノイローゼはエスカレートするばかりだった。誰かに相談したいと思ったが、兄妹たちは東部にいて、電話でうまく話し合えるとは思えない。再会した恩師ヒックス先生の娘のビー嬢も何かと気にかけてくれていたが、夫の仕事のサポートで忙しかった。

そのとき頭に浮かんだのが、甥のデヴィッドだった。下の妹、節の息子である。妹の節は結婚してロンドン（イギリスではなく、トロント郊外にある街）にいたが、息子のデヴィッド・スズキは地元バンクーバーに住んでいた。三十歳を少し過ぎたばかりの若者だったが、カナダの名門BC州立大学で遺伝学の教授をしていた。

哲が初めてデヴィッドに会ったのはこのわずか二ヵ月前、バンクーバーに着いてすぐのころだった。ある晩突然、中村家を訪ねてきたのだ。家に入ってきたデヴィッドの姿を見て、家族一同驚いた。カナダはイギリス系の国であり、大学教授といえばどんな堅物の紳士だろうと思いきや、両肩まで垂れる長髪に黒々とした髭、着ている服と言えば、このころ日本で大ブームとなっていたグループサウンズのメンバーかと見間違えるようなミリタリー・ルックだった。要するにヒッピーであり、『サージェント・ペパーズ・ロンリー・ハーツ・クラブ・バンド』のアルバム・ジャケットのビートルズのような格好だったのだ。

デヴィッドは後に、自然保護活動に力を入れるようになり、一九七八年に放送が開始されたカナダの人気テレビ番組『ネイチャー・オブ・シングス』で司会役をつとめ、また反毛皮キャンペーンとして、自らの全裸姿の意見広告を新聞に一面掲載するなど、カナダでもっとも有名な日系人として話題を集め、国民から広く尊敬を集めるようになっていく。

ちなみにデヴィッドの娘のセヴァン・スズキもまた、父の薫陶を受けて環境活動家となった。わずか十二歳のときの一九九二年には、リオデジャネイロで開催された地球サミットで、並みいる各国首脳陣を前に「どうやって直すのかわからないものをこれ以上、壊し続けるのはやめてください」と六分間の堂々たる演説をおこなって、世界を感動させた。

デヴィッドは初めて中村家を訪ねた後も、私をキャンプに連れていってくれるなど、何かと心配してくれていた。哲にとっては中村行男と同じように、我が子同然の若者だったが、藁をもつかむ気持ちでデヴィッドに連絡して、会うことになった。

哲は家族の状況をおおかた説明したあとに、帰国を決断できない理由のひとつとして、トロントにいる兄、宏のことを話した。実は日本にいたとき、カナダ行きを宏に相談したことがあり、大反対されていたのだ。そのときには年金のことは黙っていたが、宏からはいまさら帰ってきてもどうにもならない。日本でキャリアを積んだのだから日本で頑張るんだと強く言われたのである。しごくまっとうな兄のその忠告を無視してカナダに帰ってきた手前、哲も簡単に尻尾を巻いて日本には帰れない、意地とプライドがあったのだ。

それを聞いてデヴィッドは言った。

「そんな意地より、家族のほうがもっと大切だろう。お兄さんのことなんか忘れて、日本に帰るんだ!」

中村家を何度か訪ねたことがあるデヴィッドは、精神的に追い詰められていたサチの様子をよく知っていたのである。

そして、次の瞬間、哲の思いがけない行動がデヴィッドを驚かせた。いきなり立ち上がり、両手でデヴィッドをつかんで引き寄せると、六十歳の伯父が三十二歳の甥の肩に顔を埋めて号泣したのである。

デヴィッドはこのときの想いをこう語っている。

「伯父さんは、いつでも帰る準備はできていた。ただ、誰でもいいから、『日本へ帰れ！』と言ってくれる人間が欲しかったんだ」

行男の忠告に加えてデヴィッドの言葉が、迷っていた哲を決断させた。カナダに来るときにそうしたように、家族五人が集まって会議を開き、しかし今度は哲の主導で日本に帰ることを決めたのだった。

このままでは世界に遅れをとってしまう

サチにはむろん異存はなかった。私たち子供らも同様だった。ただ、私が帰国に賛成したのはホームシックにかかっていたからではなかった。もう少し別の、言ってみれば焦りのような気持ちがあったからである。バンクーバーがひどく田舎のように感じられていたのだ。

太平洋に面したバンクーバーは東のトロント、モントリオールに次ぐカナダ第三の都市である。風光明媚で治安もよく、人も気候も穏やかで、世界の住みたい都市のひとつに挙げられるのもよく分かる素晴らしい街だった。しかし、刺激がなさすぎた。私のようなたとえ都心ではない練馬区とはいえ、東京生まれで東京育ちの若者に、このころのバンクーバーは静かすぎた。

東京には銀座、渋谷、新宿、池袋、上野等々、にぎやかな繁華街を抱えた副都心がいくつもあり、山手線の中にも数えきれないほどの建物や高いビルが林立している。しかし、このころのバンクーバーといえば日本の地方都市のような感じで、クルマで一〇分も走れば彼方に地平線と山々が見えてくるようなところだった。

中村行男はカナダに来る以前、大学を休学して二年間、アメリカで暮らしていたことがあった。両国を比較してこう語っている。

「東京からロサンゼルスに行ったとき、クルマの運転は楽勝でしたね、のんびりしてて。ところが、バンクーバーで洗濯物の配達をクルマで二年間やった後、日本に帰るときにロサンゼルスに寄ったら、できないんですよ、クルマの運転が、怖くって。ロサンゼルスも田舎だけど、カナダはもっと田舎ってことですよ。東京生まれの東京育ちは、とてもじゃないけど寂しくていられませんよ」

このままバンクーバーにいたら、世界の流れから遅れをとってしまうのではないか、十代後半の若者だった私はそんな危機感を抱くようになっていた。実際には私が知らないだけで、カナダには興味深い文化的な刺激が数多くあったのかもしれないが、言葉もロクにわからないため、ひどく取り残されていくような焦りにも似た感覚になっていたのだ。日本に帰ると哲が言い出したときに、反対する理由はひとつもなかった。

こうして中村家は衆議一決、カナダ滞在わずか三ヵ月で日本に帰ることになった。東部にいる兄や妹たちに連絡して説明すると、異口同音に理解を示し、応援の言葉をかけてくれた。帰国が近づいてきたときには、トロントにいる上の妹の昭《あき》が、わざわざバンクーバーまでお別れを言いに会いに来てくれた。哲にとってカナダが大切な故郷であることは間違いのないことだった。ただ、思いがけない戦争の勃発によって、日本に長くい過ぎたのである。

せっかくの入学資格がパアに

バンクーバーに来たときには家族全員そろっての豪華客船の旅だったが、帰るときには一家が一緒というわけにはいかなかった。皆が別々に飛行機で帰国することになった。

一九六八年（昭和四十三）の九月末に、まず私が一人で日本に帰ってきた。続いて次女のエミが十月中旬に、そして十一月になって哲とサチが帰国した。長女ジュンは深刻にはならず、もう少しカナダを満喫してから帰ると言い、仕事を続けた後にトロントの従兄妹の家にしばらく居候させてもらい、帰国は翌年ということになった。

日本に帰った中村家の四人は、とりあえずサチの長兄、富一郎の家に身を寄せることになった。富一郎はこの年の三月に亡くなっていたが、義姉のコウが寺島家の長男の嫁として末妹の家族は私が守ると言ってくれて、新居が見つかるまで家に置いてくれることになったのだ。この義姉家には長男と婚約者も住んでいたが、彼らも快く中村家を迎えてくれた。

居候が始まったのは私が帰国したときからだったが、真っ先に一人で帰ってきたのには理由があった。翌春の大学受験の準備をできるだけ早く始めるためだ。実はカナダへ行くまえに、私の進学先は決まっていた。早稲田大学である。私が通っていたのは早稲田大学高等学院という完全な付属校で、学部の選択は成績によるが、必要な単位を取って卒業さえすれば早稲田大学のいずれかの学部に必ず入学できた。

ところが、三年生の秋の三者面談のときに、カナダに行くことになったので大学へは進学しないと説明すると、それなら大学へ入学辞退届を提出してもらいたいと担任の先生から言われ、卒業するときに入学辞退届を出していた。自ら入学の権利を放棄したわけである。

このとき担任の先生は保険をかける意味で、とりあえず一度入学しておいたらどうかと提案してくれた。休学届を出してからカナダへ行って、カナダで目途が立ったなら大学を退学、うまくいかず日本へ帰国するのであれば、復学できるようにしたらどうかというのである。

しかし、カナダ行きの熱病に冒されていたサチがそれをきっぱりと断った。カナダへの永住を決めたので、中途半端なことはしたくないと。その結果、私は早稲田大学に無試験で入学できる権利を失っていたのだった。私は結局、後にクラス会で顔を合わせることになる同級生四七名の中でただ一人、早稲田大学に進学しなかった生徒となったのである。

入学するにはただひとつ、一般の受験生同様に入学試験を受けて合格することだが、私にとってまずあり得ないことだった。何しろ高校三年間、受験勉強というものをしていない。それに授業自体、まったく受験対応になっていないのだ。付属校の生徒でも成績優秀であれば、外部受験でも合格の可能性もあるだろうが、私のように入学試験がないのをさいわいマンガと音楽に明け暮れる三年間を送った浪人生が、やすやすと合格出来ようはずもなかった。

それでも、できるだけ早く受験の準備を始めたほうがよいということで、バンクーバーの借家の片づけは親と姉に任せて、私は一人で先に帰ってきたのである。ダメ元で受験した早稲田大学のいくつかの学部は結局、すべて不合格となる。

戻ってきて住んだのは小さな家

伯母の家で身の入らない受験勉強を続けていた私だったが、姉のエミが帰国すると、とりあえず二人でやっておかなければならないことがあった。ほどなく帰国予定の両親と自分たちが住むための新居を確保するため、不動産屋を回ったのである。

ある中古住宅を内覧に行ったとき、そこにはまだ人が住んでいて、案内した不動産屋に「あらっ、今度のお客さんはずいぶんお若いご夫婦なのね」と話しているのが耳に入った。エミはこのとき二十一歳、私は十九歳だった。

ほどなく新築の建売住宅が見つかった。カナダに行くまえに住んでいた西武池袋線の江古田からは十駅（現在は十一駅）も郊外の、清瀬からバスで十分、美しい花々が咲き誇る江古田の家とは大違いの、庭もほとんどない三〇坪に満たない小さな建売住宅だった。一二〇坪の江古田の家を売って得た金は、豪華客船を含むカナダとの往復で、その大半が太平洋の藻屑と消えていた。残ったわずかな資金で買える住宅は限られていた。

信頼していた伯父の寺島元三郎にも物件を見てもらい、契約しても差し支えないということになり、とりあえず手付金だけ振り込んで両親の帰国を待つことになった。中村家の危機に、妻の義姉や兄たちが、献身的に次々と手を貸してくれたのだった。

それから一週間ほどして、哲とサチが帰国、中村家の四人は義姉宅で再会した。サチはノイローゼがひどく、部屋に閉じこもって泣いているばかりだったが、いつまでも義姉一家に迷惑をかけているわけにはいかない。カナダからの引っ越し荷物が届くのと同時に、義姉一家に丁重に礼を言うと、清瀬の新居に引っ越した。

自分の思い込みから、こんなことになったとはいえ、サチの落胆は大きかった。カナダへ行ったことで生じた、一、大好きだった江古田の家を売り払ったこと。二、小平霊園に所有していた中村家の墓を親戚に譲ったこと。三、息子の修に早稲田大学入学の権利を放棄させたこと。これが三点セットの恨み節となって、それからずっとサチの口癖となった。

ニューオータニの館内放送で復帰

哲は悩んでいるヒマはなかった。一日でも早く仕事に復帰すべく、かつての仕事先へ挨拶して回った。今さら他の職は探せない。芸能界で生きていくしか術はないのだ。馬鹿にされるのを覚悟していたが、意外にも皆、親身に応対してくれ、仕事を回すことを約束してくれた。

そんなとき、運良くと言うべきか、意外なところからレギュラーの仕事が飛び込んできた。何とホテルニューオータニである。哲が危機に陥ると、それまでしたことのない初めての仕事が助け舟のように入ってくることがよくあった。今度の場合もそれで、ホテルニューオータニが独自制作する、室内テレビ放送のニュースキャスターという仕事だった。

ホテルニューオータニが営業開始したのは一九六四年（昭和三十九）の九月一日。開業時の客室数は一〇五八室。客室数の多い大型高級ホテルである。東京オリンピックの観光客をターゲットにオープンしたホテルニューオータニは、それ以後も海外からの宿泊客が多く、オープンから四年後の一九六八年（昭和四十三）十二月、顧客サービスの一環として、各国のニュースなどをすべて英語で、各部屋に提供する独自の有線テレビ放送を始めたのだ。

放送は一階ロビーのサテライトスタジオからおこない、ホテルインフォメーションのほか、交通機関の案内、天気予報、ニュース、催物案内、日本企業、観光案内なども放送した(3)。

哲が起用されたのは、OTVワイドニュースの朝のキャスターである。番組は狙い通り外国人宿泊客に好評となり、なかでも朝夕のニュースがもっとも人気のあるものとなった。

朝のニュースは午前八時放送開始だったが、事前の打ち合わせに間に合わせるためには、西武池袋線の清瀬駅の始発に乗らなければならない。しかし、その時間にはバスがまだ動いておらず、哲は毎朝、バスで十分かかる道を駅まで歩いて通わなければならなかった。坂もあって六十歳の身には辛い日もあったが、三年以上続くことになるレギュラーのこの仕事は、帰国したばかりの哲と哲の家族にとって貴重なものとなった。ここでも英語力が哲を救ったのである。

年が明けて一九六九年（昭和四十四）になると、うれしいことに自ら専属契約を破棄した古

ホテルニューオータニの館内放送の仕事につく。

巣の東宝から出演依頼があった。特撮がメインの『緯度0（ゼロ）大作戦』（円谷英二特技監督）。監督の本多猪四郎にはこれまで何度も起用されたことがある顔なじみだった。

また、海外ミュージシャン日本公演のMCも、協同企画エージェンシーの仕事ではなかったが、『バードランドの子守唄』のヒットで知られるハスキーボイスの女性ジャズ歌手クリス・コナー（二月）、『イパネマの娘』で世界的ヒットを飛ばしたボサノヴァの女王アストラッド・ジルベルト（三月）、小柄な身体でダイナミックに歌う「ミス・ダイナマイト」のブレンダ・リー（六月）と目白押しで、テレビでは『東京バイパス指令』（日本テレビ）、『特別機動捜査隊』（NET）といったドラマの他、『実用英語講座・英会話の旅』（フジテレビ）にも出演している。

さらにブロードウエイの人気コメディアン、ゼロ・モステル主演の合作映画『サムライ・コップ〜おとぼけクン〜』（原題『MASTER MIND』日本未公開）への出演もあって、カナダへ行ったブランクを感じさせない仕事ぶ

ⓒ東宝

ⓒ東宝

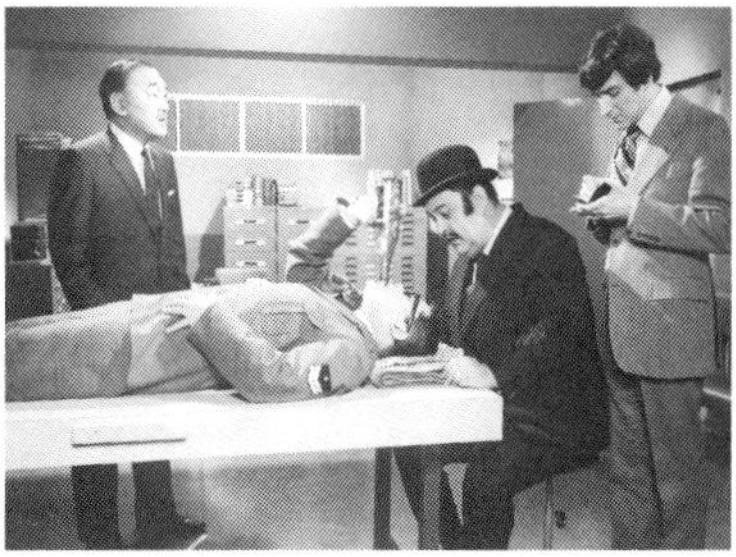

上・『緯度０大作戦』、右上下・『サムライ・コップ』日加合作（日本未公開）のフランキー堺とゼロ・モステル、左・『ゲゾラ・ガニラ・カメーバ　決戦！南海の大怪獣』。

りとなっている。思っていたよりずっと早い奇跡のような芸能界への復帰だった。

人柄のよさが哲を困窮から救った

帰国の挨拶回りをしたときに、仕事を回してあげると相手が約束してくれたのは、あながちただの社交辞令ではなかったのだ。それはおそらく、哲の人柄ゆえのことだろう。家族からは怠け者と糾弾される哲だったが、それとはまったく逆に、仕事先での信頼は厚かったのだ。

哲の足取りを追うために、私がインタビューをお願いした関係者の方々は、口を揃えて哲の人柄のよさを語っている。私にとってはひどく意外で、印象的なことだった。

「タレントの中には困った人もいるけれど、中村さんは本当に良い方だから、何ひとつ困ったことはありませんでした。性格的にも優しい方だし、みんなに好かれてましたよ。とにかく真面目で……」（石井好子）

「僕の印象では、本当に礼儀正しい方でしたね。僕のほうが二十歳くらい年下なのに、いつも立てて下さって……」（永島達司）

「中村さんが人の悪口を言うのを、僕は一切聞いたことがないですよ。底抜けにお人好しだったんじゃないですか」（三橋達也）

「ユーモラスで、いつも冗談を言っては皆を笑わせて明るくしていた。大きなゆったりとした感じの人でした」（山口淑子）

「とても温厚で。僕らまだ十代半ばだったんですが、物凄く可愛がってもらって、仕事に行くと〈おっ、また一緒！〉なんてね。マネージャーの人たちも皆、中村先生、中村先生って言ってました」（中野啓介・タップダンサー）

個性を売り物にする芸能人にとって、「よい人」とか「礼儀正しい」とか「温厚」といった言葉が、はたして誉め言葉になるのかどうかは微妙だが、相手にされないのではという不安は杞憂に終わり、哲自身の人柄のよさが早い復活の道へ導いてくれていたことは間違いない。

サチの過剰な不安に振り回された中村家

日本に帰ってから忙しく仕事をするそんな父を見ていて、私はあることに気がついた。これならなにもカナダへ移住する必要などなかったのではないかということである。怠け者ゆえに哲の仕事が激減して経済的に追いつめられ、カナダへの移住が中村家を救う唯一の手段だという、母のあの頑固な主張はいったい何だったのだろう、そう疑問に思うようになったのだ。

そんなある日、何気なく読んだ本の一節に目が釘付けになった。それは心理学の解説書で、ある種の人が持つ特徴的な性格に関して述べているのだが、大意は次のようなものだった。

「常に何かに怯えていて、どれだけ安定した生活を送っていてもその不安は解消しない。その根底にあるのは他者から見捨てられるという潜在的な不安である。物言いが極端でよく問題を起こすこのような人は、幼児期に当たり前に育てられた経験を持たずに成長した場合が多い」

私は驚いた。これは母そのものではないか。裕福な家庭に生まれ育ったものの父親には何人もの愛妾がいて、母親はそのことでいつも悩み苦しんでいた。そんな両親のもとで育ったサチは、親からの無償の愛を存分に受けることなく大人になった。そういう子供は、いつしか自分を愛せない負の感情を無意識に抱え込むようになることがあるという。そして、そうした自己愛の欠如は、理由なき「不安」となって心の奥底に沈殿していき、数々のトラブルを引き起こす。サチの極端で不合理な行動の源は、本人にとっては抗し難い深い心の傷だったのだ。

私は胸が痛んだ。花や小鳥を愛し、優しく明るかった母親が正体不明の不安に苦しんでいたとは。母は母なりに幸せになりたいと求め、家族のために必死に生きていたに違いないのだ。サチは相変わらずふさぎ気味だったが、それでも少しは元気になってきた。気晴らしにもなるからと言って、自らシニア・モデルの仕事に復帰し、頑張って外に出るようにもなった。

そんな回復しつつあるサチの様子に、哲は驚くほど素直に喜んだ。哲は、映画の撮影で長く家を空けたとき、ロケ先から毎日のようにサチ宛ての絵はがきを送って寄こしたが、最初の一行は決まって「最愛の妻サチへ」という言葉だった。何があってもサチに寄せる哲のその想いは純粋で不変だったのだろう。

カナダから帰って二年後の一九七〇年（昭和四十五）八月、中村家は新しい家に引っ越した。最寄り駅は西武池袋線の清瀬駅からもうひとつ郊外の秋津だが、駅からは徒歩一〇分、洋間の応接間も備えたワンランク、ステップアップした家だった。ようやく帰国してきた長女のジュンも加わって、一家五人がそろった新たな生活が始まった。

『レッド・サン』の大ヒットで溜飲を下げる

復帰後、順調に仕事をこなしていた哲に大きなオファーが入ってきた。三船敏郎直々の出演依頼だった。フランスのレ・フィルム・コロナ社が製作する西部劇『レッド・サン』である。

主演は三船のほかに、一人は『荒野の七人』や『大脱走』の渋い演技で注目され、その後の主演作『さらば友よ』『雨の訪問者』『狼の挽歌』が立て続けに大ヒットを記録してハリウッド俳優としての地位を確立していたチャールズ・ブロンソン。そしてもう一人は、出世作『太陽がいっぱい』で、金持ちの友人を殺害し、彼の女と巨額の金を手に入れようとする野心的な青年を演じて世界の女性たちの心をわしづかみにした、フランス映画界を代表する稀代の二枚目アラン・ドロン。哲は即座に出演を決めた。

撮影は、一九七一年（昭和四十六）三月からスペインで始まった。アルメリア地方の砂漠がアメリカの西部に似ているということで選ばれたロケ地だったが、製作規模の大きさに比べて、ストーリー自体は非常に分かりやすいものだった。

舞台は一八七〇年のアメリカ西部。日米親善の任務を帯びた日本国大使、坂口備前守（中村哲）が部下の黒田重兵衛（三船敏郎）らに警護され、アメリカ大統領に会うべく特別列車に乗って通りかかる。しかし、そこに強盗団が襲いかかり、大統領に献上するために帝から預かってきた黄金の宝刀が奪われてしまう。

一味のひとりのゴーシュ（アラン・ドロン）が、ボスのリンク（チャールズ・ブロンソン）を裏切り宝刀を横どりして逃亡したため、期せずしてサムライの黒田とガンマンのリンクが、二人してゴーシュを追うことになる。途中に現れたコマンチ族の襲撃を、黒田の見事な剣さばきやリンクの拳銃で突破したりしているうちに、いつしか二人の間に奇妙な友情が芽生え、ついにゴーシュを追いつめて倒し、黄金の宝刀を取り返す。しかし、黒田はゴーシュの銃弾に倒れて絶命。リンクは黒田のいまわのきわの頼みを聞き入れ、坂口備前守が乗った特別列車へ黄金の宝刀を届けることに……というストーリー。

アメリカを舞台にした西部劇に、明治維新から二年後の日本の侍が登場するといった荒唐無稽な設定のうえに、時間の経過と距離感に荒っぽさを感じさせはするが、アクション映画の名手テレンス・ヤングの鋭く切れのある演出は、007シリーズの第一作『ドクター・ノオ』や二作目の『ロシアより愛をこめて』で証明したとおり、ここでもテンポよく冴えわたり、最後まで観客を飽きさせない。

音楽監督には『アラビアのロレンス』や『ライアンの娘』で知られるモーリス・ジャールがあたり、それに加えて、初代ボンド・ガールで鮮烈なデビューを飾った女優ウルスラ・アンドレスが、西部劇でおなじみの酒場女に扮して豊かな胸を惜しげもなく披露するサービスシーンもあって、『レッド・サン』は大人が楽しめる一級の娯楽作品となった。

フランスでは、アラン・ドロンの代表作『仁義』に迫る大ヒットを記録。隣国西ドイツ（当時）でも、『ドクトル・ジバゴ』の動員記録を破り、さらにその勢いに乗って、翌年には全米一八〇館での一斉公開が決定された。

日本でも、アメリカ、フランス、日本を代表する世界三大スター夢の競演というふれこみで公開まえから話題を集め、一九七二年（昭和四十七）の正月映画として前年十一月二十六日に封切られるや、前評判どおりの圧倒的な好成績をあげて、上映館のシネラマ劇場、テアトル東京（一九八一年閉館）では五ヵ月あまりの大ロングランを記録することになる。

哲は出番こそワン・シーンと少なかったが、物語の起点となる重要な役で、このときの出演料が三船プロからの支払書に残っている。それによると、出演料が百八十万円、撮影が予定より延びたためのオーバー出演料が七十二万円で、合計二百五十二万円だった。

ちなみにこの出演料が支払われた一九七一年（昭和四十六）の大卒銀行員の初任給は、四万五千円。哲は『レッド・サン』でこれまでの映画出演の中でももっとも高額の出演料を得たことになる。一家をあげてカナダへ渡って失敗した大痛手から、わずか三年で立ち直ったのだった。

私はすっかり日本人のようになってしまいました

しかし、スペインでのロケが終わり、帰国予定日になっても哲は日本に帰ってこなかった。心配したサチが三船プロに問い合わせると、とっくにマドリッドを発っているという。哲がようやく帰ってきたのはそれから一週間ほど経ってのことだった。何とスペインを出てから大西洋回りでカナダに寄り、トロントに住む兄や妹たちに会っていたのだ。

それならそうと言っておいてくれればいいのにとサチは怒ったが、哲にはわざわざカナダに寄ってくるだけの大きな理由があった。日本に帰った三年前のことを兄妹にきちんと説明しておきたかったことがひとつ。さらに、それよりもっと大きな理由がひとつ。それはカナダ国籍を放棄して日本国籍を取得する決心をしたと、自分の口から直接、兄妹に伝えるためであった。

前年の暮れに、哲は親友のロイド・キノシタに次のような胸の内を綴っている。

〈日本の私たちは、カナダから帰って来てから三度目のクリスマスを送ることができ、再び日本に戻れたことをうれしく思います。

私の家族は皆、東京で生まれ育ち、帰国してからはさらに東京を愛しているようです。一方私は、日本で三〇年暮らす間、一生懸命に標準語で話し、日本人らしく振る舞うように努力し、すっかり日本人のようになってしまいました。さもなければ、俳優として生き残ることはできなかったでしょう。これは私にとって不幸であったかも知れないし、幸運であったかも知れません。どちらとは言えません。いまのところは、私は自分が幸運だったと考え、日本で精一杯頑張っています。私が家族をカナダへ連れて帰る前は、カナダが恋しく、故郷に対するノスタルジアがやみませんでしたが、いまではそれもなくなりました〉

（一九七〇年十二月二十日付・原文は英文）

『レッド・サン』の撮影がすべて終わった後の七月、哲はカナダ国籍を放棄し、日本国籍を取得した。正真正銘の日本人となったのである。私たち三人の子供もカナダ国籍を保有していたが、それぞれ二十二歳になったときに放棄して、日本国籍のみとなっていた。

日本人になった哲は、その後も精力的に仕事をこなしていった。そして一九七三年（昭和四十八）には東宝芸能と専属契約を結び、ついに古巣に復帰を果たすことになる。東宝芸能は東宝の子会社で、かつて東宝の専属だった俳優の受け皿となっていたのだ。

東宝のホームページからアクセスできる『東宝映画俳優専属者リスト』（編者・東宝株式会社総務部）によると、哲が専属だった最後の年の一九六三年（昭和三十八）には、男優女優合計二四三名が専属となっているが、二年後の六五年には二〇三名になり、七二年には加山雄三、小林桂樹、三橋達也、高田稔、酒井和歌子、司葉子等々わずか十一名に激減、七五年にはついに高田稔ただ一人となってしまう。哲が自ら辞めるまでもなく、大手映画会社の専属制はいずれ崩壊する運命にあったのだ。

東宝芸能では専属といっても専属料はなく、そのつどの出来高払いだった。しかし、かつて自ら専属契約を破棄したにもかかわらず、戦前に日本に来たときから所属していた東宝の関連会社に迎え入れられ、マネジメントしてもらえることは、哲にとって安心であり、誇りでもあ

ⓒ東宝

上・『華麗なる一族』（1974年、東宝＝芸苑社）仲代達矢、二谷英明と。
右・『Far East Despatche』（1958 年、アメリカのテレビシリーズ）で香港にて。

った。

哲はこの年に『日本沈没』（森谷司郎監督／中野昭慶特技監督）、翌年には『華麗なる一族』（山本薩夫監督）といった東宝映画の大作に出演している。

ＮＨＫで十八番の『スワニー』を熱唱

そして一九七六年（昭和五十一）、ついに待望の音楽の仕事が入ってきた。ＮＨＫ総合テレビで二月十一日に放送される『日本のジャズ　ＰＡＲＴ1』という番組で、日本におけるジャズの歴史を探ろうという趣旨のものだった。企画、制作はＮＨＫサービスセンターと、紙恭輔が会長をつとめる社団法人ニッポン・ミュージシャンズ・ユニオン。この番組は三月二十日にはＮＨＫ・ＦＭでもラジオ放送されるという。

渋谷公会堂の公開録画のさいに作られたプログラムに、同ユニオンの副会長、石川皓也が次のよ

ⓒ東宝

ⓒ東宝

上・『日本一のゴリガン男』、1966年、東宝＝渡辺プロ、古沢憲吾監督、植木等主演
下・『イカサマ紳士録』、1956年、田尻繁監督、藤木悠、柳家金語楼、河内桃子と。

うに記している。

〈日本におけるジャズの歴史を、何とかして後世に残る資料として記録して置きたいと考えました。音楽の資料は、あくまでも音として固定しなければ真の実情を知ることは困難であり、特にジャズにおいては、楽譜は単にある程度の演奏上の示唆を与えるに過ぎないことが多いので、当時の実情を知っている方々の御協力によって、実際のサウンド、演奏形態の復元が必要となり、ここに演奏会を開催することになった次第です。

（中略）大変しあわせなことに、この企画に対し、各方面の暖かい御理解と御援助が得られ、ビデオテープによる録画、録音も行われることになりましたので、永久に当時の実情を知る資料として保存することが出来ることになりました。本当にありがたいことと感謝の気持ちでいっぱいです〉

映画に出演した哲の、役者としての映像はあまたあるが、歌手として舞台に立つ哲を記録した映像はほとんどない。むろん初期のテレビ映像はビデオに残っていない。その意味でも貴重な番組だった。出演者は石井好子、ペギー葉山、ディック・ミネ、水島早苗ら十名で、哲は日本のジャズ史に足跡を残したシンガーの一人として認められ、選ばれたのだった。

六十七歳になっていた哲は久しぶりの舞台に心が躍ったことだろう。このとき小野満とスイング・ビーバーズの演奏をバックに歌ったのは『恋人よ我に帰れ』と『スワニー』の二曲。かつて進駐軍クラブで大人気だった哲の十八番中の十八番だった。

遠いバンクーバーのホテルでベルボーイをやりながら、歌手を夢見て市井の声楽家に学んだ日系移民の子が、歌手として日本の戦後ジャズ史にその名を刻んだのだ。日系人差別の壁に阻まれ、幾多の困難を乗り越え、斎田愛子の後を追うように生まれ故郷のバンクーバーを離れて日本にやって来てからの三十六年という長い年月の、その答えがいまこの舞台の上にあった。

この年の暮れに中村家はふたたび新しい家に転居する。最寄り駅は清瀬。前回の転居よりさらにグレードアップしていた。

その後も、哲は、円谷プロが日米合作で製作した『極底探険船ポーラーボーラ』（小谷承靖／アレックス・グラスホフ共同監督）に出演するなど、CMのモデルもふくめて仕事が途切れることがなかった。

『日本のジャズ　PART I』のチラシ

このころ哲は、ロイド・キノシタに次のような手紙を送っている。

〈私はいまも俳優、歌手、そして雑誌やテレビ広告のモデルとして働いています。私がいまも働くことができるのも、神のおかげです。サチもモデルをやっていて、スポンサーからすごく人気があります。彼女は六〇歳で髪も白くなってきましたが、とても人気があります。サチに神の御加護あれ〉（一九八一年二月七日付・原文は英文）

哲はこの手紙の二年後の一九八三年（昭和五十八）二月の寒い夜、トイレに行こうとして倒れ、救急車で病院に担ぎ込まれた。糖尿病からくる脳溢血だった。一命はとりとめたものの、その後、入退院を繰り返しながら長い闘病生活に入ることとなった。

そして、一九九二年（平成四）八月三日午前零時四十七分、哲は入院中の清瀬の信愛病院で、サチと三人の子供、そして婿、嫁、孫たちに囲まれて、波瀾に満ちた生涯を閉じた。享年八十三歳だった。哲がいつも使っていた自宅の机の上には、最愛の妻サチの笑顔の写真が入った小さな額が置かれていたが、最後の仕事となったのは倒れる前年、編み物の実用書のモデルで、最愛の妻サチとの共演だった。

新聞各紙に死亡記事が載り、葬儀は二日後の五日、哲が十七年間暮らしたカナダ風サンタクロースの家があった江古田の斎場で執りおこなわれた。棺の中で眠る哲の上には、二度目のリサイタルを開いたときに新調した、こだわりのタキシードが載せられていた。生涯自分を愛しつづけてくれた哲に対するサチの想いがそこにあった。

サチはその後もシニア・モデルとして活躍を続けたが、いつしか体調を崩し、長い入院生活

上右・白洋舎の広告。上左・協和銀行。
右中・学習研究社。
ほかもＣＭモデルは哲。

上・長嶋茂雄との共演ポスター（ねんりんピック'88、1988年）。下右・小田急百貨店。下左・日立製作所。いずれもモデルはサチ。

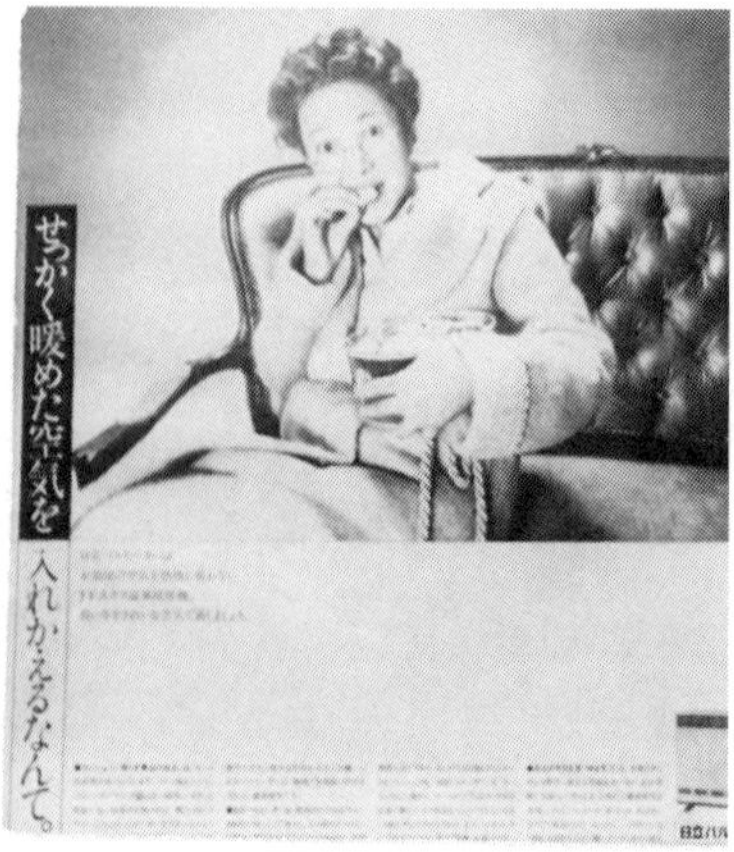

上右は不明。上左・カゴメの広告。下・日本ヴォーグ社。サチは「都会的なおばあちゃんモデル」として活躍した。

の後の二〇〇〇年（平成十二）七月十四日、永遠の眠りについた。哲と同じ享年八十三歳だった。

サチの最期の言葉は「みんな、ありがとう」だった。

哲とサチは、富士山の麓の広大な霊園に共に眠っている。

「気分はハッピー　ファミリー手あみ」主婦の友社
妻サチとの共演が哲の最後の仕事になった。

（1）『Ｎｉｄ　ｎｅｗｓ』ＮＯ．34　コスガ　デザイン教室　１９８０年
（2）『グラフＮＨＫ』１９７１年9月15日号
（3）『社内報　おおたに』ＮＯ．27　１９６８年12月特別号

エピローグ

朝日軍メンバー中村哲の遺族として褒章を受ける

二〇一六年（平成二十八）四月十六日、私は妻とともにカナダのトロントにいた。日系カナダ人文化センター（JAPANESE CANADIAN CULTURAL CENTER＝ＪＣＣＣ）が主催する『ＳＡＫＵＲＡ　ＧＡＬＡ』の第八回授賞式に出席するためだった。

『ＳＡＫＵＲＡ　ＧＡＬＡ』とは、同センターが年に一度、日系人の地位向上や文化の普及に寄与する顕著な功績をあげた人物をたたえて授与する賞で、この年は戦前の野球チーム、バンクーバー朝日軍に贈られることになったのである。私は、同軍のメンバーだった父、中村哲の遺族の一人として、この賞を受けにきたのだ。

これまでのこの賞の受賞者は、戦時中の日系人強制収容の誤りを認めて謝罪と補償を行ったブライアン・マルルーニ元カナダ首相（第一回）、東京赤坂のカナダ大使館を設計した建築家レイモンド・モリヤマ（第二回）、アメリカの人気テレビ・シリーズ『スター・トレック』などの出演歴がある俳優のジョージ・タケイ（第四回）、カナダ文学界で日系作家を代表する女流のジヨイ・コガワ（第七回）といった著名なカナダ人や日系人の他に、日本人としては世界的指揮者の小沢征爾（第五回）、第二次世界大戦中に《六〇〇〇人の命のビザ》を発行した当時のリトアニア大使・故杉原千畝（第六回）、カナダでも英訳本が出版されている世界的作家の村上春樹（第七回同時受賞）などそうそうたる面々で、哲が家族を連れてカナダに帰ったときに支えてくれた、甥で環境活動家のデヴィッド・スズキも受賞者（第三回）の一人として名を連ねている。いずれも個人が受賞の対象となっていて、団体がこの賞を受けるのは朝日軍が初めてだった。

歴史の彼方に忘れ去られていた朝日軍再評価のきっかけとなったのは、一九九二年（平成四）に、日系カナダ人二世のパット・アダチが著した『Asahi：A Legend in Baseball』がカナダで出版されたことだった。

彼女は子どものころ、白人軍を相手に正々堂々と勝負する朝日軍の試合を、自宅近くのパウエル球場で観戦するのが楽しみだった。強制収容所時代には若き教師として子どもたちの教育にあたっていたこともある知識人の彼女が、何とかその記録を残せないかと思い立って記したのが同書であり、当時の邦字新聞を丹念に掘り起こし、詳細な試合経過や選手紹介などを豊富な写真とともに掲載した画期的なものとなり、大きな反響を呼んだ。

二〇〇二年（平成十四）には、朝日軍を題材としたドキュメンタリー映画『Sleeping Tigers:The Asahi Baseball Story』が製作され、その年の五月には、トロントのスカイドームで開催されたシアトル・マリナーズ対トロント・ブルージェイズの試合で、すでにかなりの高齢になってはいたが、朝日軍の元メンバー五名による始球式が行われた。グラウンドにはイチロー、佐々木主浩、長谷川滋利ら日本人選手たちの姿もあり、スタンドの観客たちはスタンディングオベーションで朝日軍の栄誉を熱く称えた。

翌年、朝日軍のメンバー七十四名の名前が、カナダ野球殿堂に刻まれた。アマチュア・チームとしては史上二番目の快挙で、その中にはもちろん、中村哲と兄、宏の名前もあった。さらに二年後の二〇〇五年（平成十七）には、BC州のスポーツ殿堂入りを果たし、州知事並びに市長らが列席した表彰式では、健在の元選手、遺族らに記念のメダルが贈呈された。

さらに二〇一七年（平成二十九）三月には、朝日軍の歴史を最初に記したパット・アダチが、長く埋もれていた朝日軍に光を当てた功績を認められ、カナダ総督から名誉ある勲章を授与されている。

日本で最初に朝日軍に注目したのは、中部日本放送の後藤紀夫で、一九九四年（平成六）十月二日に、TBS系列の『JNN報道特集』の中で『知られざるカナダ朝日軍』と題して放送された。このとき、偶然この番組を目にしたのが、古本喜庸だった。古本の父、忠義（テディ・フルモト）は、朝日軍創立のときからのメンバーで、長くエースとして活躍した。息子の古本は日本生まれの日本育ちで、子どものころから幾度となく父親の忠義から朝日軍の話を聞いて興味を持っていたが、その実態が分からないまま父親は他界していた。

テレビで朝日軍の番組を見た古本は、さっそくプロデューサーに連絡を取って詳細を教えてもらい、自らカナダに飛んで朝日軍の元選手たちと会った。朝日軍を支えたエースの息子がわざわざ日本からやって来たということで元選手たちは大いに喜び、古本に多くの情報を提供した。そしてそれが、二〇〇八年（平成二十）に『バンクーバー朝日軍　伝説の日系人野球チーム　その栄光の歴史』（筆名はテッド・Y・フルモト）として結実することになる。

この作品は、朝日軍が一九二六年にターミナル・リーグで優勝したときの試合をクライマックスに据えて、父親のテディを優勝投手として大活躍したように描いている。しかし、「感動の実話」と銘打ちながらも実際にはこのシーズン、テディ・フルモトは引退同然のベテランで、若手中心路線にシフトしたチーム事情もあって、試合にはほとんど出場していない。

父親を英雄視するあまりの作者の勇み足と思われるが、この作品が朝日新聞（二〇〇九年一月十九日夕刊）で紹介されたことから、二〇一〇年にはドキュメンタリー番組『NONFIX』（フジテレビ・三月四日放送）で取り上げられ、一四年にはフジテレビ開局55周年記念映画『バンクーバーの朝日』が製作・公開されて話題となり、さらには同作品がカナダでも上映されて今回の『SAKURA　GALA』の受賞につながったことを考えると、古本の『バンクーバー朝日軍　伝説の日系人野球チーム　その栄光の歴史』は大きな意味があったと言えるだろう。

朝日軍に関してはこの他にも、『伝説の野球ティーム　バンクーバー朝日物語』（後藤紀夫）や『松宮商店とバンクーバー朝日軍　カナダ移民の足跡』（松宮哲）など優れた研究書が刊行されている。

また、ＢＣ州のスポーツ殿堂入りを果たしたときに授与された記念メダルは、元選手や遺族らの連絡先が不明で未渡しのものも多かったが、その後、朝日軍の選手だった嶋正一の甥の嶋洋文らの精力的な活動によって遺族が次々と判明、現在も記念メダルの贈呈が続けられている。

さらに、映画の公開がきっかけとなってバンクーバーに、戦後に移民した日系人の子孫によって少年野球チーム新朝日軍が結成され、二年に一度来日して日本の少年野球チームと親善試合をおこなっている。さらに、二〇一九年にはカナダ政府によって、朝日軍の選手たちの姿が描かれている郵便切手が公式発行され、日本でも二〇一九年度の高校の英語教材として、朝日軍が取り上げられることとなった。『Genius English Communication Ⅲ』（大修館書店）と『ELEMENT English Communication Ⅱ』（新興出版社啓林館）そして『UNICORN English Communication 2』NEW EDITION（文英堂）である。そこには一九二六年に優勝したときの集合記念写真も掲載されていて、朝日軍のユニフォームを着た十八歳の哲も写っている。カナダへ渡った日本人移民の子どもたちが、両親の故郷日本の教科書になったのだ。

サリーはみんなの憧れの的だった！

『ＳＡＫＵＲＡ　ＧＡＬＡ』の受賞式パーティーは、五百名を超える出席者に、正装というドレスコードのある盛大で格式のあるものだった。日系人はもとより、白人、黒人、東洋人、ロシア&東欧系やアラブ系、あるいはどこの国の出自なのか外見からではまったく分からない多種多様な人たちが親しげにかつ華やかに談笑している姿はまるで映画のワンシーンのようで、私や妻にとっては初めて経験する素晴らしいものだった。

出席者の中には、トロントのあるオンタリオ州の女性知事キャサリン・ワインの姿もあり、トルドー首相からのメッセージも寄せられていた。また授賞式の後には、『Come Sail Away』などのヒット曲で知られるロック・バンド《Ｓｔｙｘ》の元ボーカリストでカナダ在住のローレンス・ゴーワンが、ピアノの弾き語りで熱唱するなど、大いに盛り上がってパーティーは終了した。

これだけ大規模で格式のある授賞式の、その賞の対象となる朝日軍のメンバーだった父親が残した足跡の大きさに、私はあらためて感動し、またあらためて大きく目を開かされる想いだった。あらためてというのは、トロントに来たのはこれが初めてではなかったからだ。

哲がこの世を去った三年後の一九九五年（平成七）、私はトロントに来て、バンクーバー時代の父のことを調べた。従兄妹（哲の上の妹昭《あき》の次男）のケイ・キシベと妻のメアリーの協力で、若き日の哲を知る学友会（戦前バンクーバーにあった日本語学校のOB会）のメンバーに集まってもらい、じっくりと話を聞いたのである。そのとき、私の耳に届いてきたのは、信じられない言葉ばかりだった。

「サリーは、カリスマだった！」

「サリーは、みんなの憧れの的だった！」

「サリーは、二世の誇りだった！」

どれもこれも、いままで聞かされてきた父親の姿とは、まったく違うものだった。

中には、私の顔つきと低く太い声が哲にそっくりだということで、

「サリー！　サリー！　トロントまでよく来てくれました！」

と、話している内に哲と息子の私を混同して、感動のあまり涙ながらに握手してくる年輩の女性さえいた。

私が子どものころからずっと、母親から聞かせられてきた父親のイメージは、

「ダディには、覇気がない」

「ダディは、ヤル気がない」

「ダディは、怠け者の頑固者だ」

等々……否定的なものばかりだった。その言葉を繰り返し浴びるほど聴かされている内に、いつしかそれが揺るぎない真実だと、私の脳の皺の奥深くまで刷り込まれ、ときには母の尻馬に乗って父を責めたことさえあった。

カナダから帰ったころから母親の言動に疑いを持つようになっていた私だが、盛大な『SAKURA　GALA』の受賞式パーティーの華やかさの中で、父の名誉が輝かしく照らし出されると、かつて聞いた学友会の人たちの父を称える数々の言葉が鮮やかに浮かび上がってきて、ずいぶんまえに抱いた疑問が、ふたたび私の胸の奥から甦ってきた、

「父は本当に、ヤル気も覇気もない怠け者だったのだろうか？」

いいんですよ、中村さんは、これでいいんです

その日、私と妻はもう一人の従兄妹のマーク・ナカムラの家に泊まった。マークの父親は哲の兄、宏で、朝日軍の名選手であり監督をつとめたこともあった。そもそも今回トロントに来たのもマークから私に連絡があったからで、授賞式にはマークと妻のリンダも出席していたのだ。

翌日、私は応接間のテーブルの上に置いてあった地元紙を手に取って見た。昨夜の受賞パーティーの記事が載っているかも知れないと思ったのだ。残念ながら記事の掲載はなかったが（後日掲載された）、別のものが私の目にとまった。ミュージカル公演の広告である。上演作品は『キンキーブーツ』で「追加公演　最終日迫る！」というキャッチコピーがついていた。

トロントは現在、大小四十もの劇場に、カナダ国立バレエ団を頂点とする五十以上のバレエ団、六つのオペラ団体に、トロント交響楽団などを有する、北米でも有数の一大文化都市となっている。中でも盛んなのはミュージカルで、『ロード・オブ・ザ・リング』が世界に先駆けて上演されるなど、ブロードウェイに次ぐミュージカル都市でもあるのだ。日本を発つまえ、ミュージカルが好きな私が何か観るものはないかとネットで調べたときには、『キンキーブーツ』の公演は終了している日程だった。それが人気があったために、ロングランされていたのである。偶然その広告を目にした私は、マークに頼んでチケットを二枚手配してもらい、妻と一緒に『キンキーブーツ』を観に行った。

会場はダウンタウンにあるロイヤル・アレキサンドラ劇場。一九〇六年（明治四十一）に建てられた（オープンは〇七年）、トロントでもっとも古い由緒ある劇場のひとつで、国の歴史的建造物に指定されているその重厚な外観は、歴史の重みを感じさせるものがあった。

ミュージカル『キンキーブーツ』は二〇〇五年（平成十七）にイギリスで製作された映画を舞台化したもので、一三年のシカゴでの初上演の後、ブロードウェイに進出、トニー賞の十三部門でノミネートされて（受賞はシンディ・ローパーのオリジナル楽曲賞など六部門）大ヒットを記録した人気作品である。この後日本でも翻訳上演されている。物語は、倒産しかけていた老舗の靴工場の跡取り息子が、オーナーである父親の死をきっかけに、継ぐ気がなかった会社を再建して行くというもので、その起爆商品に決めたのがドラァグクィーン（女装した男性）用のキンキーブーツだった。「キンキー」というのは、「奇妙な」とか「異様な」という意味である。

期待した通り、舞台は音楽&踊りが満載で、笑いもいっぱいの十分に満喫できるものだった。中でも印象的だったのは、観客の反応だった。大人しい日本人と違って、欧米の人たちは感情の発露がストレートかつオーバーで、綺麗に着飾った上品な雰囲気の中年の女性が、ここまで下品に笑うのかと驚くほど大袈裟に、大きく口を開いて大爆笑する。他の観客たちも皆、似たようなものだった。それにつられて、私も妻も大笑いした。

舞台の上に出演者全員が勢ぞろいしてフィナーレとなり、大拍手の中で幕が降りた。観客たちが席を立って、次々と出口へ向かって歩き出す。私も立ち上がり、何となく場内を見回した。高い天井の豪華な造りが、圧倒的な威容を誇っていた。

この劇場は、内部に手彫りが施されたマホガニーやサクラ材がふんだんに使われ、世界で初めて柱のないバルコニーを設置したことで知られているのだという。深紅のビロードの座席にゴールドを基調としたインテリアで、クリスタルのシャンデリアの輝く豪華な造りである。ため息が出るほど重厚な雰囲気の劇場を眺めていたそのとき、私の頭の中で突然何かがヒットした。

「ロイヤル・アレキサンドラ劇場……ここって、父が昔、舞台に立ったあの劇場じゃないか！」

うかつにしてそのときまで気づかなかったが、そうなのだ。ちょうど六十年まえ、『戦場にかける橋』の大役を逃し、藤原義江の第三次アメリカ・カナダ公演に参加したさいに、哲がトロントで舞台に立ったあのときの劇場、それこそがここロイヤル・アレキサンドラ劇場だったのだ。

父が活躍した朝日軍が表彰されることになってやって来たトロントで、父がかつて舞台に立ったその劇場に、私はいま立っている。まるで亡き父に導かれたかのような運命の巡りあわせに、私は鳥肌が立った。そして、その瞬間、あのときの、あの忘れられない声が聴こえてきた。

「いいんですよ、中村さんは、これでいいんです」

それは、財津一郎の言葉だった。

私は哲がこの世を去った直後からしばらくのあいだ、父の軌跡を探ろうと一緒に仕事をしたことのある縁の人たちを訪ね歩いたことがあり、財津一郎もその一人だった。すでに記したように、かつて無名時代の財津が歌手中村哲に憧れ、弟子入りを希望して江古田の家を尋ねてきたことがあった。弟子入りは無理でも、芸能界を知るために付き人はどうだろうかということで、財津が個性派の俳優としてブレイクするまえの一時期、哲の付き人をしていたことがあったのだ。

私は父を知る人に会ったときに、最後に必ず聞くことがあった、

「父は新しいレパートリーを増やそうとしない怠け者で頑固者だ、だから仕事がなくなったのだと、母がいつもそう言っていたのですが、父はどう見えました？」

そして、必ずこうも付け加えた、

「私が中村の息子だからと言って遠慮はしないで下さい。本当のことが知りたいのです」と。

その質問に対する財津の答えが、あの言葉だった。

私は財津に会うまえに、あらかじめ一枚のＣＤを送っておいた。哲の遺品の中にあった、タキシードを新調して起死回生の全曲英語のリサイタルを開いたときに録音した、オープンリールのテープに入っていた音源を、ＣＤにしたものである。

哲のそのＣＤを聴いたうえで、財津は私の質問に答えて言ったのだ、

「いいんですよ、中村さんは、これでいいんです」

リリオ・リズム・エアーズのリーダーだった伊藤素道も、ほとんど同じ言葉を口にしていた、

「お宅のお父さまは、妥協しないで自分の歌を歌い続けたでしょ、根性あるんですよ。僕も根性がある。やっぱり自分の思っていることしかやらない。頑固、頑固。要するに一途ってやつです。そこに惚れたんですよ、僕は。尊敬する人が五人いれば、その中に必ず入りますね、中村さんは」

さらに、日本で長く『Asahi Evening News』などの英字新聞で芸能記者をやってきた藤田シグは、

「職人ですよね、お父さんは。自分はこういう歌を歌う。自分はいちばんこういう歌があってると。新しい歌はやっても、恐らく彼としては〈嘘になる〉と感じたんじゃないですか？　自分の本当にやりたいことをやるか、それを曲げて、お金や人気に走るか。結局は、生き方の問題なんですよ」

私は、財津一郎が最後に静かにこう言っていたことを思い出していた。

「お父上は、どっちかっていうと真面目でぶきっちょで、芸能界にふさわしくないような地味さもあったかも知れない。でも僕もそうだから、よくわかるんだな。何かひとつのものを、大事に生きられた方ですよ、歌を聴いたらわかる、あのＣＤを。自分の信じる何かひとつのものを、いちばん大事にして生きてこられたんでしょう、壊すことなくね。それが感動なんです、

僕は」

ロイヤル・アレキサンドラ劇場の降りている緞帳の向こうの舞台の上に、タキシード姿で自信たっぷりに歌っている父の姿が見えた。

「いいんですよ、中村さんは、これでいいんです」

〔文中敬称略〕

あとがき

私は、父が四十二歳のときの子で、父の全盛時代のことをリアルタイムではまったく知らない。

おそらくは進駐軍の基地クラブの売れっ子だったころのことだと思うが、父が毎日のように夕方出かけて夜遅くに帰って来るので、近所の人から「ダディさん（みんなこう呼んでいた）のお仕事は泥棒ですか？」と冗談まじりに言われたり、小学生のときにはクラスメートから「おまえのオヤジは二世だからニセ者だ」と愚にもつかないことを言われてそれなりに傷ついたりしていた。あるいは、映画の役柄から「おまえのオヤジはよく殺されるなァ」とからかわれもした。そのうえ母からは、中村家が不幸になったのは父が怠け者だったからだと聞かされつづけて洗脳され、父を尊敬することは少しもできなかった。

そんな私の胸に、自分は本当に父を理解していたのだろうか、父の人生はいったいどんなものだったのだろうかという想いが芽生え、父の生涯を調べて評伝を書いてみようと思い立ったのは、父がこの世を去った直後のことだった。

父の葬儀を取材しにきた新聞記者からインタビューを受けて答えていると、新聞記者がこういったのだ。

「お父さんの人生は本当に興味深いものがありますね。息子さんが評伝を書いたら、面白いんじゃないですか?」

まったく思ってもいなかった言葉だっただけに、胸に残るものがあった。

それからしばらく経ったある日、父の遺品を整理していると、何冊もの古いスクラップブックが出てきた。開いてみるとそこには、父がこれまで出演した映画や舞台、テレビなどの台本の表紙やスティール写真、チラシ、新聞記事等々がビッシリときれいに整理されて貼ってあった。

その数の多さに、まず私は驚かされた。父はこんなにも多くの仕事をしていたのだと、初めて知ったのである。しかも共演した俳優や歌手が、芸能史に残る著名な人たちばかりではないか。

そしてこうも思った。何から何までこういうスクラップブックに残すということは、父は自分の仕事を愛し、心から誇りに思っていたのに違いない、と。

私があの新聞記者がいったように、父中村哲の評伝を書こうと決心したのは、このときだった。

高校生のときに設立したマンガ研究会の後輩がフリーの編集マンをしていたので相談したと

ころ、草思社を紹介され、父のおおまかなキャリアを企画書にまとめてプレゼンすると、幸運にも出版の快諾を得ることができた。

私はすぐに取材を開始、親戚の人たちはもとより、父と交流があった多くの人たちの誰もが、哲さんの息子ならと快くインタビューに応じてくれた。カナダにも足をのばし、従兄弟の尽力で集まってくれた、戦前のバンクーバー時代の父を知る学友会のメンバーたちが、サリーの息子が来たと歓迎のパーティーを開いて迎えてくれて、昔懐かしい多くのエピソードを語ってくれた。

そしてそれらの言葉はいずれも、子どものころから繰り返し母から聞かされて刷り込まれた、どうしようもない父の姿とはまったく逆の、親しみとリスペクトをこめたものだった。

私にとって父の足跡をたどる取材は、思ってもいなかった父の再評価への旅となったのである。

しかしその後、私の本業であるマンガ原作（ペンネームの寺島優）とTVアニメのシナリオの仕事（本名の中村修）が多忙を極め、不本意ながら評伝はいつしか片隅に追いやられたまま、気がつけばアッという間に二十五年を超える長い月日が過ぎてしまっていた。

この間、取材に応じて下さった多くの方々が、鬼籍に入られてしまった。ようやく上梓にたどり着いた本作を、御礼の言葉ともどもお届けできないのは痛恨の極みで、ただただ不徳を詫びるのと同時に、あまりの怠慢を恥じるばかりである。

ちなみに、取材に応じて下さったのは、左記の方々である。

【芸能関係】
石井好子、伊藤素道、内野二朗、大竹省二、小篠輝夫、忍足信一、紀原土耕、小谷活司、小林桂樹、小室等、財津一郎、永島達司、中野ブラザーズ（中野啓介・中野章三）、藤田シグ、古川八重子、三橋達也

【カナダ関係】
ローズ・アイホシ、パット・アダチ、マスコ・イグチ、スエコ・ウチダ、エツコ・エノモト、勝野まりえ、ケン・クツカケ、ロイ・クマノ、是永寿太郎、ハリー・コンドウ、白石キミコ、マツエ・ニシザワ、メアリー・ヒラサキ、ケイ・ホンマ、ジェーン・マツモト、レイコ・マツバヤシ、ポール・ヨシクニ、学友会の皆さん

【中村家】
大屋シヅ恵、ニエコ・ナカムラ、マーク・ナカムラ、コウ・キシベ、ケイ・キシベ、デヴィッド・スズキ、アイコ・スズキ、村岡糸子、鈴木愛子、那須弘子、那須逸雄

【寺島家】
寺島コウ、寺島元孝、岡田京子、寺島智子、寺島滋、寺島祥五郎、寺島夕路、寺島康夫
【電話取材】
東儀七重、橋本与志夫、村山靖尚、八千草薫、山口淑子
【その他】
ロイド・キノシタ、見目明、中村行男

これらの方々の貴重な証言がなかったら、本作が完成することは絶対になかった。心から感謝。感謝。感謝。

また、二十五年を超える長いブランクにもかかわらず辛抱強く待ちつづけて下さり、昔の約束を果たして出版に尽力して下さった草思社の木谷東男氏、そして同社を紹介してくれたばかりでなく、私の無駄の多い文章の贅肉を削ぎ落としてスッキリとした文章にまとめてくれた高校のマンガ研究会の後輩でフリーの編集マン、長谷川裕氏に改めて感謝の意を表したいと思います。

そして、カナダ取材をコーディネイトしてくれたばかりでなく多くのカナダ関係の情報を寄

せてくれた従兄弟のケイ・キシベ氏、取材のときには必ず同行して綿密なメモを取ってくれた妻、資料収集と英文の翻訳に協力してくれた息子と娘、その友人である優秀なバイリンガルの帰国子女たち、そして翻訳家の永田美喜子氏、皆さん本当にありがとう！

二〇二〇年十月

寺島優

中村哲　出演作品リスト

☆：中村哲の役名（役柄）。

【映画】

『ハワイ・マレー沖海戦』
1942年（昭和17）東宝
監督・山本嘉次郎　特技監督・円谷英二
出演・伊東薫　大河内傳次郎　藤田進　原節子
☆仏印基地でくつろぐ若き日本兵

『阿片戦争』
1943年（昭和18）東宝
監督・マキノ正博
出演・市川猿之助　河津清三郎　原節子　高峰秀子
☆西洋の軍人

『あの旗を撃て』
1944年（昭和19）東宝
監督・阿部豊　特技監督・円谷英二
出演・大河内傳次郎　河津清三郎　月田一郎　田中春男
☆中村中尉（通訳兵）

『間諜　海の薔薇』
1945年（昭和20）東宝
監督・衣笠貞之助
出演・藤田進　轟夕起子　河津清三郎　杉村春子

『僕の父さん』

☆　富谷仁美（アメリカのスパイで日系二世）
１９４６年（昭和21）　東宝
監督・阿部豊
出演・古川緑波　加賀美一郎　徳川夢声　灰田勝彦

『或る夜の殿様』

☆　市倉先生（音楽塾の塾長）
１９４６年（昭和21）　東宝
監督・衣笠貞之助
出演・長谷川一夫　藤田進　山田五十鈴　大河内傅次郎

『愛の宣言』

☆　中久保完（男爵）
１９４６年（昭和21）　東宝
監督・渡辺邦男
出演・上原謙　花柳小菊　進藤英太郎　田中春男　羽島敏子

『幸福への招待』

☆　万華生命保険支店長
１９４７年（昭和22）　新東宝
監督・千葉泰樹
出演・大河内傅次郎　入江たか子　河津清三郎　高峰秀子

『誰がために金はある』

☆　長門五郎
１９４８年（昭和23）　新東宝
監督・斎藤寅次郎

『愛情診断書』
出演・灰田勝彦　坊屋三郎　柳家金語楼　木戸新太郎
☆　横井
1948年（昭和23）　新東宝

『幸運の椅子』
監督・渡辺邦男
出演・大河内傳次郎　藤田進　高峰秀子　花井蘭子
☆　河津繁三（主人公・糸子の義弟）
1948年（昭和23）　日本映画社

『憧れのハワイ航路』
監督・高木俊郎
出演・山口淑子　藤原義江　沼崎勲　中北千枝子
☆　スティーブン・フォスター（アメリカ音楽の父）
1950年（昭和25）　新東宝

『続・向う三軒両隣　恋の三毛猫』
監督・斎藤寅次郎
出演・岡晴夫　古川緑波　美空ひばり　清川玉枝
☆　アロハ興業支配人
1950年（昭和25）　新東宝

『東京ファイル212』
監督・斎藤寅次郎
出演・柳家金語楼　飯田蝶子　伴淳三郎　美空ひばり
☆　不明
1951年（昭和26）　ブレイクストン・プロダクション　東日

興業
監督・ダレル・マックガワン　スチュアート・マックガワン
出演・フローレンス・マーリー　灰田勝彦　斎藤達雄　市丸
☆　大山（貿易会社の社長）

『覗かれた足』
1951年（昭和26）　新東宝
監督・阿部豊
出演・龍崎一郎　轟夕起子　香川京子　進藤英太郎
☆　島村

『運命』
1951年（昭和26）　ブレイクストン・プロダクション
監督・レイ・スタール
出演・マーサ・ハイヤー　津山路子　大川平八郎　平川唯一
☆　則知（ノリトモ）

『恋の蘭燈』
1951年（昭和26）　新東宝
監督・佐伯清
出演・白光　小坂真一　池部良　森繁久彌　夏川静枝
☆　大崎芳蔵

『猛獣使いの少女』
1952年（昭和27）　大映
監督・佐伯幸三
出演・江利チエミ　根上淳　伏見和子　岡譲二　若尾文子

中村哲　出演作品リスト

『二人の瞳』

☆サーカス団の司会者
1952年（昭和27）大映
監督・仲木繁夫
出演・美空ひばり　マーガレット・オブライエン　三浦光子

『間諜（スパイ）777』

☆武宮一郎（牧師）
1952年（昭和27）東西映画（原題『ゲイシャガール』）
監督・ジョージ・ブレイクストン　C・レイ・スタール
出演・マーサ・ハイヤー　大川平八郎　沢村いき雄

『悲劇の将軍　山下奉文』

☆　不明
1953年（昭和28）東映
監督・佐伯清
出演・早川雪洲　永田靖　山形勲　大友柳太郎　岩崎加根子

『戦艦大和』

☆　浜中（特別弁護人）
1953年（昭和28）新東宝
監督・阿部豊
出演・高田稔　舟橋元　藤田進　高島忠夫　久我美子

『蝶々夫人』

☆　海軍士官（乗組員）
1955年（昭和30）日伊合作（東宝）
監督・カルミネ・ガローネ

出演・八千草薫　ニコラス・フィラクリディ　田中路子
☆ヤマドリ（金満実業家）
1955年（昭和30）東宝
監督・青柳信雄
出演・岡田茉莉子　森繁久彌　志村喬　杉村春子　中北千枝子
☆竹田
1955年（昭和30）20世紀フォックス
監督・サミュエル・フラー
出演・山口淑子　早川雪洲　ロバート・スタック
☆列車警護の兵士
1956年（昭和31）東宝
監督・谷口千吉
出演・三船敏郎　岡田茉莉子　佐分利信　香川京子
☆印東裕一郎
1956年（昭和31）東宝
監督・田尻繁
出演・藤木悠　柳家金語楼　藤原釜足　藤田進　河内桃子
☆ジョージ神山
1956年（昭和31）東宝

『芸者小夏　ひとり寝る夜の小夏』

『東京暗黒街・竹の家』

『黒帯三国志』

『イカサマ紳士録』

『おとぼけ放射能　続イカサマ紳士録』

中村哲　出演作品リスト

監督・田尻繁
出演・藤木悠　柳家金語楼　河内桃子　トニー谷　内海突破
☆　ジョージ神山

『あの娘が泣いてる波止場』
1956年（昭和31）東宝
監督・日高繁明
出演・宝田明　三橋美智也　河内桃子　平田昭彦　北川町子
☆　剛田（ナイトクラブの親分）

『早く帰ってコ』
1957年（昭和32）東宝
監督・斎藤達雄
出演・青木光一　島倉千代子　杉葉子　太刀川洋一　伊藤久哉
☆　田坂

『東京だヨおッ母さん』
1957年（昭和32）東宝
監督・斎藤達雄
出演・島倉千代子　青木光一　杉葉子　中田康子　伊藤久哉
☆　鉄

『地球防衛軍』
1957年（昭和32）東宝
監督・本多猪四郎　特技監督・円谷英二
出演・佐原健二　志村喬　白川由美　河内桃子　土屋嘉男
☆　幸田博士（ミステリアンとの交渉団）

『STOP OVER TOKYO』

1957年（昭和32）20世紀フォックス　日本未公開

監督・リチャード・L・ブリーン

出演・ロバート・ワグナー　ジョーン・コリンズ

☆ノビカ（諜報員）

1958年（昭和33）東宝

『美女と液体人間』

監督・本多猪四郎　特技監督・円谷英二

出演・白川由美　佐原健二　小沢栄太郎　平田昭彦　佐藤允

☆金という名の紳士（ヤクの売人）

1958年（昭和33）東宝

『大番　完結編』

監督・千葉泰樹

出演・加東大介　淡島千景　原節子　団令子　仲代達矢

☆重役

1958年（昭和33）東宝

『続々サラリーマン出世太閤記』

監督・筧正典

出演・小林桂樹　団令子　扇千景　宝田明　有島一郎

☆邸宅の主人

1959年（昭和34）東宝

『野獣死すべし』

監督・須川栄三

出演・仲代達矢　佐藤允　小泉博　白川由美　東野英治郎

『若い恋人たち』
☆　チャーリー陳（不法カジノの支配人）
1959年（昭和34）　東宝
監督・千葉泰樹
出演・宝田明　司葉子　夏木陽介　団令子　上原謙　北あけみ

『顔役と爆弾娘』
☆　バーの客
1959年（昭和34）　東宝
監督・筧正典
出演・中島そのみ　三橋達也　藤原釜足　柳川慶子

『双頭の殺人鬼』
☆　不明
1959年（昭和34）　ブレイクストン・プロダクション
監督・J・ブレイクストン　ケネス・G・クレーン
出演・ピーター・ダインリー　ジョージ・ヒルトン　武智豊子

『侍とお姐ちゃん』
☆　鈴木博士（マッドサイエンティスト）
1960年（昭和35）　東宝
監督・杉江敏男
出演・団令子　重山規子　中島そのみ　三橋達也　夏木陽介

『ハワイ・ミッドウェイ大海空戦　太平洋の嵐』　1960年（昭和35）　東宝
☆　椿大作（キャバレーのマスター）
監督・松林宗恵　特技監督・円谷英二

出演・夏木陽介　小林桂樹　三船敏郎　上原美佐　佐藤允
☆　第一航空艦隊旗艦・赤城　司令部員

『ガス人間第一号』
1960年（昭和35）東宝
監督・本多猪四郎　特技監督・円谷英二
出演・三橋達也　八千草薫　土屋嘉男　伊藤久哉　左卜全
☆　戸部（東部新聞社編集局長）

『香港の夜』
1961年（昭和36）　東宝&キャセイ・オーガニゼイション提携作品
監督・千葉泰樹
出演・宝田明　司葉子　尤敏　草笛光子　木暮実千代　浜美枝
☆　鄭青竜

『アワモリ君乾杯！』
1961年（昭和36）　東宝
監督・古沢憲吾
出演・坂本九　森山加代子　ジェリー藤尾　有島一郎
☆　撮影中の監督

『モスラ』
1961年（昭和36）　東宝
監督・本多猪四郎　特技監督・円谷英二
出演・フランキー堺　小泉博　ザ・ピーナッツ　ジェリー伊藤
☆　悪質プロモーター・ネルソンの部下

『ガンパー課長』
1961年（昭和36）東宝
監督・青柳信雄
出演・藤木悠　高島忠夫　北あけみ　加東大介　若林映子
☆趙社長（シンガポールのバイヤー）

『大津波』
1962年（昭和37）日米合作（東宝）
監督・タッド・ダニエルスキー　特技監督・円谷英二
出演・早川雪洲　設楽幸嗣　太田博之　ジュディ・オング
☆村の少年トオル（主人公）の父

『五十万人の遺産』
1963年（昭和38）宝塚映画・三船プロ共同作品
監督・三船敏郎
出演・三船敏郎　三橋達也　仲代達矢　山崎努　星由里子
☆東洋人風の謎の男

『林檎の花咲く町』
1963年（昭和38）東宝
監督・岩内克己
出演・白川由美　高石かつ枝　峰岸徹　南弘子　藤木悠
☆不明

『国際秘密警察　指令第8号』
1963年（昭和38）東宝
監督・杉江敏男
出演・三橋達也　夏木陽介　佐藤允　水野久美　ジェリー伊藤

『大盗賊』

☆ビンホア（南ヴェトナムの武器商人一派）
1963年（昭和38）東宝
監督・谷口千吉
出演・三船敏郎　佐藤允　水野久美　船戸順　浜美枝

『海底軍艦』

☆島の王国の近衛弓兵
1963年（昭和38）東宝
監督・本多猪四郎　特技監督・円谷英二
出演・高島忠夫　藤木悠　田崎潤　佐原健二　平田昭彦

『国際秘密警察　虎の牙』

☆貨物船の船長
1964年（昭和39）東宝
監督・福田純
出演・三橋達也　白川由美　水野久美　黒部進　久保明

『あしやからの飛行』

☆大牟田
1964年（昭和39）日米合作（ユナイト&大映）
監督・マイケル・アンダーソン
出演・ユル・ブリンナー　ジョージ・チャキリス　滝瑛子

『勇者のみ』（英語指導）

☆不明
1965年（昭和40）東京映画&シナトラ・エンタープライズ
共同作品

監督・フランク・シナトラ

出演・フランク・シナトラ　三橋達也　クリント・ウォーカー

『陽の当たる椅子」　1965年（昭和40）東宝

監督・川崎徹広

出演・加東大介　白川由美　有島一郎　中丸忠雄　北あけみ

☆立野原

『国際秘密警察　鍵の鍵』　1965年（昭和40）東宝

監督・谷口千吉

出演・三橋達也　中丸忠雄　黒部進　若林映子　浜美枝

☆スリタイ（トンワン王国情報長官）

『大冒険』　1965年（昭和40）東宝・渡辺プロ提携作品

監督・古沢憲吾　特技監督・円谷英二

出演・植木等　ハナ肇　越路吹雪　クレイジーキャッツ

☆国際陰謀団のアジア地区隊長

『日本一のゴリガン男』　1966年（昭和41）東宝・渡辺プロ提携作品

監督・古沢憲吾

出演・植木等　田中邦衛　浜美枝　人見きよし　藤田まこと

☆アラジニア国のゴッド大統領

『What's Up, Tiger Lily?』　1966年（昭和41）アメリカ（日本未公開）

監督・ウッディ・アレン　谷口千吉
出演・ウッディ・アレン　三橋達也　若林映子　浜美枝
☆　聖職者
※『国際秘密警察　鍵の鍵』と『国際秘密警察　火薬の樽』を勝手に再編集して台詞を差し替えた怪作。ウッディ・アレンの初監督作品。著作権の問題で日本未公開。

『国際秘密警察　絶体絶命』
1967年（昭和42）　東宝・宝塚映画共同作品
監督・谷口千吉
出演・三橋達也　水野久美　佐藤允　ニック・アダムス
☆　国際暗殺組織ZZZ香港支局長

『緯度0大作戦』
1969年（昭和44）　東宝
監督・本多猪四郎　特技監督・円谷英二
出演・宝田明　ジョセフ・コットン　中山麻里　岡田真澄
☆　岡田博士（ノーベル賞受賞の放射能学者）

『ゲゾラ・ガニラ・カメーバ　決戦！南海の大怪獣』　1970年（昭和45）　東宝
監督・本多猪四郎　特技監督・有川貞昌
出演・久保明　小林多岐子　佐原健二　高橋厚子　土屋嘉男
☆　祈禱師オンボ

『レッド・サン』
1971年（昭和46）　フランス・イタリア・スペイン合作

監督・テレンス・ヤング
出演・三船敏郎　アラン・ドロン　チャールズ・ブロンソン
☆坂口備前守

『日本沈没』
1973年（昭和48）東宝映画　東宝映像
監督・森谷司郎　特撮監督・中野昭慶
出演・小林桂樹　丹波哲郎　藤岡弘　いしだあゆみ　夏八木勲
☆国連委員

『MARCO』
1973年（昭和48）日米合作（東宝&東宝映像）
監督・セイモア・ロビー　小谷承靖　特殊効果・中野昭慶
出演・ゼロ・モステル　デシ・アルナズ・jr　大泉滉
☆貿易船の船長

『華麗なる一族』
1974年（昭和49）東宝　芸苑社
監督・山本薩夫
出演・佐分利信　月丘夢路　仲代達矢　京マチ子　目黒祐樹
☆白川（大同銀行専務）

『ドラゴンを消せ！』
1973年（昭和48）ユニヴァーサル＝CIC
監督・ヘンリー・レビン　デビッド・ローウェルリッチ
出演・フレッド・ウィリアムソン　風間健　ミコ・マヤマ
☆クマダ（闇ドル偽造組織の日系商人）

『サムライ・コップ〜おとぼけクン〜』　1976年（昭和51）　アメリカ公開（日本未公開）
監督・アレックス・マーチ
出演・ゼロ・モステル　フランキー堺　岸恵子
☆　不明

『極底探険船ポーラーボーラ』　1977年（昭和52）　日米合作　米ではABCでテレビ放映
監督・アレックス・グラスホフ　トム・コタニ（小谷承靖）
出演・リチャード・ブーン　関谷ますみ　二家本辰巳
☆　川本博士（ノーベル賞受賞学者）

【声の出演】
『わんわん物語』　1956年（昭和31）　ウォルト・ディズニー・プロダクション
『ピノキオ』　1959年（昭和34）　ウォルト・ディズニー・プロダクション
『サーカス小僧』　1960年（昭和35）　ウォルト・ディズニー・プロダクション
『眠れる森の美女』　1960年（昭和35）　ウォルト・ディズニー・プロダクション
『南海漂流』　1961年（昭和36）　ウォルト・ディズニー・プロダクション
『101匹わんちゃん大行進』　1961年（昭和36）　ウォルト・ディズニー・プロダクション
『シンデレラ』　1961年（昭和36）　ウォルト・ディズニー・プロダクション

【舞台】

『SONG RICITAL』　1940年（昭和15）日本人ホール（バンクーバー）

『中村哲独唱会』　1941年（昭和16）日本青年館（東京・青山）
賛助出演・斎田愛子

『カルメン』　1941年（昭和16）歌舞伎座　藤原歌劇団
演出・堀内敬三
出演・藤原義江　佐藤美子　斎田愛子　三上孝子　日比野秀吉

『ハワイの晩鐘』　1942年（昭和17）東京宝塚劇場　新演技座第一回公演
作・演出・菊田一夫
出演・長谷川一夫

『マイ・オールド・ケンタッキー・ホーム』　1947年（昭和22）帝国劇場
演出・白井鐵造
出演・山口淑子　滝沢修　森雅之

『ヴィナスの誕生』　1947年（昭和22）帝都座五階劇場
構成・振付　益田隆
出演・中村笑子　益田隆　眞田千鶴子　山田周平
※　通称『額縁ショー』

『マエストロ・スキング』　1951年（昭和26）日本劇場
作・演出・宇津秀男

『モルガンお雪』
出演・渡辺弘　多忠修　バッキー・白片
1951年（昭和26）帝国劇場
作・菊田一夫　演出・東信一・他

『マダム貞奴　アメリカへ行く』
出演・越路吹雪　古川緑波　森繁久彌　有島一郎
1951年（昭和26）帝国劇場
作・帝劇文芸部　演出・斎藤豊吉・他

『リオの黒薔薇』
出演・越路吹雪　山茶花究
1952年（昭和27）日本劇場
作・演出・県洋二

『三つのリズム　神秘の世界』
出演・越路吹雪　東京キューバンボーイズ
1952年（昭和27）日本劇場
作・演出　高橋忠雄
出演・グレート・ライル　日劇ダンシングチーム

※　ジャズ・ブーム時代（1952年前後）のコンサート出演多数（本文212頁参照）

『春のおどり』
1954年（昭和29）日本劇場
作・演出・野口善春
出演・市村俊幸　ペギー葉山　トニー谷　千葉信男

『百万人の音楽』
１９５４年（昭和29）日本劇場
作・演出・堀内一

『蝶々夫人』『ミカド』
出演・柳沢真一　日劇ダンシングチーム
１９５６年（昭和31）全米&カナダ37都市66公演
藤原歌劇団第三次アメリカ公演

『モルガンお雪』
１９５７年（昭和32）梅田コマ劇場（大阪）
作・菊田一夫
出演・越路吹雪　トニー谷

『中村哲　リサイタル』
１９６２年（昭和37）ヤマハホール（東京・銀座）

『青い山脈』
１９６２年（昭和37）明治座　東宝・明治座提携作品
出演・白川由美　井上孝雄　浜木綿子　中山千夏

『ミュージカル　九人の交換手』
１９６５年（昭和40）渋谷公会堂
出演・青山和子

『ビッグバンド結成記念ジョージ・川口リサイタル』１９６５年（昭和40）サンケイホール
構成・井原高忠

※　石井音楽事務所関係のコンサート出演多数（本文２８１頁参照）

【MC（司会）】

『デルタ・リズム・ボーイズ』　1962年（昭和37）　協同企画

『ロス・エスパニョレス』　1962年（昭和37）　協同企画

『ナット・キング・コール』　1963年（昭和38）　協同企画

『ライオネル・ハンプトン』　1963年（昭和38）

『フォア・アミゴス』　1963年（昭和38）　協同企画

『ケスラー・シスターズ』　1965年（昭和40）　石井音楽事務所

『パティ・ペイジ』　1966年（昭和41）　協同企画エージェンシー（協同企画を改称）

『ジーン・バリー』　1966年（昭和41）　新日プロモーション

『ピーター・ポール&マリー』　1967年（昭和42）　協同企画エージェンシー

『バック・オウエンズ』　1967年（昭和42）　協同企画エージェンシー

『エラ・フィッツジェラルド／オスカー・ピーターソン・トリオ』　1967年（昭和42）　協同企画エージェンシー

『ハーブ・アルパート&ティファナ・ブラス』　1967年（昭和42）　協同企画エージェンシー

『オデッタ』　1967年（昭和42）　協同企画エージェンシー

『キッド・シーク&ニューオーリンズ・ジャズ・オールスターズ』　1967年（昭和42）　協同企画エージェンシー

『クリフ・リチャード』　1967年（昭和42）　協同企画エージェンシー

『クリス・コナー』　1969年（昭和44）　新日プロモーション
『ブレンダ・リー』　1969年（昭和44）　新日プロモーション
『アストラッド・ジルベルト』　1970年（昭和45）　新日プロモーション
『パット・ブーン』　1972年（昭和47）　キョードー東京（協同企画エージェンシーを改称）
『レターメン』　1972年（昭和47）・73年・74年　キョードー東京
『スタン・ケントン』　1973年（昭和48）　新日プロモーション
『パラ・ロス・コンシエルトス』　1973年（昭和48）
『スタン・ケントン・オーケストラ』　1974年（昭和49）

【テレビ】

『歌って、踊って、テレビにのって。』　1953年（昭和28）　8月29日（開局二日目）　NTV
『TVミュージカルス　メリィ・ゴーラゥンド』　1955年（昭和30）　4月7日　KRT（現・TBS）
『ミュージカルス　河は生きている』　1955年（昭和30）　11月23日　NHK
『フォスター物語』　1956年（昭和31）　2月23日　NHK
『夜のミュージカル・虹の都』　1956年（昭和31）　12月14・21日　NTV

※　この頃、ラジオ番組（NHK第一、等々）の出演多数

『夜のミュージカル・銀座散歩』　1957年（昭和32）3月1日　NTV
『ウィークエンド・ミュージカル　有楽町で逢いましょう』　1957年（昭和32）7月20日　NTV
『ミュージカル・ショウ　東京ロメオ』（第6回）　1957年（昭和32）8月18日　NTV
『そごう土曜コンサート』　1957年（昭和32）12月21日　NTV
『しらべに寄せて』　1958年（昭和33）3月4日　NHK
『そごう土曜コンサート』　1958年（昭和33）3月15日　NTV
『頑張れ大介！』　1958年（昭和33）7月3日　KRT（現・TBS）
『光子の窓』（第31回）　1958年（昭和33）12月7日　NTV
『Far East Dispatch』（第2話）　1958年（昭和33）アメリカのテレビ・ドラマ　全39話
『カロラン・ミュージカル・キャンプ・イン！』　1959年（昭和34）2月10日　KRT（現・TBS）
『音楽をどうぞ　――フォスター・アルバム』　1959年（昭和34）8月14日　NHK
『日曜子供音楽会』　1959年（昭和34）10月11日　日本教育テレビ（現・テレビ朝日）
『音楽夜話　世界の歌めぐり（5）アメリカ』　1959年（昭和34）12月12日　NHK教育テレビ（現・NHKEテレ）

『THE SEARCHERS』1959年（昭和34）アメリカのテレビ・シリーズ
『パノラマ劇場』（第6回）1960年（昭和35）5月15日　NHK
『みんなの歌　たのしい歌』1960年（昭和35）6月21日　日本教育テレビ（現・テレビ朝日）
『ミュージカル　なにかこう素晴らしいこと』1960年（昭和35）9月4日　KRT（現・TBS）
『世界の音楽』（第62回）1960年（昭和35）11月2日　日本教育テレビ（12月からNET）
『ミュージカル・バラエティ　誕生日はアメ』1961年（昭和36）5月12日　NET（現・テレビ朝日）
『マンハッタン・スキャンダル』1961年（昭和36）12月1日　TBS（60年11月にKRTから改称）
『みんなの歌　たのしい歌』1962年（昭和37）2月20日　NET（現・テレビ朝日）
『歌うおもちゃ箱』1962年（昭和37）5月31日　フジテレビ
『国際捜査指令』（第15話）1962年（昭和37）12月2日　NET（現・テレビ朝日）
『タワー十時四十分』1963年（昭和38）6月15日　8月2日　フジテレビ
『テレビ演芸館　マジック・ショー』1963年（昭和38）9月4日　NHK
『タワー十時四十分』1964年（昭和39）1月23日　フジテレビ
『M氏の優雅ならざる生活』（第13話）1964年（昭和39）2月15日　NTV

『第7の男』（第6話）　1964年（昭和39）12月1日　フジテレビ
『戦国群盗伝』（第15話）　1965年（昭和40）1月31日　フジテレビ
『サウス・ピア物語』　1965年（昭和40）3月23日　NHK
『シャドウマン　夜の旅人』（第4話）　1965年（昭和40）11月29日　NET（現・テレビ朝日）
『悪の紋章』（第16話・第26話）　1966年（昭和41）1月20日・3月31日　NET（現・テレビ朝日）
『土曜の虎』　1966年（昭和41）3月19日・26日　TBS
『のれん太平記』（第25話）　1966年（昭和41）12月18日　フジテレビ
『トッポジージョ・イン・JAPAN』　1966年（昭和41）10月17日　TBS
『THE　HIT　KIT　SHOW』　1967年（昭和42）2月19日　東京12チャンネル（現・テレビ東京）
『木島則夫モーニングショー』　1967年（昭和42）7月6日　NET（現・テレビ朝日）
『フレッシュマン』（第1話）　1967年（昭和42）7月17日　フジテレビ
『七つの顔の男』　1967年（昭和42）12月2日　NET（現・テレビ朝日）
『平四郎危機一発』（第11話）　1967年（昭和42）12月2日　TBS
『コメットさん』（九重佑三子版・第33話）　1968年（昭和43）2月19日　TBS
『追いつめる』　1968年（昭和43）3月　フジテレビ
『バンパイヤ』（第13話）　1968年（昭和43）12月26日　フジテレビ
『東京バイパス指令』（第46話・第52話）　1969年（昭和44）9月19日・10月31日　NTV

『特別機動捜査隊』（第４１６話）　１９６９年（昭和44）10月22日　ＮＥＴ（現・テレビ朝日）
『実用英語講座・英会話の旅』（第１０６回）　１９６９年（昭和44）11月17日　フジテレビ
『特別機動捜査隊』（第４３２話）　１９７０年（昭和45）２月11日　ＮＥＴ（現・テレビ朝日）
『大江戸捜査網』　１９７０年（昭和45）10月　東京12チャンネル（現・テレビ東京）
『おさな妻』（第24話）　１９７１年（昭和46）３月12日　東京12チャンネル（現・テレビ東京）
『Ｓｈｉｒｌｅｙ，ｓ Ｗｏｒｌｄ』（第４話）　１９７１年（昭和46）10月６日　ＡＢＣ（アメリカ）
『レインボーマン』（第３話・第４話）　１９７２年（昭和47）10月20日・27日　ＮＥＴ（現・テレビ朝日）
『Ｅｎｇｌｉｓｈ ｆｏｒ ｙｏｕ』　１９７２年（昭和47）12月４日　ＮＨＫ教育テレビ（現・ＮＨＫ　Ｅテレ）
『キイハンター』（第２４７話）　１９７２年（昭和47）12月23日　ＴＢＳ
『太陽にほえろ！』（第27話）　１９７３年（昭和48）１月19日　ＮＴＶ
『どっこい大作』（第21話）　１９７３年（昭和48）３月　ＮＥＴ（現・テレビ朝日）
『Ｌｅｔ，ｓ Ｅｎｊｏｙ Ｅｎｇｌｉｓｈ』　１９７３年（昭和48）６月18日　ＮＨＫ教育テレビ（現・ＮＨＫ　Ｅテレ）
『Ｌｉｓｔｅｎ ｔｏ ｍｅ』　１９７３年（昭和48）６月27日　ＮＨＫ教育テレビ（現・ＮＨＫ　Ｅテレ）

『English for you』 1973年（昭和48） 7月3日 NHK教育テレビ（現・NHK Eテレ）
『ザ・ゴリラ7』（第24話） 1975年（昭和50） 9月19日 NET（現・テレビ朝日）
『日本のジャズ Part1』 1976年（昭和51） 2月11日 NHK総合
『非情のライセンス』（第101話） 1976年（昭和51） 8月5日 NET（現・テレビ朝日）
『とべない鳩のように』（第1話） 1977年（昭和52） 1月7日 TBS

【CM&モデル】

※ 多数アリ（本文ならびに写真参照）

主要参考文献

※ 本文で引用したものを含む
※ ここでは書名を先に記した

【日系カナダ人】
『加奈陀同胞発展大鑑　附録』　１９２１年
『学友会　創立25周年記念』　編輯主任　近藤庄太　学友會（非売品）　１９４０年
『カナダの萬蔵物語』　森研三・高見弘人　尾鈴山書房　１９７７年
『日系カナダ人の歴史』　飯野正子　東京大学出版会　１９９７年
『日系カナダ移民の社会史　太平洋を渡った近江商人の末裔たち』　末永國紀　ミネルヴァ書房　２０１０年
『カナダ日系移民の軌跡』　吉田忠雄　人間の科学社　１９９３年
『カナダ日本人移民物語』　新保満　築地書館　１９８６年
『日系カナダ人』　辻信一　晶文社　１９９０年
『カナダに漂着した日本人　リトルトウキョウ風説書』　田村紀雄　芙蓉書房出版　２００２年
『カナダへ渡った広島移民』　ミチコ・ミッヂ・アユカワ　訳・和泉真澄　明石書店　２０１２年
『日系カナダ人の移動と運動　知られざる日本人の越境生活史』　和泉真澄　小鳥遊書房　２０２０年
『日本人移民はこうして「カナダ人」になった　『日刊民衆』を武器とした日本人ネットワーク』　田

村紀雄　芙蓉書房出版　2014年
『カナダの日本語新聞　民族移動の社会史』　新保満・田村紀雄・白水繁彦　PMC出版　1991年
『移民労働者は定着する「ニュー・カナディアン」文化、情報、記号が伴に国境を横切る』田村紀雄　社会評論社　2019年
『カナダ仏教会沿革史　第二次大戦以前のB.C.州を中心に』　カナダ仏教教団　1981年
『黄色い兵士達　第一次大戦日系カナダ義勇兵の記録』　工藤美代子　恒文社　1983年
『写真婚の妻たち　カナダ移民の女性史』　真壁知子　未來社　1983年
『写真婚――花嫁は一枚の見合い写真を手に海を渡っていった』　工藤美代子　ドメス出版　1983年
『カナダ遊妓楼に降る雪は』　工藤美代子　晶文社　1983年
『日系カナダ人女性の生活史　南アルバータに生まれて』　村井忠政　明石書店　2000年
『カナダに渡った侍の娘　ある日系一世の回想』　ロイ・キヨオカ　訳・増谷松樹　草思社　2002年
『子どもと共に五十年　―カナダ日系教育私記―』　佐藤伝・英子　日本出版貿易　1969年
『終戦特集　カナダ日系移民苦難の百年　強制収容所時代の悪夢を乗り越えて』　毎日グラフ　1979年8月19日号
『戦争と日本人移民』　編者・移民研究会　編集委員　飯野正子・木村健二・粂井輝子　東洋書林　1997年

『引き裂かれた忠誠心――第二次世界大戦中のカナダと日本人』　飯野正子　高木宏子　パトリシア・E・ロイ　J・L・グラスティン　ミネルヴァ書房　1994年
『ロッキーの麓の学校から　第2次世界大戦中の日系カナダ人収容所の学校教育』　編著者フランク・モリツグ　訳者代表　小川洋・溝上智恵子　東信堂　2011年
『日系カナダ人の追放』　鹿毛達雄　明石書店　1998年
『石をもて追わるるごとく　日系カナダ人社会史』　新保満　御茶の水書房　1996年
『ほろ苦い勝利　戦後日系カナダ人リドレス運動史』　マリカ・オマツ　訳・田中裕介　田中デアドリ　現代書館　1994年
『正された歴史　―日系カナダ人への謝罪と補償』　ロイ・ミキ　カサンドラ・コバヤシ　監修・佐々木敏二　訳・下村雄紀　和泉真澄　つむぎ出版　1995年
『失われた祖国』　ジョイ・コガワ　訳・長岡沙里　二見書房　1983年
『日系アメリカ・カナダ詩集』　編・訳者　中山容・新井弘泰　土曜美術社　1985年

【移民史】

『移民調査報告　第十』　外務省通商局　1912年
『北米開教沿革史』　編纂者　寺川抱光　本願寺北米開教本部（非売品）　1936年
『昭和五年　在外本邦國勢調査職業別人口表』　外務省通産局　1931年
『北太平洋沿岸殖民策』　内田鐵三郎　相川龍門堂（非売品）　1937年
『北米百年桜』　伊藤一男　北米百年桜実行委員会（非売品）　1969年

『続・北米百年桜』 伊藤一男 北米百年桜実行委員会（非売品） 1972年
『海外移住政策史』 若槻泰雄・鈴木譲二 福村出版 1975年
『アメリカ大陸日系人百科事典 写真と絵で見る日系人の歴史』 企画・全米日系人博物館
編アケミ・キクムラ＝ヤノ 訳・小原雅代他 明石書店 2002年
『移民史 Ⅲ アメリカ・カナダ編』 今野敏彦・藤崎康夫 編・著 1986年
『日本人出稼ぎ移民』 鈴木譲二 平凡社選書 1992年
『日系人 その移民の歴史』 高橋幸春 1997年

【バンクーバー朝日軍&野球】

『Asahi:A LEGEND IN BASEBALL』 Pat Adachi 1992年
『バンクーバー朝日軍 伝説の日系人野球チーム その栄光の歴史』 テッド・Y・フルモト 文芸社
2008年
『伝説の野球ティーム バンクーバー朝日物語』 後藤紀夫 岩波書店 2010年
『松宮商店とバンクーバー朝日軍 カナダ移民の軌跡』 松宮哲（非売品） 2017年
『東京読売巨人軍50年史』 東京読売巨人軍50年史編集委員会 東京読売巨人軍 1985年

【カナダ】

『世界現代史31 カナダ現代史』 大原祐子 山川出版社 1981年
『カナダという国』 東良三 宝文館出版 1969年

『カナダの土地と人々』 島崎博文 古今書院 1994年
『カナダと日本 21世紀への架橋』 ジョン・シュルツ 三輪公忠 編 彩流社 1991年
『カナダ民族文化の研究 多文化主義とエスニシティ』 綾部恒雄編 刀水書房 1989年
『史料が語るカナダ 1535~1995』 日本カナダ学会編 有斐閣 1997年
『カナダの地域と民族 ―歴史的アプローチ―』 D・フランシス 木村和男 編 1993年
『もうひとつのアメリカ カナダを知る』 吉田健正 J・セイウェル S・ファース 編著 1985年

【アメリカ】

『物語アメリカの歴史』 猿谷要 中公新書 1991年
『アメリカの20世紀（上） 1890~1945』 有賀夏紀 中公新書 2002年
『アメリカン・ドリーム その崩壊と再生』 青木透 丸善ライブラリー 1993年
『オンリー・イエスタデイ 一九二〇年代・アメリカ』 F・L・アレン 訳・藤久ミネ 研究社叢書 1975年
『アメリカ黄金時代 禁酒法とジャズ・エイジ』 常盤新平 新書館 1972年
『20世紀の歴史 第9巻 大衆文化［上］ 1900~45 夢、売ります』 R・モールトビー編 監修・山口昌男 監訳・井上健 平凡社 1991年
『アメリカ史 重要人物 101』 猿谷要編 新書館 1997年

【東京ローズ】

『大東亜戦争秘録　心理作戦の回想』　恒石重嗣　東宣出版　1978年
『東京ローズ』　ドウス昌代　サイマル出版会　1977年
『東京ローズ　戦時謀略放送の花』　上坂冬子　中公文庫　1995年
『全記録　ラジオ・トウキョウ　戦時体制下　日本の対外放送』Ⅰ〜Ⅲ　北山節郎　田畑書店　1987年〜1988年
『昭和のバンスキングたち　ジャズ・港・放蕩』　斎藤燐　ミュージック・マガジン　1983年
『ハリウッドとマッカーシズム』　陸井三郎　筑摩書房　1990年

【映画】

『東宝三十年史』　編纂・東宝三十年史編纂委員会　東宝（非売品）　1963年
『東宝五十年史』　編纂・東宝五十年史編纂委員会　東宝（非売品）　1982年
『東宝75年のあゆみ　ビジュアルで綴る3／4世紀　1932—2007』　編集・東宝75年のあゆみ　ビジュアルで綴る3／4世紀編纂委員会　東宝総務部　東宝（非売品）　2010年
『東宝40年　映画・演劇・テレビ　作品リスト　昭和47年度版』　編纂・資料編纂室　東宝（非売品）　1973年
『東宝行進曲　私の撮影所宣伝部50年』　斎藤忠夫　平凡社　1987年
『東宝監督群像　砧の青春』　高瀬昌弘　東宝　2005年
『映画演技讀本』　田中榮三　映画世界社　1953年

『映画制作の実際』　森岩雄　紀伊國屋書店　1976年
『日本映画を読む―パイオニアたちの遺産』　大島渚・吉村公三郎・西河克己・山根成之・筧正典・井上和男・黒木和雄　ダゲレオ出版　1984年
『戦中映画史私記』　飯島正　エムジー出版　1984年
『戦争と日本映画』　講座日本映画4　岩波書店　1986年
『戦争と映画　戦時中と占領下の日本映画史』　清水晶　社会思想社　1994年
『日本映画と戦争と平和　―映画百年・戦後五十年―』　浜田芳久　一穂社　1995年
『帝国の銀幕　―十五年戦争と日本映画―』　ピーター・B・ハーイ　名古屋大学出版会　1995年
『戦時下の日本映画　人々は国策映画を観たか』　古川隆久　吉川弘文館　2003年
『日本映画の時代』　廣澤榮　岩波現代文庫　2002年
『偽りの民主主義　GHQ・映画・歌舞伎の戦後秘史』　浜野保樹　角川書店　2008年
『天皇と接吻　アメリカ占領下の日本映画検閲』　平野共余子　草思社　1998年
『日本映画史』　第2巻　佐藤忠男　岩波書店　1995年
『日本特撮・幻想映画全集』　企画・構成・編集　㈱アネックス　勁文社　1997年
『元祖怪獣少年の日本特撮映画研究四十年』　竹内博　実業之日本社　2001年
『昭和映画世相史』　児玉数夫　社会思想社　1982年
『スクリーンの日本人　日本映画の社会学』　木下昌明　影書房　1997年
『イエロー・フェイス　ハリウッド映画に見るアジア人の肖像』　村上由見子　朝日選書　1993年
『ハリウッドの日本人　「映画」に現れた日米文化摩擦』　垣井道弘　文藝春秋　1992年

【音楽】
『ドイツ歌曲の歴史』　渡辺護　音楽之友社　1997年
『フランス歌曲とドイツ歌曲』　エヴラン・ルテール　小松清・二宮礼子　白水社　1963年
『日本ビクター50年史』　編集・日本ビクター株式会社50年史編集委員会　日本ビクター（非売品）1977年
『日本のオペラ史』　財団法人日本オペラ振興会　岩波ブックセンター　信山社　1986年
『日本レコード文化史』　倉田喜弘　東京書籍　1992年
『スタンダードの名シンガー　クラシック・ポップスへの招待』　ロイ・ヘミング　デイヴィッド・ハイデュ　訳・蓑田洋子　音楽之友社　1994年
『アイデンティティの音楽　メディア・若者・ポピュラー文化』　渡辺潤　世界思想社　2000年
『音盤歌謡史―歌と映画とレコードと』　森本敏克　白川書院　1975年
『昭和流行歌史〈戦前編〉』　編者　古茂田信男　矢沢保　島田芳文　横沢千秋　社会思想社　1981年
『流行歌　気まぐれ50年史』　矢沢寛　大月書店　1994年
『昭和の流行歌物語　佐藤千夜子から笠置シヅ子、美空ひばりへ』　塩澤実信　2011年
『それはリンゴの唄から始まった　戦後世代の芸能史』　伊藤強　1984年
『わたしのレコード100年史』　長田暁二　英知出版　1978年
『歌謡曲はどこへ行く？　流行歌と人々の暮らし　昭和二〇～四〇年』　阿子島たけし　つくばね舎

２００５年
『日本歌謡ポップス史　最後の証言』　中山久民・編著　白夜書房　２０１５年
『にほんのうた　戦後歌謡曲史』　北中正和　新潮文庫　１９９５年
『読む　Ｊ・ＰＯＰ　１９４５―１９９９　私的全史　あの時を忘れない』　田家秀樹　徳間書店　１９９９年
『戦後日本芸能史〈全特集〉』　別冊新評　'81　AUTUMN　第14巻第3号
『進駐軍クラブから歌謡曲へ　戦後日本ポピュラー音楽の黎明期』　東谷護　みすず書房　２００５年
『めぐりあうものたちの群像　戦後日本の米軍基地と音楽　１９４５‐１９５８』　青木深　大月書店　２０１３年
『幻の劇場　アーニー・パイル』　斎藤憐　新潮社　１９８６年
『日本のジャズ史　戦前戦後』　内田晃一　スイング・ジャーナル社　１９７６年
『至高の日本ジャズ全史』　相倉久人　集英社新書　２０１２年
『ジャズ旋風　戦後草創期伝説』　高橋一郎・佐々木守　三一書房　１９９７年
『ＳＴＡＲ　ＤＵＳＴ　ナベプロ帝国の興亡』　軍司貞則　文藝春秋　１９９２年
『熱狂の仕掛け人　ビートルズから浜崎あゆみまで、音楽業界を創ったスーパー列伝』　湯川れい子　小学館　２００３年
『日本のポピュラー史を語る　時代を映した51人の証言』　村田久夫・小島智／編　シンコー・ミュージック　１９９１年
『日本のフォーク＆ロック史　～志はどこへ～』　田川律　シンコー・ミュージック　１９９２年

『ギターは日本の歌をどう変えたか　ギターのポピュラー音楽史』　北中正和　平凡社新書　2002年
『〈戦後〉の音楽文化』　戸ノ下達也　編著　青弓社　2016年
『歌謡曲―時代を彩った歌たち』　高護　岩波新書　2011年
『「つながり」の戦後文化誌　労音、そして宝塚、万博』　長崎励朗　河出書房新社　2013年
『プレイガイドジャーナルへの道　1968~1973　大阪労音―フォークリポート―プレイガイドジャーナル』　村元武　東方出版　2016年

【自伝・評伝】

『私の藝界遍歴』　森岩雄　青蛙房　1975年
『私の二十年』　長谷川一夫　中央社　1948年
『映画女優』　入江たか子　学風書院　1957年
『サムライ　評伝三船敏郎』　松田美智子　文藝春秋　2014年
『演技者　小林桂樹の全仕事』　小林桂樹・草壁久四郎　ワイズ出版　1996年
『オペラうらおもて　藤原オペラの二十五年』　藤原義江　カワイ楽譜　1962年
『我があき子抄』　藤原義江　毎日新聞社　1967年
『藤原義江　流転七十五年　オペラと恋の半生』　藤原義江　日本図書センター　1998年
『藤原義江／藤原義江記念館「紅葉館」』　藤原義江記念館友の会編　2002年
『遥かなる鏡　写真で綴る敗戦日本秘話』　大竹省二　中央公論新社　2000年

主要参考文献

『レクイエム涙』石井好子　文藝春秋　1983年
『東京の空の下　オムレツのにおいは流れる』石井好子　暮しの手帖社　1985年
『装歌　my Song my Costume』石井好子　講談社　1985年
『女の自叙伝　いつも夢をみていた』石井好子　婦人画報社　1988年
『すべて歌にこめて』石井好子　文化出版局　1989年
『限りない想いを歌に　私の履歴書』石井好子　日本経済新聞社　1991年
『さようなら私の二十世紀』石井好子　東京新聞出版局　2000年
『[追悼総特集]石井好子』編集人・渡辺真実子　KAWADE夢ムック　文藝別冊　2011年
『ジャズと生きる』穐吉敏子　岩波新書　1996年
『夢の中に君がいる　越路吹雪メモリアル』越路吹雪／岩谷時子　講談社　1999年
『いつだって青春　ホリプロとともに30年』堀威夫　東洋経済新報社　1992年
『ビートルズを呼んだ男　伝説の呼び屋・永島達司の生涯』野地秩嘉　幻冬舎　1999年
『夢のワルツ　音楽プロモーターが綴る〝戦後秘史〟50年』内野二朗　講談社　1997年
『虚業成れり　―「呼び屋」神彰の生涯』大島幹雄　岩波書店　2004年
『メイド・イン・オキュパイド・ジャパン』小坂一也　河出書房新社　1990年
『わが心のデキシーランド・ジャズ』薗田憲一　三一書房　1998年
『スウィング・ジャパン　日系米軍兵ジミー・アラキと占領の記憶』秋尾沙戸子　新潮社　2012年
『僕のDJグラフィティ』糸居五郎　第三文明社　1985年

『小室等的［音楽的生活］事典』　小室等　晶文社　１９８９年
『私説コメディアン史』　澤田隆治　白水社　１９７７年
『フランク・シナトラ大全集』　季刊ジャズ批評　97号　ジャズ批評社　１９９８年
『もうひとつのラプソディ　ガーシュインの光と影』　ジョーン・ペイザー　訳・小藤隆志
青土社　１９９４年
『大作曲家　ガーシュイン』　ハンスペーター・クレルマン　訳・渋谷和邦　音楽之友社　１９９３年
『角川源義の時代　角川書店をいかにして興したか』　鎗田清太郎　角川書店　１９９５年
『行動する異端　秦豊吉と丸木砂土』　森彰英　ティビーエス・ブリタニカ　１９９８年
『テレビCMの青春時代　ふたりの名演出家の短すぎた生涯』　今井和也　中公新書　１９９５年
『虹をつくる男たち　コマーシャルの30年』　向井敏　文藝春秋　１９８３年

【昭和史・戦後史】

『昭和　二万日の全記録』　第7巻　廃墟からの出発　昭和20年～21年　講談社　１９８９年
『昭和　二万日の全記録』　第8巻　占領下の民主主義　昭和22年～24年　講談社　１９８９年
『昭和　二万日の全記録』　第9巻　独立―冷戦の谷間で　昭和25年～27年　講談社　１９８９年
『朝日歴史写真ライブラリー　戦争と庶民　１９４０～49』全5巻　朝日新聞社　１９９５年
『実録昭和史　激動の軌跡』　全7巻　ぎょうせい　１９８７年
『昭和史の事典』　佐々木隆爾編　東京堂出版　１９９５年
『昭和世相史』　原田勝正編　小学館　１９８９年

『昭和流行語グラフィティ　昭和元年から平成元年まで』　現代言語セミナー編　毎日新聞社　1991年
『日本占領の記録　1946―48』　E・H・ノーマン　加藤周一監修／中野利子編訳　人文書院　1997年
『マッカーサーの日本』　週刊新潮編集部　新潮社　1970年
『東京闇市興亡史』　猪野健治　草風社　1978年
『人間記録　戦後民衆史』　大島幸夫　毎日新聞社　1976年
『アメ横の戦後史　―カーバイトの灯る闇市から60年』　長田昭　KKベストセラーズ　2006年
『歴史読本　特集ドキュメント戦後秘話』　新人物往来社　1978年8月号
『連合軍専用列車の時代　占領下の鉄道史探索』　河原匡喜　光人社　2000年
『NHK　ニッポン戦後サブカルチャー史』　宮沢章夫　NHK出版　2014年
『値段史年表　明治　大正　昭和』　週刊朝日編　朝日新聞社　1988年

【その他】
『中島飛行機物語　―ある航空技師の記録』　前川正男　光人社　1996年
『ペニシリン開発秘話』　ジョン・シーハン　訳・往田俊雄　草思社　1994年

【原書】

『STORIES OF MY PEOPLE』Roy Ito A Japanese Canadian Journal　１９９４年

『DIAMONDS OF THE NORTH A CONCISE HISTORY OF BASEBALL IN CANADA』William Humber Oxford University Press　１９９５年

【テレビ】

『日系人強制収容と現代　暗闇の中の希望』　ＮＨＫ・Ｅテレ　２０１９年10月12日放送

『知られざる朝日軍』　ＪＮＮ報道特集　ＴＢＳ　１９９４年10月２日放送

『サムライ野球団　北米・日系人の闘い』　ＮＨＫ・ＢＳ１　２００３年10月29日放送

『消えたパウエル街の謎』　スマステーション４　テレビ朝日　２００５年３月12日放送

『僕たちには野球があった～伝説のバンクーバー朝日軍～』　ＮＯＮＦＩＸ　フジテレビ　２０１０年３月４日放送

『日系人と戦争　東京ローズ』　ＮＨＫ総合　１９９７年８月11日放送

『消えた東京ローズを追え！　戦後65年目の真実』　テレビ朝日　２０１０年８月15日放送

『太平洋戦争のラジオアイドル　東京ローズ』　ＮＨＫ総合　２０１５年１月21日放送

『コレ誰?!　偉人伝』東京ローズ　テレビ朝日　２０１７年６月20日放送

著者略歴――――

寺島優　てらしま・ゆう
本名・中村修。中村哲の長男。1949年、東京都出身。

武蔵大学人文学部社会学科卒業後、東宝株式会社に入社、宣伝部勤務。

山口百恵・三浦友和の文芸シリーズや『ルパン三世カリオストロの城』（宮崎駿第1回監督作品）、『火の鳥2772愛のコスモゾーン』（手塚治虫総監督）などの宣伝を担当。また、当時のゴジラ映画全作品を日替わり上映した『ゴジラ映画大全集』（日本劇場）を企画宣伝。

1978年、週刊少年ジャンプのマンガ原作賞に入賞。翌年に『テニスボーイ』（小谷憲一）で連載デビュー。他に『雷火』（藤原カムイ）『競艇少女』（小泉裕洋）『スポーツ医』（ちくやまきよし）『三国志』（李志清）などマンガ原作多数。80年12月に東宝を退社後はTVアニメの脚本（本名）も執筆。『それいけ！ アンパンマン』では「バイバイキ～ン！」「元気100倍！ アンパンマン」といった決め台詞を創案。2019年には初の舞台脚本『かぐや姫と菊五郎』を書き下ろす。

1999年、山梨県の富士北麓に移住。趣味は、音楽と映画とタップ。

占領下のエンタテイナー
――日系カナダ人俳優&歌手・中村哲が生きた時代

2020年12月7日　第1刷発行

著　者　寺島　優
装幀者　Malpu Design（清水良洋）
発行者　藤田　博
発行所　株式会社 草思社
〒160-0022　東京都新宿区新宿1-10-1
電話　営業 03(4580)7676　編集 03(4580)7680

本文組版　株式会社 キャップス
印刷所　中央精版印刷 株式会社
製本所　大口製本印刷 株式会社

ISBN978-4-7942-2481-1　Printed in Japan　検印省略

草思社刊

双葉山の邪宗門
――「璽光尊事件」と昭和の角聖

加藤康男 著

敗戦直後の新宗教事件と名横綱の姿を通じ、昭和史の語られてこなかった一面を解き明かす。六十九連勝を記録した名横綱はなぜあえて「邪宗」の門をくぐったのか。

本体 2,200円

【草思社文庫】闇市の帝王
――王長徳と封印された「戦後」

七尾和晃 著

終戦直後の東京で、一等地を次々に手中に収めていった中国人・王長徳。闇市を手始めに多彩な事業を手掛け、「東京租界の帝王」と呼ばれた男の凄絶な生涯を追う！

本体 650円

吉田謙吉が撮った戦前の東アジア
――1934年満洲／1939年南支・朝鮮南部

塩澤珠江 著
松重充浩 監修

築地小劇場の舞台美術監督で考現学の提唱者である吉田謙吉が建国初期の満洲や海南島、朝鮮南部などを独特の感性で撮った数百枚の珍しい写真が遺されていた。

本体 3,000円

新宿・渋谷・原宿 盛り場の歴史散歩地図

赤岩州五 著

ダイナミックに変わる東京の代表的街、新宿・渋谷。地形や道筋、鉄道、盛り場はどう変わってきたか。詳細地図をもとに街の変遷をたどる。戦前戦後の東京の裏面史。

本体 2,000円

＊定価は本体価格に消費税を加えた金額です。